本书获北京师范大学中央高校基本科研业务费专项资金资助

高校思想政治教育创新发展基本问题研究

邢国忠 著

GAOXIAO SIXIANG ZHENGZHI JIAOYU
CHUANGXIN FAZHAN JIBEN WENTI YANJIU

知识产权出版社
全国百佳图书出版单位
—北京—

图书在版编目（CIP）数据

高校思想政治教育创新发展基本问题研究 / 邢国忠著．—北京：知识产权出版社，2019.2
ISBN 978-7-5130-6142-1

Ⅰ．①高… Ⅱ．①邢… Ⅲ．①高等学校－思想政治教育－研究－中国 Ⅳ．① G641

中国版本图书馆 CIP 数据核字（2019）第 040659 号

内容提要

本书以习近平新时代中国特色社会主义思想为指导，从新时代我国高校思想政治教育创新与发展面临的机遇和挑战出发，以高校思想政治教育创新与发展的基本思路为线索，围绕高校思想政治教育战略规划、用社会主义核心价值观引领大学生健康成长、高校辅导员工作专业化、高校思想政治理论课教学改革、高校网络思想政治教育、把大学生养成教育作为高校育人的重要途径这六大问题，进行了理论上的探讨和政策上的分析。本书具有时代性、系统性、可读性和可操作性强的特色。

责任编辑：李海波　　**责任印制**：孙婷婷

高校思想政治教育创新发展基本问题研究

邢国忠　著

出版发行：知识产权出版社有限责任公司　　**网　址**：http://www.ipph.cn

电　话：010-82004826　　http://www.laichushu.com

社　址：北京市海淀区气象路 50 号院　　**邮　编**：100081

责编电话：010-82000860 转 8582　　**责编邮箱**：lihaibo@cnipr.com

发行电话：010-82000860 转 8101　　**发行传真**：010-82000893

印　刷：北京九州迅驰传媒文化有限公司　　**经　销**：各大网上书店、新华书店及相关专业书店

开　本：720mm × 1000mm　1/16　　**印　张**：15.25

版　次：2019 年 2 月第 1 版　　**印　次**：2019 年 2 月第 1 次印刷

字　数：240 千字　　**定　价**：56.00 元

ISBN 978-7-5130-6142-1

前言 Preface

思想政治教育是我们党的一切工作的生命线和完成各项任务的中心环节，是我们党的政治优势和光荣传统。无论在革命战争年代，还是在改革和建设时期，思想政治教育都发挥了不可替代的、巨大的作用。我国高等教育肩负着培养德智体美全面发展的社会主义事业建设者和接班人的重大任务，必须坚持正确政治方向。高校立身之本在于立德树人。党和国家的领导人历来都强调学校要永远把坚定正确的政治方向放在第一位。2016 年 12 月，习近平总书记在全国高校思想政治工作会议上强调：“高校思想政治工作关系高校培养什么样的人、如何培养人以及为谁培养人这个根本问题。要坚持把立德树人作为中心环节，把思想政治工作贯穿教育教学全过程，实现全程育人、全方位育人，努力开创我国高等教育事业发展新局面。”①2018 年 9 月 10 日，习近平总书记在全国教育大会上再次强调：“培养什么人，是教育的首要问题。我国是中国共产党领导的社会主义国家，这就决定了我们的教育必须把培养社会主义建设者和接班人作为根本任务，培养一代又一代拥护中国共产党领导和我国社会主义制度、立志为中国特色社会主义奋斗终身的有用人才。这是教育工作的根本任务，也是教育现代化的方向目标。”②

近年来，高校思想政治教育尤其是它的创新与发展问题，引起全社会越来越

---

① 习近平在全国高校思想政治工作会议上强调：把思想政治工作贯穿教育教学全过程 开创我国高等教育事业发展新局面 [N]. 人民日报，2016-12-09.

② 习近平在全国教育大会上强调：坚持中国特色社会主义教育发展道路 培养德智体美劳全面发展的社会主义建设者和接班人 [N]. 人民日报，2018-09-11.

广泛的关注。因为大学生是十分宝贵的人才资源，承载着民族的希望和祖国的未来，当代大学生更是一个承载社会、家长高期望值的群体。他们的成长，他们的素质，不仅牵动亿万家长的心，涉及亿万家庭的幸福，更系于国运兴衰，对国家发展具有战略性的影响。人们越来越认识到，在人的素质中，思想政治素质是最重要的。就当代大学生而言，他们的思想政治状况总体上呈现出积极健康向上的风貌。但是，当前仍存在一些重知识能力提高而轻品德人格养成的倾向，对大学生发展造成了不良影响，以至于有的大学生知识水平有了很大提高，却付出了品德欠缺甚至违法犯罪的代价。另外，大学阶段是青年学生世界观、人生观和价值观形成的重要时期，也是对青年学生进行正确的世界观、人生观和价值观教育的关键时期。在这一时期形成的思想观念和价值取向，往往对他们今后的发展和人生道路产生重大而深远的影响。当前，高校思想政治教育还存在针对性、实施性和吸引力、感染力不强等问题。这彰显了高校思想政治教育创新与发展的重要性。

当代世界和中国的发展变化，彰显高校思想政治教育创新与发展的紧迫性。进入新时代，我国进入全面建设小康社会、加快推进社会主义现代化强国的新的历史阶段。就我国高等教育而言，迈入大众化甚至在部分地区已经进入普及化的新阶段。在国际上，经济全球化、政治多极化、文化多元化，各种思想文化相互激荡。在国内，随着社会主义市场经济体制的建立和完善，人们的思想领域发生深刻变化；高等学校管理体制的改革，也给学生的思想认识带来重要影响。再加之国际国内校内信息网络化，高校思想政治教育出现了许多我们从来没有遇到过的新任务、新问题。新时代呼唤着思想政治教育的加强和改进，呼唤着思想政治工作者的投入和奉献，呼唤着思想政治教育研究者的思考和探讨。高校思想政治教育的创新与发展，是一项重大而紧迫的战略任务。

当前，高校思想政治教育的创新与发展正处在一个新的历史起点。改革开放以来，特别是党的十八大以来，党中央高度重视高校思想政治教育工作，高校党委、广大教师特别是思想政治教育工作者做了大量创造性的工作，高校思想政治教育呈现出良好的发展态势；同时，也积累了极其丰富的经验，形成了一整套行之有效的工作思路、工作机制、工作方法和规章制度，丰富和发展了高校思想政治教育理论。2016 年召开全国高校思想政治工作会议，2018 年又召开全国教育大会，对如何做好新时代大学生思想政治教育工作提出了总体要求和具体措施，并指明了前进方向。当前，高校思想政治教育的创新与发展面临着难得的机遇。紧紧抓住这个难得的机遇，扎实推进高校思想政治教育的创新与发展，是高教战线尤其是广大高校思想政治教育工作者的光荣职责和神圣使命。

推动高校思想政治教育的创新与发展，要坚持以习近平新时代中国特色社会主义思想为指导，牢牢把握正确的政治方向。思想政治教育的指导理论是马克思主义。高校是培养德智体美劳全面发展的人才的地方，坚持马克思主义对高校思想政治教育的指导至关重要。高校思想政治教育的创新与发展，最根本的就是要坚持马克思主义在高校的指导地位，最基础的工作就是用习近平新时代中国特色社会主义思想武装教育广大师生。马克思主义是高校思想政治教育的指导理论。坚持马克思主义的指导，是高校思想政治教育创新与发展的强大动力。随着实践的不断发展和社会的全面进步，马克思主义也在实践中不断发展，形成了马克思主义中国化的最新理论成果。当前，坚持马克思主义对高校思想政治教育的指导，就是要坚持以习近平新时代中国特色社会主义思想统领高校思想政治教育，用习近平新时代中国特色社会主义思想武装教育高校广大师生，牢牢把握正确的政治方向。

推动高校思想政治教育的创新与发展，要注重内涵挖掘，提升广大师生的整体素质。思想政治教育具有深刻的内涵，这就要求开展教育活动时不能够仅仅停留在形式上，而是要着眼于广大师生综合素质的提升，把思想政治教育渗透到大学生成长成才以及教师师德和业务的每个方面，使思想政治教育工作取得实效。比如，在大学生专业知识的学习上，要把热爱祖国、服务人民这一道德上的要求，转化为更多地掌握为祖国、为人民服务的本领，从而升华为为祖国、为人民服务的道德情操。在大学生自身成长过程中，要结合实践教育和体验教育，引导大学生树立辛勤劳动、艰苦奋斗的良好风气，形成团结互助的合作精神。要特别重视引导大学生积极参加生动活泼、丰富多彩的道德实践活动，养成良好的行为习惯，努力成长为有理想、有本领、有担当，能够堪当民族复兴大任的时代新人。

推动高校思想政治教育的创新与发展，要加强实践和理论的双重探索，使之保持与时俱进。高校思想政治教育的创新与发展，是一项需要在实践中不断探索的课题。近一个时期，各地教育部门以及各高校认真学习贯彻习近平总书记在全国高校思想政治工作会议和全国教育大会的重要讲话精神，在加强和改进高校思想政治教育方面做了大量工作，呈现出良好态势，涌现出许多好的经验和做法。我们要学习借鉴这些好的经验，进一步在体现时代性、把握规律性、增强实效性上下功夫；通过不懈努力，让高校思想政治教育永葆创新与发展的勃勃生机。

目录 Contents

第一章　高校思想政治教育面临的机遇与挑战

党的十八大以来，是高校思想政治教育发展的最好的时期之一。在党中央、国务院的直接领导下，各地教育部门和各高校高度重视大学生思想政治教育，高校思想政治教育在发展中得到加强和巩固，并在加强和巩固中不断创新。以习近平同志为总书记的党中央，从“培养什么人、如何培养人”的战略高度提出了加强和改进高校思想政治教育的重大问题，专门召开了全国高校思想政治工作会议和全国教育大会，形成了全党全社会合力推进高校思想政治教育的强势，高校思想政治教育正在朝着更加科学化、规范化、精细化的方向发展。研究新时代高校思想政治教育的创新与发展问题，是促进高校改革与发展的重要任务，也是广大高校思想政治教育工作者的重大使命。

第一节　党的十八大以来高校思想政治教育的创新与发展

党的十八大以来，是我国经济社会发展的最好的时期之一，也是高校思想政治教育发展的最好的时期之一。在党中央、国务院的直接领导下，各地教育部门和各高校高度重视大学生思想政治教育，高校思想政治教育在恢复中得到加强和巩固，并在加强和巩固中不断创新，呈现出良好的发展态势。

一、党的十八大以来高校思想政治教育的主要成就

在党的领导下，高校思想政治教育全面贯彻落实党的教育方针，取得了巨大

成绩，不仅在培养高素质人才、推动高等教育改革发展、维护学校和社会稳定等方面发挥了重要作用，在自身建设上也取得了长足的进展，高校思想政治教育的地位得到进一步巩固和加强。

第一，进一步确立了高校思想政治教育的首要地位。20 世纪 80 年代中后期，受资产阶级自由化思潮的影响，大学生思想政治教育的地位受到了严峻挑战，大学生思想政治教育出现了被动的局面。邓小平在总结改革开放的历史经验时深刻地指出："十年最大的失误是教育，这里我主要是讲思想政治教育。"① 这一论述，促使我们党从理论上认真研究和探讨思想政治教育这个重大问题。以江泽民同志为核心的党中央，坚持"两手抓，两手都要硬"的方针，从端正学校的办学指导思想出发，明确提出了"德育为首"的思想。1989 年 9 月 29 日，江泽民在庆祝中华人民共和国成立 40 周年的讲话中强调指出："各级各类学校不仅要建立完备的文化知识传授体系，而且要把德育放在首位，确立正确的政治方向。"② 此后，中共中央下发的《关于加强高等学校党的建设的通知》以及国家教委颁布的《中国普通高等学校德育大纲（试行）》等文件，专门论述了高等学校思想政治教育的首要地位。进入新世纪新阶段，以胡锦涛同志为总书记的党中央，高度重视大学生思想政治教育。2004 年 8 月，中共中央、国务院制定下发的《关于进一步加强和改进大学生思想政治教育的意见》明确规定："学校教育要坚持育人为本、德育为先，把人才培养作为根本任务，把思想政治教育摆在首要位置。"③2005 年 1 月，胡锦涛在全国加强和改进大学生思想政治教育工作会议上进一步强调指出："要始终不渝地全面贯彻党的教育方针，坚持学校教育、育人为本，德智体美、德育为先，充分发挥大学生思想政治教育主阵地、主课堂、主渠道的作用，全方位推进大学生思想政治教育，多方面促进大学生全面发展。"④ 会上，一些高校还交流了坚持"德育为首"的经验。2016 年 12 月，习近平总书记在全国高

---

① 邓小平．邓小平文选：第 3 卷 [M]. 北京：人民出版社，1993：306.

② 中共中央文献研究室．十三大以来重要文献选编：中 [M]. 北京：人民出版社，1991：627.

③ 中共中央文献研究室．十六大以来重要文献选编：中 [M]. 北京：中央文献出版社，2006：179.

④ 中共中央文献研究室．十六大以来重要文献选编：中 [M]. 北京：中央文献出版社，2006：640.

校思想政治工作会议上强调："高校思想政治工作关系高校培养什么样的人、如何培养人以及为谁培养人这个根本问题。要坚持把立德树人作为中心环节，把思想政治工作贯穿教育教学全过程，实现全程育人、全方位育人，努力开创我国高等教育事业发展新局面。"[①]2018 年 9 月 10 日，习近平总书记在全国教育大会上再次强调："培养什么人，是教育的首要问题。我国是中国共产党领导的社会主义国家，这就决定了我们的教育必须把培养社会主义建设者和接班人作为根本任务，培养一代又一代拥护中国共产党领导和我国社会主义制度、立志为中国特色社会主义奋斗终身的有用人才。这是教育工作的根本任务，也是教育现代化的方向目标。"[②] 至此，我们党对高校思想政治教育的地位和作用已经有了一个持续稳定的科学认识。

第二，高校思想政治教育内容不断充实，覆盖面不断扩大，新载体、新途径不断拓展，实效性不断增强。以习近平新时代中国特色社会主义思想"进课堂、进教材、进学生头脑"为主要内容，高校思想政治理论课改革和建设不断推进，思想政治理论课作为思想政治教育的主渠道作用得到发挥。高校还相继开设了一系列颇具特色的人文素质课程、科学技术课程。与此同时，校园文化、大学生社会实践、心理咨询与辅导、网络教育、大学生素质拓展、职业生涯规划等一批新的思想政治教育形式应运而生，在高校思想政治教育中发挥着越来越重要的作用。如今，各具特色的校园文化已经成为校园一道亮丽的风景线。社会实践已经成为大学生的一门必修课，内容和形式不断更新。思想政治教育进网络在探索中取得重大进展，创办了以"中国大学生在线"为代表的一大批思想政治教育网站，加强了对校园网的建设和管理，开展了丰富生动的网上思想政治教育活动。心理健康教育被纳入学校德育工作体系，高校普遍建立了心理健康教育、心理辅导或咨询的专门机构，开展了相应的教育教学科研和实践活动。加大了对经济困难大学

---

① 习近平在全国高校思想政治工作会议上强调：把思想政治工作贯穿教育教学全过程　开创我国高等教育事业发展新局面 [N]. 人民日报，2016-12-09.

② 习近平在全国教育大会上强调：坚持中国特色社会主义教育发展道路　培养德智体美劳全面发展的社会主义建设者和接班人 [N]. 人民日报，2018-09-11.

生的资助工作，初步形成了以国家助学贷款为主体，包括奖学金、勤工助学基金、特殊困难补助和学费减免在内的助学体系。高校思想政治教育实践正在向横纵方面、宏观微观领域不断拓展的过程中，构建起多渠道、多层次、全方位实施思想政治教育的综合育人体系。

第三，高校思想政治教育工作队伍得到加强，建立了一支高素质的高校思想政治教育队伍。在加强以学校党政干部和共青团干部，辅导员和班主任队伍建设的基础上，开始把思想政治理论课和哲学社会科学课教师纳入大学生思想政治教育队伍的主体之中。通过组织参加社会实践、挂职锻炼、学习考察等活动，不断提高他们的工作能力和水平。与此同时，调动一切积极因素共同做好大学生的思想政治教育工作。一些高校从教师和品学兼优的党员研究生、高年级大学生中选拔配备班主任、辅导员或导师。一些有条件的高校采取了“工作保研”（即在本校推荐免试研究生的计划中划出一定的名额，用于选留做学生辅导员，他们工作2年后再攻读研究生）的形式加强辅导员队伍建设。目前，已初步建成一支以专为主、专兼结合、优势互补、结构合理、素质较高、动态平衡的较为稳定的大学生思想政治教育工作者队伍。

第四，完善了高校思想政治教育领导和工作体制，初步形成了全员育人的格局。党的十八大以来，党委领导下的校长负责制进一步发展完善并逐步建立健全高校思想政治教育工作领导体制和管理体制。在此基础上，逐步建立了在党委的统一部署下，以校长及行政为主实施的德育管理体制。经过数年来的探索和实践，为落实以人为本和“教书育人”“管理育人”“服务育人”的新要求，高校思想政治教育管理体制正在朝着党委统一领导、党政齐抓共管、专兼职队伍相结合、全校紧密配合、学生自我教育的领导体制和工作机制迈进。

第五，推进了高校思想政治教育的科学化和规范化建设。高校思想政治教育在科学理论武装、应用理论研究、基础理论研究和现代化手段运用等领域取得了一大批科研成果。以教育部为例，连续数十年在京、津、沪、鄂、粤、陕、苏、赣八省市74所高校进行学生思想政治状况调查，为党和政府制定大学生的思想政治教育政策提供了决策依据。一些思想政治教育刊物，加大了对高校思想政治教育研究和支持的力度，推动了高校思想政治教育科学化的发展。与此同时，高校思想政治教育规范化建设在实践中扎实推进，在涉及高校思想政治教育的指导思想、基本原则、总体规划、主要内容和队伍建设等方面都有明确的规定。

二、党的十八大以来高校思想政治教育的基本经验

党的十八大以来，高校思想政治教育工作遵循党的基本路线，适应党的工作重点转移，面对改革开放和建设社会主义市场经济体制的新形势、新情况，同各种错误思潮斗争，不断探索、开拓前进，取得了显著成效。

第一，始终坚持高校思想政治教育的正确政治方向。高校思想政治教育工作的重要经验之一就是坚持社会主义方向，坚持党的领导；坚持党的领导，加强党的建设，是坚持高等学校社会主义办学方向的根本，也是加强和改进思想政治教育的关键。这是由思想政治教育的政治本质决定的。也就是说，思想政治教育的政治本质决定了高校思想政治教育的价值取向，决定了我们所进行的思想政治教育就是要为维护和发展中国的社会主义制度服务。高校历来是各种理论学术观点、思想政治观点交汇、融合、争斗的阵地。在这样复杂的形势下，高校能否坚持社会主义方向，坚持用马克思主义理论培养社会主义事业的建设者和接班人，关系到中国社会未来的前途命运。

坚持高校思想政治教育的正确方向要坚持社会主义方向。一是应着眼于社会主义初级阶段的客观实际。在社会主义初级阶段，思想政治教育不能超越更不能脱离初级阶段的要求和实际。二是坚持高校思想政治教育的社会主义方向，表现为坚持思想政治教育的社会主义性质，为社会主义事业服务。在当今的新时期，主要体现在爱国主义、集体主义、社会主义的主旋律教育上，用习近平新时代中国特色社会主义思想武装大学生的头脑，以理想信念教育为核心，以爱国主义教育为重点，教育大学生坚持社会主义方向，树立科学的世界观和正确的人生观与价值观，同时深入开展党的基本理论、基本路线、基本纲领和基本经验教育，开展中国革命、建设和改革开放的历史教育，开展国情教育和形势政策教育。加强

和改进高校思想政治教育工作必须紧紧围绕“培养什么样的人”“怎样培养人”这两个基本问题。思想政治教育工作的根本目的是育人，加强和改进高校思想政治教育工作就是要把大学生培养成为具有爱国意识和国际视野的当代青年，培养成为具有良好思想品质与行为能力的优秀人才，培养成为有理想、有道德、有文化、有纪律的德智体美劳全面发展的社会主义事业合格建设者和可靠接班人。

第二，始终坚持育人为本、德育为先，把立德树人作为教育的根本任务，将课堂教学与校园文化建设紧密结合，不断扩大高校思想政治教育的覆盖面。一方面，要保证显性德育课程的课时与阵地，教育并引导学生逐步树立正确的世界观、人生观和价值观。思想政治理论课是大学生思想政治教育的主渠道，是帮助大学生树立正确世界观、人生观、价值观的重要途径，也是社会主义大学的本质要求。课堂是向学生传授知识的主要场所，也是对学生进行思想政治教育的主要场所。在思想政治教育工作中，注意将政治理论课和形势与政策教育课、心理健康教育及就业指导工作有机结合，把教学方法的改革及教学内容的合理构建结合起来，把思想性、知识性、教育性结合起来，把教书与育人紧密结合起来，确保所有教师都履行育人职责，思政课程和课程思政都发挥育人功能。另一方面，在发挥思想政治理论课主渠道作用的同时，高校的思想政治教育工作还要注重不断提高隐性德育课程的实效，寓教于乐，让学生在具体的德育活动中受到熏陶，接受教育。

第三，始终坚持以人为本的思想政治教育科学理念，从解决大学生实际问题出发，增强高校思想政治教育的实效性。高校思想政治教育工作任务重、要求高，特别是在当前的社会历史时期，做好这项工作更具挑战，这就要求加强高校思想政治教育工作，必须妥善解决好大学生最关注的实际问题。在关心帮助学生中引导教育学生，为大学生办实事、做好事、解难事；把解决思想问题与解决实际问题结合起来，把教育学生和服务学生结合起来，既要教育引导人，又要关心帮助人。

第四，始终坚持把开拓创新作为根本动力，不断推动高校思想政治教育工作与时俱进，增强吸引力和感染力。创新是一个民族的灵魂，是一个国家兴旺发达的不竭动力，是一个政党永葆生机的源泉，也是不断推进高校思想政治教育工作的重要法宝。党的十八大以来，高校思想政治教育工作从内容到形式不断创新，锐意进取，努力增强思想政治教育的吸引力和感染力。

其一，建设思想政治教育工作的网络阵地。网络技术使教育发生了根本变革，网络对大学生思想的影响越来越大，高校思想政治教育工作不占领网络阵地，就等于失去了半壁江山。全国各高校充分利用网络这一现代化手段，搭建起有效的信息网络，积极拓展高校思想政治教育工作的新领域。一是建立和构筑高校学生思想政治教育的网络防线，开辟“思想政治教育”课堂，拓展在网上开展思想政治教育的新途径和新阵地，使广大师生在享受互联网传播信息便利、快捷的同时，增强政治敏锐性和政治鉴别力，提高抵御错误思潮和腐朽生活方式影响的能力。二是加强网络信息管理，政府和各高校要对网络信息做好入境防范，强化对上网信息的监控，过滤虚假的、有害的、错误的、反动的信息，建立较为完善的网络管理办法，监控不良信息，规范网络运行，做到有章可循、有法必依、违法必究，杜绝一切有害信息的滋生和蔓延。三是加强培养、建立一支精干高效的思想政治教育工作队伍，要求思想政治教育工作者掌握网络信息技术，学习网上教育方法，及时收集、分析、监控网络信息，发现学生关注的热点、难点问题，尤其是带倾向性、群体性的问题，进而采取有效措施，有针对性地做好工作。

其二，建设思想政治教育工作的公寓阵地。随着高校后勤服务社会化步伐加快，学生公寓的环境氛围、公寓的文化设施和公寓管理服务的质量以及公寓管理模式，对传统的高校学生思想政治工作提出了新的挑战，也给高校的稳定带来了新的问题。因此，努力建设思想政治教育工作的公寓阵地，是高等教育改革与发展的时代要求，也是高校学生思想政治教育工作者的战略抉择。很多高校结合当前学生公寓管理特点，建立学生思想政治教育工作新的组织形式、工作机制，如辅导员进驻学生公寓，与广大学生同吃、同住、同生活，逐步了解公寓中学生的生活和学习情况，按照“服务、引导、教育、管理”的原则，切实、有效地做好高校学生思想政治工作，为广大学生的成长成才、品德修养、情感交流创造良好的环境，努力把学生公寓建成学生自我教育、自我管理、自我服务的场所，积极组织开展公寓文化建设活动，为思想政治教育工作创造良好的环境条件和氛围。学生思想政治教育工作进公寓，要特别重视加强对大学生集群行为的控制与引导。

客观上，高校学生住宿的公寓化，容易引发学生的集群行为，而大学生的集群行为具有行为过程的失控性、行为后果的破坏性等特点。一旦对学生的集群行为失去控制，极易扰乱校园秩序。因此，一方面要教育引导大学生全面、客观、辩证地思考问题；另一方面要建立正常的信息反馈和对话机制，针对问题，因势利导，及时进行情绪疏通，从而加强对大学生集群行为的控制与引导。

其三，建设思想政治教育工作的社团阵地。学生社团作为学生锻炼提高素质的自发性群众组织，受到越来越多同学的青睐，成为广大同学培养兴趣爱好、发挥自身潜能、全面塑造自我的“第二课堂”。学生社团在传承先进文化、丰富学生课外生活、扩大学生知识领域、满足学生多元化的文化需要、全面提高学生素质等方面，起到了不可替代的作用。学生社团成为校园文化中的一道亮丽的风景线，吸引了众多师生的目光，也成为学生思想政治工作的一个重要阵地。党的十八大以来，很多高校进一步将社团建设纳入思想政治教育工作的组织体系、资源体系、活动体系和培训体系之中，努力把学生社团建设成思想交流、学术研究、校园文化、党团组织建设的平台。

第五，始终坚持把全党重视、全社会共同参与作为根本举措，不断增强高校思想政治教育工作的建设合力。加强和改进大学生思想政治教育工作，培养一代又一代中国特色社会主义事业的合格建设者和可靠接班人，是时代的要求、历史的重托、人民的期望，是全党全社会共同的重大任务和光荣使命。高校学生思想政治教育是一个综合、复杂的系统，会受到社会、学校、家庭等环境因素的作用和影响，也会受到学校内部管理体制、教育者素质和教学质量的影响。党的十八大以来，全社会充分利用各种积极因素，调动一切可以调动的力量，形成齐抓共管的新局面，不断增强高校思想政治教育工作的建设合力。

第二节　新形势下高校思想政治教育环境的新变化

环境是指人们生活的所有外部条件的综合，它包括自然环境和社会环境。思想政治教育从本质上说是一种意识形态，它的存在是以一定的环境存在为前提的，这就是我们通常所说的思想政治教育环境。目前，我国正处于社会转型时期，这必然会引起整个社会方方面面的深刻变化。思想政治教育环境的剧烈变化，使新时代高校思想政治教育工作的难度增大。

一、国际形势的深刻变化给高校思想政治教育带来了新冲击

当今世界，和平、发展、合作已经成为时代潮流，这为我国集中力量加快经济发展、建设先进文化、增强综合国力，提供了难得的机遇。与此同时，世界政治、经济、文化和科技正在发生着重大而深刻的变化，世界多极化和经济全球化在曲折中发展，科技进步日新月异，以信息技术为核心的高新技术的发展，极大地改变了人们的生产、生活方式和国际经济、政治关系，以经济为基础、科技为先导的综合国力竞争更为激烈。在这种情况下，各种思潮相互交错、相互激荡。

美国作为世界上唯一的超级大国，推行强权政治、霸权主义，企图建立由它主导的单一的世界格局和体系。西方敌对势力加紧推行“西化”“分化”中国的政治图谋，在政治上利用所谓人权、民主、民族、宗教等问题频频发难，在文化上极力兜售资产阶级思想文化、价值观念和生活方式。境外敌对势力始终把高校作为其政治渗透的主要目标，通过电台、邮政、互联网，对高校进行文化渗透、思想渗透、宗教渗透。特别是加入世界贸易组织以后，我国对外开放程度不断提高，意识形态领域的斗争从远距离变成近距离甚至零距离，西方思想文化进入我国的渠道和机会也大大增加。高校处在西方思想文化冲击的前沿，国际敌对势力与我国争夺下一代的斗争更加尖锐复杂。尖锐复杂的思想文化斗争对高校思想政治教育提出了更高的要求。

二、国内形势的深刻变化对高校思想政治教育提出了新任务

经过 40 多年的改革开放，我国经济社会发生了巨大的变化。我们已经胜利实现了现代化建设的前两步战略目标，生产力水平迈上了一个大台阶。经济持续增长，社会不断进步，人民群众生活总体上达到了小康水平。人们对什么是社会

主义、怎样建设社会主义，建设一个什么样的党、怎样建设党，什么是马克思主义、怎样对待马克思主义等问题，有了更加深刻而科学的认识。党的十九大确立的全面建成小康社会的奋斗目标，展现了我国现代化建设的壮丽前景，极大地激发了全国人民建设中国特色社会主义的热情。随着全面建设小康社会的逐步推进和人们物质生活水平的不断提高，包括高校师生在内的广大人民群众对精神文化生活必然提出更高的要求。如何针对青年学生的心理特点和实际需要，进一步加强和改进高校思想政治工作，不断满足青年学生日益增长的多层次、多方面、多样性的精神文化需要，是高校思想政治工作面临的重大课题和紧迫任务。同时，由于改革开放的深入，各种社会矛盾和问题逐步暴露，其中有些问题还涉及高校师生员工及其家庭成员的切身利益。引导高校师生正确认识我国社会主义初级阶段的基本国情和改革开放的长期性、复杂性、艰巨性，正确看待改革开放和现代化建设进程中出现的新问题，正确理解党和政府为解决前进中的问题所作出的努力及采取的措施，在解放思想中统一思想，自觉与党中央保持一致，这是高校思想政治教育的重要任务。

社会主义市场经济体制逐步建立和完善，经济体制发生了深刻变化，人们的竞争意识、效率意识、民主法制意识和开拓创新精神大大增强。同时，市场经济本身的特点及其带来的某些消极影响，容易诱发自由主义、分散主义，滋生拜金主义、享乐主义、极端个人主义等腐朽思想，这必然会反映到高校师生员工的头脑中来，从而增加大学生思想政治教育的难度。以大学生群体为例，在社会主义市场经济条件下，他们的思想产生了深刻的变化。首先，受市场经济竞争效益原则的影响，青年学生开拓创新、拼搏进取的意识较强，注意对自身价值的认识、自我素质的提高和自我潜能的发掘。大学生一方面重视集体和个人的权利；另一方面倡导发挥主观能动性，重视个性的发展。多数大学生渴望成才，也出现了一些失衡现象，如部分大学生自我表现意识强，但缺乏自我约束、自我克制；部分大学生诚信意识淡薄，社会责任感缺乏。其次，受市场经济求利原则的影响，大学生务实精神日益形成，讲求实效作风。很多大学生都把讲实话、办实事、解决实际困难作为行为准则。但有些时候往往只注重讲个人实惠，而忽略了年轻人的社会责任感，主要表现在对社会、学校要求多，对自己如何贡献社会考虑少；对社会弊端的观望指责多，以主人翁责任感身体力行少；只讲个体眼前利益，忽视整体长远利益。部分大学生只想追求自我价值的实现，而缺乏艰苦奋斗的精神。最后，受市场经济开放流动原则的影响，大学生的观念更新速度加快。大学生眼界开阔，努力学习一切先进知识、技术和文明成果，这同时也为资产阶级腐朽思想的侵入提供了机会。尤其是一些大学生对西方文化的浅层认同，导致他们在生活观念、消费观念上发生了很大变化；个别大学生在生活上追求浅层的物质利益，只讲实惠，有时甚至沦为拜金主义者，消费上追求超前消费，闲暇文化方面档次低、格调低。面对社会主义市场经济条件下大学主思想政治状况的新特点，我们应该努力探索与之相适应的高校思想政治教育方法。

随着改革开放和社会主义市场经济的发展，社会经济成分、组织形式、就业方式、利益关系和分配方式日益多样化，人们思想活动的独立性、选择性、多变性和差异性日益增强。这有利于大学生树立自强意识、创新意识、成才意识、创业意识，同时也直接或间接地影响着包括高校师生在内的广大群众的思想观念和价值取向，造成了青年学生价值观念和行为方式的多样性、多变性与矛盾性，正确地引导大学生全面健康发展的任务十分艰巨。教育部连续数十年在京、津、沪、鄂、粤、陕、苏、赣八省市 74 所高校进行的学生思想政治状况调查表明，当前大学生思想政治状况呈现以下一些新特点：大学生政治上趋于成熟、理性，关心国内外大事，但在一些深层次问题上仍存在着一些模糊认识；大学生思想活跃，求新意识较强，善于通过多种方式特别是网络获取新信息，但自身鉴别力和控制力还较弱；大学生人生观、价值观主流积极健康，求知成才愿望强烈，但面对竞争日益激烈的社会环境，容易产生急躁情绪，甚至过激行动。如何看待这种由于利益格局的调整所带来的人们思想意识上的变化，切实做好凝聚人心、鼓舞士气、解疑释惑、化解矛盾的工作，这也是我们在新时代加强高校思想政治工作需要深入研究的重要课题。

三、科学技术特别是网络技术的发展给高校思想政治教育提出了新问题

科学技术特别是网络技术的发展和普及，对高校思想政治教育提出了新问题和新挑战。互联网、智能手机等传播交流方式，具有信息传播分散点多、交互性强、流量大、管理复杂等新特点，极大地改变着高校师生的生活方式、学习方式、交往方式、娱乐方式甚至是语言习惯，对广大师生的学习、工作、生活和思想观念都产生了广泛而深刻的影响。特别是互联网扩展之快、范围之广、影响之大，前所未有。高校师生已经成为我国互联网用户的主体。互联网作为信息传播的新媒体，已成为高校师生获取知识和各种信息的重要渠道以及表达思想、交流感情的重要场所。

信息网络技术的发展和普及，极大地推动了我国高等教育事业的快速发展，也为高校思想政治教育带来了新的机遇，拓展了传统高校思想政治教育的空间和渠道，提供了更多的教育资源。网络的开放性、交互性、及时性和平等性等特点，有助于快速、准确地了解各种社会热点和高校师生的思想动态，并有针对性地开展形式多样、生动活泼的思想政治教育，增强思想政治工作的亲和力和说服力。同时，互联网的发展也给大学生思想政治教育提出一系列新的极为严峻的挑战。比如，西方网络意识形态的渗透问题。当前，互联网已成为各种信息交汇和碰撞、国内外各种势力争夺的重要思想文化阵地。高校作为思想文化资源比较丰富、网络应用比较普遍的场所，更是各种不良思想文化渗透、攻击的重点。特别是境内外敌对势力利用网络对高校进行渗透，使网络成为意识形态斗争的前沿阵地，而我们在思想、行动和技术上的应对措施还相对滞后。又如，互联网上的不良信息对青年学生身心健康的伤害问题。互联网信息浩大，纷繁复杂，良莠混杂，特别是各种色情、暴力、迷信信息泛滥，容易给青年大学生的身心健康带来伤害。青年大学生好奇心强，自控能力较弱，很可能受网络不良信息的诱惑和毒害。如何深入分析和研究互联网带来的新情况、新问题，牢牢掌握网络意识形态的主动权，已经成为新时代高校思想政治教育工作亟待解决的重大命题。

第三节　当前高校思想政治教育亟待解决的主要问题

随着改革的不断深入，经济和社会的不断发展，以及高等教育规模的持续扩大，高校大学生的思想政治教育面临着新的挑战。我们同样应该看到，当前大学生思想政治教育工作还存在着一些亟待解决的突出问题，具体表现在以下几个方面。

一、如何进一步落细落实立德树人的根本要求

大学生是十分宝贵的人才资源，是民族的希望，是祖国的未来。加强和改进大学生思想政治教育，提高他们的思想政治素质，把他们培养成中国特色社会主义事业的建设者和接班人，对于全面实施科教兴国和人才强国战略，确保我国在激烈的国际竞争中始终立于不败之地，确保实现全面建设小康社会、加快推进社会主义现代化的宏伟目标，确保中国特色社会主义事业兴旺发达、后继有人，具有重大而深远的战略意义。高校思想政治教育是“成人”的教育，而“成人”是成才的前提。在我国社会发展进入这样一个崭新的历史时期之际，通过高校思想政治教育引导大学生如何“成人”的问题变得更为复杂，也更加重要。要把“培养什么人、如何培养人”这一重大课题始终摆在重要位置，始终坚持教书与育人相结合，做到学校教育，育人为本，德智体美、德育为先。可以说，德育是教育的应有之义，也是教育的最高目的，即它不是教育以外的东西而是教育本身。高校思想政治教育一旦变成教育以外的东西，就不可能真正实现其教育的功能和价值；而正因为它是高等教育的应有之义，高校思想政治教育就必须尊重教育发展的一般规律。

但是，如今仍然有一些高校领导只重视学校的办学规模、学科建设、科研项目、师资队伍、就业情况等硬指标，把高校思想政治教育视为软任务，不能主动而自觉地予以关注和进行相应的物质投入。因此，在处理德育和智育关系的问题上不同程度地出现了“一手软，一手硬”的现象。个别高校对中央提出的立德树人要求片面理解，表面应付，存在形式化、敷衍化的消极现象。还有的高校思想

政治教育相关机构不健全，人员编制不完备，数量和质量上都不能适应工作需要；再加上客观环境使得部分高校面临巨大的生存压力，加强和改进大学生思想政治工作很难成为他们最先关注和重视解决的问题。因此，这种认识不到位、配备不齐全、环境不支持的现象必然导致高校思想政治教育工作不能得到及时有效的贯彻落实。

为此，我们必须进一步努力贯彻落实立德树人的要求，在思想上对高校思想政治教育充分重视起来。“培养什么人”“如何培养人”，是高校一切工作中的首要问题，也是所有高校管理者在国际国内形势发生深刻变化的背景下需要不断加以探索的重大课题。

二、如何进一步丰富内容和形式，增强高校思想政治教育的实效性

一直以来，高校思想政治教育在针对性、实效性和吸引力、感染力方面都在进行着积极探索，有力地加强和改进了大学生思想政治教育工作。但由于近年来大学生数量的增加，师资相对短缺，人均占有教育教学资源仍然存在一定缺口，大学生的一些合理的需求难以得到满足，把思想政治教育与解决大学生的实际问题有机结合起来的难度较大，在一定程度上削弱了高校思想政治教育的实效性。此外，高校思想政治教育适应新形势、更新手段、提高实际教育效果与应然状态还有一定的差距。

具体而言，主要表现在：一是思想政治教育理论课教学与日常思想政治教育工作相分离，教学和思想政治工作还存在着“两条线、两张皮”问题，削弱了高校整体育人的功能。二是思想政治教育方式和手段有待进一步创新。由于缺少生动、活泼的手段和形式，思想政治教育理论课和实际工作中的“大道理”难以达到“寓教于学”“寓教于乐”的效果。三是工作创新机制比较缺乏，还不能用发展的思维探索和研究新情况、新问题，从而使思想政治教育的针对性、主动性、实效性和时代感大打折扣。四是思想政治教育工作途径创新依然不足。特别是在新形势下如何加强高校思想政治教育工作，个别高校的领导在思想上还没有达成

共识，无论从指导思想上还是目标任务上，都比较模糊。高校思想理论课教学内容、课程设置尚未完全切合大学生实际要求，教学方法陈旧，教学手段单一，致使部分大学生不太喜欢上思想政治理论课。作为大学生思想政治教育的主阵地、主课堂、主渠道，思想政治理论课的作用没有充分发挥出来。五是高校思想政治教育效果有待进一步提高。虽然高校思想政治教育本身需要的硬件和软件环境有了极大改善，但是由于高校思想政治教育的客观环境以及大学生群体的特殊化、复杂化，高校思想政治教育的教育内容、教育方式和教学手段以及整体教育体系都面临众多挑战。高校思想政治教育的教育目标实现往往要依赖众多因素的共同作用，目前受到的制约性和局限性仍然比较大。

今后，在进一步增强高校思想政治教育的针对性、实效性和吸引力、感染力方面，都有待于加强研究，重点攻关，努力取得新的突破。

三、如何进一步加强队伍建设，完善高校思想政治教育工作的长效机制

在改革开放、确立社会主义市场经济体制的条件下，加强和改进大学生思想政治教育工作，强化高校思想政治教育工作的体制与机制建设是高校的一项长期而重大的战略任务。面对新形势、新问题、新挑战，高校思想政治教育工作不能满足于阶段性的教育成果，囿于高校思想政治教育专职部门的工作范畴，停留在领导重视程度时紧时松的水平上。高校思想政治教育必须从培养社会主义事业合格建设者与接班人的战略高度，从体制上系统构建、制度上加以规范、机制上加以保障，用系统性、制度性、融合性的体制安排去完善健全思想政治教育工作的长效机制。这是一个事关高校思想政治教育工作实效性能否得以实现、需要不断去探索和创新的理论与实践问题。

高校思想政治教育工作作为党的事业的重要组成部分，党组织承担着思想政治教育工作的主体职能，高校党的各级组织，从党委到支部，可谓结构体系完整、体制健全。伴随着完全学分制的实施，后勤社会化改革的推进，高校又探索构建

了党团组织在社区、宿舍、社团的新体制。这对于保障高校思想政治教育工作的普及开展奠定了基础，但同时存在着重体制构建、轻机制探索与建设的普遍问题。体制构建是基础，机制建设是保障，再好的体制如果没有好的机制做支撑，最终难以发挥它应有的效用。目前，虽然全国高校都重视高校思想政治工作者的队伍建设，建立起辅导员、导师制、班主任工作制等形式，但存在着重使用、轻培养，“一手硬，一手软”的现象。同时，高校对思想政治工作者队伍建设力度普遍不够，对参与大学生思想政治教育工作的情况在考核管理、效果监控上还缺乏科学的指标体系。而思想政治工作者日常工作本身头绪多、繁杂，思想政治工作者队伍更多的是扮演消防队员的角色，最为核心的思想政治教育工作缺乏稳定性和规范性。由此造成了高校思想政治工作者队伍对自身角色的极大困惑，严重影响了高校思想政治教育工作的实际效果。

四、如何进一步建设工作体系，增强高校思想政治教育工作的合力

高校思想政治教育不应该游离于社会大系统，必须将自身与整个社会融合为一。当前，高校思想政治教育“全员育人、全程育人、全面育人”的“大教育”局面还有待于进一步落细落实，形成立德树人工作的合力。从整体情况来看，依然存在着工作推进不太平衡，不同单位、不同学校以及同一学校的不同工作都参差不齐的问题，有的学校或有些工作差距还比较大；各有关单位、各高校加强和改进大学生思想政治教育的工作机制尽管已经建立，但仍需要加大磨合的力度。问题的主要原因在于，对于高校思想政治教育的认识还存在“狭隘性”倾向，主要表现在：人为地割裂学校教育与社会教育、家庭教育的关系；人为地将学校环境与社会大环境割裂开来；人为地割裂社会全体成员对大学生思想政治教育的权利和义务关系。比如，在一些高校，只有少数职能部门和数量不多的政工干部、辅导员对大学生思想政治教育负责，而更多的职能部门和更多的专业课教师、管理人员则表现出漠视或事不关己的态度。这种“狭隘性”认识是高校思想政治教育缺乏实效性的重要原因之一，也是影响高校思想政治教育“大教育”格局形成

在观念上的主要障碍。具体而言，主要表现在：第一，在目前看来，学校、家庭、社会三方面尚未形成一个里应外合、通力合作，努力提高大学生思想政治素质的合力。消极的社会因素和不当的家庭教育往往降低甚至抵消学校思想政治教育的效果；而一些恶劣的社会现象和家庭问题则严重干扰了高校思想政治教育的实效性。第二，高校思想政治理论课教师、哲学社会科学课教师以及高校各门课程教师之间共同承担立德树人使命，但发挥整合功能的机制尚未完全形成，师资之间团结合作、系统教育的力量比较薄弱。第三，第一课堂和第二课堂往往相互分离，不能相互呼应、相辅相成。公寓、网络、社团等思想政治教育的阵地建设相对落后，不能系统发挥德育功能。第四，高校“三育人”（教学育人、管理育人、服务育人）体系尚不完备，高校思想政治教育的整体性功能发挥尚不充分。

除以上问题外，在高校思想政治教育工作发展进程中，还存在着个别学校思想政治教育工作结合学校改革发展实际、服务学校中心工作不够，教师思想教育工作、学生日常教育和管理需要进一步加强等不足之处。因此，我们要清醒地认识这些问题和不足，不断地解放思想，改进工作，努力把新时代高校思想政治教育工作提高到一个新的水平。

第二章　加强高校思想政治教育战略规划

高校思想政治教育战略规划研究是一项复杂、系统的工程。在新形势下，着力加强高校思想政治教育战略规划研究有其必要性和现实意义。高校思想政治教育战略规划研究是一项严肃且重要的工程，需要遵循一定的规律、把握一些具体原则，只有遵循这些规律和原则才能实现战略规划研究的预期效果。

第一节　高校思想政治教育战略规划的重要意义

思想政治教育作为党的重要政治优势和传家宝，历来是我们党和国家的一条重要工作战线，具有特殊重要的地位和作用，受到党和国家的高度重视和直接领导。大学生群体的重要地位和历史使命，决定了它必然是思想政治教育的重点教育对象，决定了加强和改进高校思想政治教育必然成为党和国家重点关注的领域。无论是历史上高校思想政治教育的思路探索，还是当前对高校思想政治教育的总体部署，都是在党和国家的直接指导下进行的。党和国家是对高校思想政治教育进行战略规划的重要主体。

一、当前加强高校思想政治教育战略规划的必要性

当前加强大学生思想政治教育战略规划研究，是为了应对国内外复杂多变的形势对大学生思想政治教育提出的新课题，更是从实现大学生思想政治教育自身长远发展的现实考虑出发的。

第一，高校思想政治教育工作地位不断上升，迫切需要加强高校思想政治教育战略规划研究。从历史的角度看，大学生思想政治教育工作的地位和作用经历了一个逐步提升的过程，最终成为一项在党和国家各项工作中占有重要地位的战略性工作。这既反映了人们对大学生思想政治教育工作要求的不断提高，更反映了党和国家以及全社会对大学生思想政治教育工作规律性认识的不断深化。实践证明，随着大学生思想政治工作战略地位的不断上升，原有的微观层面研究已经不能满足实际工作深入开展的需要，新的形势和任务要求我们从更加宏观、更高视角，即从战略高度对大学生思想政治教育进行研究，这是从全局角度审视高校思想政治教育工作重要性的客观需要。

第二，高校思想政治教育科学化、规范化趋势，客观要求加强对其进行战略规划研究。科学化、规律化是一项工作持续、有效、协调开展的根本保证，因而也必然是任何一项工作追求的终极目标。高校思想政治教育工作是对人的工作，而且是对人群中思维最活跃、精力最充沛、潜在社会影响最重大的一部分人的工作，因而这项工作科学化的难度之大可想而知。从战略高度来研究和规划大学生思想政治教育工作，可以避免以往那种“见树不见人”的视角缺陷，可以从整体出发综合考量高校思想政治教育工作的现实需求和未来定位，从而必将极大地促进高校思想政治教育工作的科学化进程。

第三，加强和改进高校思想政治教育领导和管理，必然要求加强对其进行战略规划研究。认真思考和研究高校思想政治教育工作的领导和管理机制问题是一项重大而紧迫的任务。当前，在党中央的领导下，我们形成了中央领导、相关部门配合、全社会参与的整体领导格局。然而，对于各个部门、各级领导如何分工和如何协作等问题，无论是整个社会还是一所高校都并不十分清楚，带有很大的随意性，这对于高校思想政治教育工作的持续健康发展是极为不利的。因此，要实现对高校思想政治教育的强有力领导和科学管理，就必须加强高校思想政治教育战略规划研究，从战略高度、全局视野明确高校思想政治教育工作中各级领导、各个部门的具体分工和岗位职责。

二、当前加强高校思想政治教育战略规划的重要性

加强对高校思想政治教育工作的战略规划研究，不仅对党和国家事业发展具有重要影响作用，也有助于提高大学生思想政治教育工作的实效性、实现大学生思想政治教育工作的根本目标。

第一，有利于实施科教兴国战略和人才强国战略。科教兴国战略是我们党在世纪之交的关键时刻，面对国际经济、科技竞争日益激烈的形势，为实现我国跨世纪宏伟蓝图而制定的重要方针和基本国策。大学生是祖国和民族的未来，是建设中国特色社会主义伟大事业的生力军，在改革、发展、稳定的大局中发挥着重要作用，在实施科教兴国战略中是最活跃、最重要的力量。着眼于适应激烈的国际竞争和缩短与发达国家之间的差距，并在国际竞争中处于有利地位，加强大学生思想政治教育战略规划研究，关系到大学生思想政治教育工作高效有序开展，有利于全面实施科教兴国战略。继科教兴国战略后，党中央、国务院又提出了人才强国的重大战略。一个有远见的民族，总是把关注的目光投向青年；一个有远见的政党，总是把青年看作推动历史发展和社会前进的重要力量。中国共产党只有赢得青年，才能赢得未来。当代大学生作为拥有科学文化知识最多、最富有发展潜力和创新精神的青年群体，是国家人才资源的重要组成部分，是实施人才强国战略的重要力量。着眼于为实现中华民族伟大复兴和加快推进社会主义现代化建设进程不断提供智力支持和人才保证，加强大学生思想政治教育战略规划研究，是大学生成长、成人、成才极为关键的一环，有利于实施科教兴国战略和人才强国战略。

第二，有利于实现全面建成小康社会和全面建成社会主义现代化强国的奋斗目标。全面建设小康社会、加快推进社会主义现代化建设是党的十六大确定的关系中华民族伟大复兴的重大任务。党的十九大对全面建成小康社会和全面建成社会主义现代化强国提出了新要求。大学生是青年群体中的优秀分子，是国家宝贵的人才资源，是全面建设小康社会的主力军，是当前和未来全面建成小康社会的建设者。加强高校思想政治教育战略规划研究，切合大学生自身思想特点，制定科学合理的思想政治教育内容和目标要求，能使他们把自己的理想、志愿、工作

意愿同祖国的前途、社会的发展联系起来，把个人的荣辱得失同祖国的兴衰联系起来，积极投身于中国特色社会主义建设事业，为实现全面建成小康社会和全面建成社会主义现代化强国的目标而努力奋斗。

第三，有利于推进素质教育，实现大学生德智体美劳的全面发展。实现人的全面发展是社会主义的本质要求，也是中国共产党人追求的重要目标之一。人的全面发展是指每一个人的潜质、潜能都能得到充分、自由、全面的拓展和发挥，而提高人的自身素质是实现人的全面发展的内在条件。高校思想政治教育担负着提高大学生思想政治素质、培养大学生创新精神和实践能力、造就德智体美劳全面发展的人才的重任。紧密结合社会主义的前途命运及建设中国特色社会主义事业的现实要求，加强高校思想政治教育战略规划研究，着力解决好“培养什么人、怎样培养人”的根本问题，始终坚持“育人为本、德育为先”的重要理念，充分发挥思想政治理论课主阵地、主渠道作用，既有助于德育、智育、体育、美育、劳动技术教育和社会实践相互渗透、协调发展，推进素质教育的实施进程，又有助于全面提高大学生的思想政治素质、科学文化素质、健康素质、劳动素质和审美素质等，实现大学生德智体美劳的全面发展。

第二节　高校思想政治教育战略规划的历史回顾

在我们社会主义国家的学校教育中，思想政治教育历来处于主导地位。历史上，我们虽然没有明确提出要加强高校思想政治教育战略规划研究，但是从党、国家和各部委通过的文件、召开的会议、发表的讲话中都可以看出，我们党和国家从战略高度规划大学生思想政治教育工作的历史足迹。因此，认真回顾高校思想政治教育工作的历史进程，科学总结高校思想政治教育工作的历史经验，探讨高校思想政治教育工作的基本规律，是新的历史条件下加强高校思想政治教育战略规划研究的一项重要任务。总体上看，从中华人民共和国成立之初至今，党和国家从战略规划高度对大学生思想政治教育工作的部署可从以下四个方面体现出来，而每一个方面都经历了一个逐步完善、逐步推进的过程。

一、在制定教育文化事业发展的方针政策的同时，为开展高校思想政治教育提供指导方针和政策支持

我国的高等学校担负着培养各类专门人才的重任，而坚持社会主义办学方向则是革命和建设对高等学校的首要的根本要求。《中国人民政治协商会议共同纲领》规定，“人民政府的文化教育工作，应以提高人民文化水平，培养国家建设人才”[①]为主要任务，“提倡爱祖国、爱人民、爱劳动、爱科学、爱护公共财物为中华人民共和国全体国民的公德”[②]，提出“给青年知识分子和旧知识分子以革命的政治教育，以适应革命工作和国家建设工作的广泛需要”[③]。这一规定为中华人民共和国成立初期我国的文化教育事业指明了方向，也为学校思想政治教育工作规定了基本内容和主要任务。1949 年 12 月，第一次全国教育工作会议召开，时任教育部部长马叙伦阐述了新民主主义教育的总方针。他指出，“新中国的教育应该是反映新中国的政治经济，作为巩固与发展人民民主专政的一种斗争工具的新教育”。这就进一步为大学生思想政治教育工作各方面的改革提出了全面要求。1955 年 4 月，在高等工业学校、综合大学院长座谈会上时任教育部副部长刘子载首次指出，改进和加强对学生的政治思想教育工作，必须贯彻“全面发展”的教育方针，加强对学生“系统的”马克思列宁主义理论教育，教师必须树立对学生“全面负责”的思想，必须改进课外活动，提高其思想性，加强与课内教学活动的“配合和联系”。这是首次明确针对大学生思想政治教育工作提出的严格要求。1957 年，毛泽东在《关于正确处理人民内部矛盾的问题》一文中，针对当时做青年学生思想政治教育工作减弱的状况，强调指出：“我们的教育方针，应该使受教育者在德育、智育、体育几方面都得到发展，成为有社会主义觉悟的有文化的劳动者。”[④]这充分表明思想政治教育在整个教育事业及人才培养中的重要作用。

---

① 中央教育科学研究所．中华人民共和国教育大事记 [M]. 北京：教育科学出版社，1984：3.

② 中央教育科学研究所．中华人民共和国教育大事记 [M]. 北京：教育科学出版社，1984：3.

③ 中央教育科学研究所．中华人民共和国教育大事记 [M]. 北京：教育科学出版社，1984：3.

④ 毛泽东．毛泽东文集：第 7 卷 [M]. 北京：人民出版社，1999：226.

“文革”期间，关于教育战线和高校思想政治教育领域的方针政策未能得到正确执行。党的十一届三中全会后，经过思想战线全面的拨乱反正，思想政治教育以崭新的面貌服务于社会主义现代化建设和改革开放的伟大事业。1980年4月，教育部、共青团中央联合发出《关于加强高等学校学生思想政治工作的意见》，指出高等院校必须正确地处理政治与业务、红与专的关系，把学生的思想政治工作放在“重要的地位”。1983年10月，邓小平在为北京景山学校题词时指出，“教育要面向现代化，面向世界，面向未来”①，表明党中央开始从社会现实、世界局势和未来发展等宏观长远的角度思考教育问题，是对教育事业改革与发展提出的指导方针，也是高校思想政治教育工作的指导方针。1987年5月，针对当时从中央到许多地方在政治思想战线上存在着的软弱混乱现象，中共中央从总结历史经验的高度入手，颁布了《关于加强和改进高等学校思想政治工作的决定》，提出要进一步明确高校的办学指导思想，克服和防止只重视智育而轻视德育的倾向，充分认识加强思想政治工作的极端重要性，以保证培养出社会需要的合格人才，这是以党中央名义颁发的第一个专门针对高校学生思想政治教育工作的文件，为新时期大学生思想政治教育工作指明了方向。

进入20世纪90年代，科学技术突飞猛进，知识经济初显端倪，综合国力的竞争日趋激烈，而综合国力的竞争归根到底是人才的竞争。面对国际国内环境新形势对培养和造就我国21世纪一代新人提出的新要求，党和国家审时度势，作出一系列意义深远、造福后代的决定。1994年8月，中共中央通过了《关于进一步加强和改进学校德育工作的若干意见》，指出培养和教育好青少年是社会主义建设事业的“奠基工程”，必须站在“历史的高度”，以“战略的眼光”来认识新时期学校德育工作的重要性。该意见在分析德育工作现状的基础上，从整体规划德育体系、深化德育内容、丰富德育手段、完善德育工作管理体制、推动思想政治教育科研和学科建设、加强队伍建设等方面对加强和改进学校德育工作做了具体、全面、系统的部署。1995年11月，国家教委颁布了《中国普通高等学校德育大纲》，对高校思想政治教育作出了专门规定和部署。1998

① 邓小平.邓小平文选：第3卷[M].北京：人民出版社，1993：35.

年8月，九届全国人大常委会第四次会议审议通过了《中华人民共和国高等教育法》，以法律形式强调了思想政治教育在高等教育中的地位和作用。1999年6月，中共中央、国务院通过了《关于深化教育改革全面推进素质教育的决定》，江泽民在全国教育工作会议上再次强调思想政治教育“在各级各类学校都要摆在重要地位，任何时候都不能放松和削弱。要说素质，思想政治素质是最重要的素质”[①]。2000年9月，为贯彻落实中共中央思想政治工作会议精神和第九次全国高校党建会议的有关工作部署，教育部发出《关于加强高等学校思想政治教育进网络工作的若干意见》，指出了互联网对大学生思想政治教育工作正负两方面的影响，要求各地教育部门和广大思想政治工作者“提高对思想政治教育进网络重要性和紧迫性的认识，对思想政治教育进网络和利用网络为思想政治教育服务尽快作出具体规划和统一部署”[②]。这表明党和国家对开展高校思想政治教育新阵地高度关注和适时部署。2018年9月10日，习近平总书记在全国教育大会上再次强调：“培养什么人，是教育的首要问题。我国是中国共产党领导的社会主义国家，这就决定了我们的教育必须把培养社会主义建设者和接班人作为根本任务，培养一代又一代拥护中国共产党领导和我国社会主义制度、立志为中国特色社会主义奋斗终身的有用人才。这是教育工作的根本任务，也是教育现代化的方向目标。”[③]

二、加强对高等学校思想政治教育工作的管理和部署，为大学生思想政治教育工作提供坚强的领导核心和组织保障

1949年以来，党和政府十分重视加强对高等学校思想政治工作的领导，逐步建立了一套行之有效的领导制度和管理体制。中华人民共和国成立初期，政

① 江泽民．江泽民文选：第2卷[M].北京：人民出版社，2006：332.

② 中宣部思想政治工作研究所.改革开放以来思想政治工作大事记[M].北京：中国人民大学出版社，2007：282.

③ 习近平在全国教育大会上强调：坚持中国特色社会主义教育发展道路　培养德智体美劳全面发展的社会主义建设者和接班人[N].人民日报，2018-09-11.

府有计划地接管了国民党遗留下来的公立和私立大学，并向这些学校选派了一批校长，实行校长负责制的领导体制。1950 年 8 月，教育部颁发的《高等学校暂行规程》规定“大学及专门学校采取校长负责制”，由校长“领导全校（院）教师、学生、员工、工警的政治学习”。为了进一步加强政治领导，改进大学生思想政治教育，教育部于 1952 年 10 月专门发出《关于在高等学校有重点地试行政治工作制度的指示》，提议在高等学校建立政治辅导处，配备政治辅导员，为高校的思想政治工作提供了专门的组织机构。1958 年 9 月，中共中央、国务院《关于教育工作的指示》对学校领导体制了做了明确规定，即“一切教育行政机关和一切学校，应该受党委的领导，党委应该注意在学校师生中发展党和青年团的组织。中央人民政府各部门所属的学校，在政治上应该受当地党委的领导。在一切高等学校中，应当实行学校党委领导下的校务委员会负责制。一长制容易脱离党委领导，所以是不妥当的。学校党委应当配备党员去领导级和班的工作”[①]。至此，高校思想政治教育工作形成学校党委领导下的多管齐下的全方位育人格局。

“文革”期间，各级党组织遭到冲击，高校思想政治工作的领导和管理体制也被破坏。粉碎“四人帮”后，党中央十分重视教育战线的拨乱反正和整顿恢复工作，1978 年 4 月召开的全国教育工作会议要求各级学校重新建立恢复对学生思想政治教育工作齐抓共管的领导体制。之后，高等学校领导体制经历几次比较复杂的变化，但对思想政治工作领导体制的探索基本上是沿着“党委领导、齐抓共管”的方向进行。1994 年 8 月，中共中央通过的《关于进一步加强和改进学校德育工作的若干意见》在总结过去德育工作经验教训的基础上，提出了加强和改进学校德育工作的一项非常重要的举措，即转换学校德育管理体制，学校要建立和完善在党委的统一部署下校长及行政系统为主实施的高校思想政治教育管理体制。这是新时期高校思想政治教育工作有力实施和有效运行的重要组织保证。这一管理体制一直延续至今。

---

① 中央档案馆．中共中央文件选集：第 29 册 [M]．北京：人民出版社，2013：36-37.

三、重点落实思想政治理论课的设置和改革，为开展高校思想政治教育提供主渠道、主阵地

在高等学校开设马克思列宁主义理论课，是改造旧大学、建设新型的人民的大学的重要标志。1949 年后华北地区大专院校的文法学院最早开设了政治课。1949 年 10 月，华北高等教育委员会颁布了《各大学专科学校文法学院各系课程暂行规定》，把辩证唯物论和历史唯物论、新民主主义论、政治经济学作为文法学院的公共必修课。同年 11 月，教育部在华北 19 所高校负责人会议上明确提出了当前课程改革的中心是加强政治学习。这就肯定了在高校开设政治课的重要意义，把它提到高校课程改革的高度，从而确立了政治理论课在高校思想政治教育工作中的重要地位。随后在中央和教育部的肯定下，逐步扩展到全国各高校，并在课程设置、教学时数、教学原则、内容和方法等方面不断统一和完善，从而使高校的思想政治教育有了主渠道。1950 年 7 月，教育部在北京召开了全国高等学校暑期政治课教学讨论会，并于同年 10 月 4 日就此发出《关于全国高等学校暑期政治课教学讨论会情况及下学期政治课应注意事项的通报》和附发了《关于高等学校政治课教学方针、组织与方法的几项原则》，提出高等学校根据具体情况成立政治课教学委员会（教学研究指导组）作为政治课教学的领导机构，各地区根据可能与必要条件组成地区性的总教学委员会，统一领导教学工作，各大行政区定期向中央教育部汇报工作，中央教育部指定各总教学委员会或各校直接汇报工作。通过上述一系列的会议及文件规定，我国高等院校对政治理论课的内容、教学原则和方法做了初步探索，形成了 1949 年来中国高等学校的政治理论课教学体系的雏形。1952 年 10 月，教育部根据国家今后的政治任务及中华人民共和国成立三年来全国高等学校政治理论课程教学实际情况的发展和要求，以及为了加强和提高学生的系统理论教育，对全国各级高等学校的马克思列宁主义、毛泽东思想课程开设作出了详细规定。随着时间的推移、社会发展以及大学生的思想政治实际状况，我国高校政治理论课从课程门类到内容形式等都不断地作出了调整和变化。

党的十一届三中全会后，教育部领导各高校在全面总结马克思主义理论教育

正反两方面经验的基础上，不断加大马克思主义理论课程改革和建设的力度。1985 年 8 月，中共中央下发了《关于改革学校思想品德和政治理论课教学的通知》，对从小学阶段直到大学研究生阶段的思想品德和政治理论课的主要内容与要求都作出了明确部署。中央决定成立马克思主义思想理论课教材编审委员会，统筹规划课程设置、教材编辑及审定和其他组织工作。根据通知精神，各高校对政治理论课的课程结构和教学内容进行了重大改革，普遍开设了“马克思主义原理”“中国革命史”和“中国社会主义建设”三门课，作为大学本科生的公共必修课，文科专业还开设“世界政治经济和国际关系”，理工科专业则开设“自然辩证法”。此外，各高校还开设了一系列选修课，经过这样的改革，课程不仅更好地体现了马克思主义科学体系的整体性，教育内容更加集中，而且也更加适应了形势发展的需要和学习的要求。除了系统的马克思主义理论教育外，针对改革开放新形势下学生在世界观、人生观中提出的普遍关心的问题，有些高校先后进行了开设人生观和道德修养课程的尝试，教育部在总结各高校的新鲜经验的基础上于 1984 年 9 月作出了《关于高等学校开设共产主义思想品德课的若干规定》，对这门课的任务、内容、教学原则、成绩考核、师资队伍和教学机构的建设作出了具体指示。1987 年 10 月，国家教育委员会印发了《关于高等学校思想教育课程建设的意见》，规定了“形势与政策”“法律基础”两门为必修课，“大学生思想修养”“人生哲理”“职业道德”三门课可以因校制宜、有选择地开设。在这一阶段，新的课程在实施过程中既受到高校政治理论课教师和学生的欢迎，也凸显出了一些问题，一定程度上影响到了学生学习的积极性。

从 1993 年到 1998 年，为进一步规范“两课”课程设置，党和国家先后多次下发意见。1993 年 8 月 13 日，中共中央组织部、中共中央宣传部、国家教育委员会下发《关于新形势下加强和改进高等学校党的建设和思想政治工作的若干意见》，提出“两课”要贯彻理论联系实际的方针和“少而精”“要管用”的原则；1995 年 1 月 24 日，中共中央颁发《关于高校马克思主义理论课和思想品德课教学改革的若干意见》，总结自 1993 年两年来“两课”改革的探索和实践经验，并在此基础上对“两课”教学改革和“两课”课程体系建设提出了新的要求；

1997年6月，在第六次全国高校党建工作会议上，国家教委在《关于普通高等学校“两课”课程设置若干意见（征求意见稿）》中，更进一步规定了“两课”新的课程设置方案和教学要求。至1998年4月23日，中共中央研究通过了普通高等学校“两课”课程设置新方案，即“98方案”，决定在高校开设“马克思主义哲学原理”“马克思主义政治经济学原理”“毛泽东思想概论”“邓小平理论概论”“思想道德修养”“法律基础”“形势与政策”和“当代世界经济与政治”（文科开设）八门课程。1998年6月10日，中宣部、教育部印发了《关于普通高等学校“两课”课程设置的规定及其实施工作的意见》，进一步肯定了“两课”是对大学生系统进行思想政治教育的主渠道和主阵地，以及在培养大学生成为社会主义事业建设者和接班人方面的重要作用。2005年，思想政治理论课开始实施“05方案”。“05方案”的实施对思想政治理论课的科学发展、马克思主义学科的全面推进和培育全面发展的优秀人才都发挥了不可替代的重要作用。十多年来，“05方案”的实施取得了丰硕成果，一是构建了学科、教材、师资、课程协同推进的思想政治理论教育模式，积累了良好的教育经验；二是统筹协调、全面推进，形成了标志性成果，设立了马克思主义一级学科；三是培育了一支优秀的思政课师资队伍，顺利地完成了教师队伍的新老交替；四是思政课建设赢得了学生的客观评价，思政课成为培育优秀人才的重要课程；五是思政课的支撑保障体系逐步完善，体制机制建设取得良好成效。

四、注重推进思想政治教育科学研究和学科建设，为大学生思想政治教育工作提供理论基础和学科支撑

思想政治教育的科学化问题，是我党的思想政治教育历史上的一个重要课题。早在1929年，毛泽东在《古田会议决议》中最早提出了思想政治工作的“政治化”和“科学化”问题。中华人民共和国成立后，时任军委总政治部副主任傅钟到南京军事学院政治系讲课时第一次提出了“政治工作是科学”的命题。1978年叶剑英在全军政治工作会议上指出，毛泽东主席关于军队政治工作的学说，是无

产阶级军事科学的一个重要组成部分，是马克思主义军事学说的重大发展。1979年3月，邓小平在《坚持四项基本原则》的讲话中重新强调了思想政治工作的政治化与科学化问题。经过20世纪80年代思想政治工作科学化的讨论，时任中央书记处书记宋任穷在1982年11月全国党员教育工作会议上明确肯定了思想政治工作“是一门治党治国的科学”。1987年5月，中共中央《关于改进和加强高等学校思想政治工作的决定》对此做了更为规范和准确的概括：思想政治教育是一门以马克思主义理论为基础，综合性和实践性都比较强的科学，必须有专职人员作为骨干，并且要培养和造就一批思想政治教育的专家、教授和理论家。“思想政治工作是一门科学”提出后，对这门科学进行研究的任务就提上日程。为了推动思想政治教育的研究，许多地方纷纷成立思想政治教育研究会。1983年1月，中国职工思想政治工作研究会成立，创办了我国第一个思想政治工作的专业杂志《思想政治工作研究》。1984年12月，中国高等学校思想政治教育研究会成立，创办了专业杂志《思想教育研究》。这些举措加强了党对思想政治教育研究的组织领导，使研究活动迅速活跃起来，拓宽了研究领域，深化了研究内容，培养和锻炼了一批研究人才。

与此同时，思想政治教育学科建设提上重要日程。为了提高广大思想政治教育工作者的政治素质和业务能力，党和国家决定在高等学校设置相应的专业，用来培养思想政治教育的专门人才。1984年4月教育部发布的《关于在十二所院校设置思想政治教育专业的意见》，决定在南开大学等12所院校首批增设思想政治教育专业，采取正规化的方法培养大专生、本科生和第二学士学位生等各种规格的思想政治工作专门人才。1987年，复旦大学、南开大学等10所大学开始招收硕士生，培养具有适应思想政治工作需要的知识结构和实践能力的高级专门人才。值得注意的是，思想政治教育是新兴专业，开办专业初期，国家在招生、考试、师资等方面都给予了政策支持。2005年新增设马克思主义理论一级学科，下设五个二级学科，即马克思主义基本原理、马克思主义发展史、马克思主义中国化研究、国外马克思主义研究、思想政治教育。在学科研究领域方面，思想政治教育学始终坚持基础理论研究与实践应用研究相结合，其二级学科体系日臻完善。

第三节　高校思想政治教育战略规划的基本内涵、主要特征与总体要求

我们需要站在更加广阔的视野，用长远的、可持续发展的战略眼光，来深入思考和应对大学生思想政治教育发展面临的种种机遇与挑战。通过科学制定并有效实施发展战略规划，整体规划高校思想政治教育的总体目标和实现目标的基本战略与行动措施，不断实现高校思想教育新的跨越式发展。

一、高校思想政治教育战略规划的基本内涵

战略，最初为军事用语，原义是对战争全局的筹划和指导。从广义上讲，战略是指一个组织针对环境和自身条件所作出的重大的、全局性、长远性的方略与谋划，通常包括组织的长远目标，以及为实现这些目标所需要采取的行动方案和指导资源获得、分配与使用的政策方案等。规划，是指某工作领域中一定时间段内对发展诸因素的综合谋划与部署，包括规模数量、质量水平、条件支撑、投入来源、制度保障的分项设计与综合。战略规划作为一种未来导向的目标设定和行动方案，在组织内部管理中发挥着行为导向、资源分配、决策协调、参与动员和效率评价的作用。

高校思想政治教育战略规划，是高等教育战略规划的重要形态之一，主要任务是对高校思想政治教育的改革、发展与建设的研究以及战略思路和规划方案的制定、决策与实施。高校思想政治教育战略规划的研究目的就是要确立今后一段时期大学生思想政治教育的奋斗目标、发展思路、科学定位以及为达到这些目标所应选择的战略举措等。战略规划研究与思想政治教育本身的区别就在于它是要超越高校思想政治教育的细枝末节，力图从宏观上把握高校思想政治教育全局，并在不断变化的环境中关注和考量高校思想政治教育的总体发展问题。

在这里，我们可以给高校思想政治教育战略规划下这样一个初步的定义：高校思想政治教育战略规划就是党和政府对高校思想政治教育未来发展的谋划、安

排、部署或展望，是党和政府在一个较长时期内关于高校思想政治教育全局性、方向性的发展目标和主要思路的集中体现，是对高校思想政治教育未来发展趋势的科学预见和创新性思考，也就是对高校思想政治教育改革发展建设的顶层设计和行动纲领。

一个科学的、切实可行的发展战略规划对于高校思想政治教育的发展至关重要，它不仅能为高校思想政治教育工作指明未来发展方向，还能为高校思想政治教育的一切分支工作提供前提、依据。高校思想政治教育的战略规划研究之所以如此重要，主要是由其包含的主要内容决定的。总体而言，高校思想政治教育战略规划研究主要包含以下内容。

第一，高校思想政治教育的战略目标。战略目标既包含阶段性战略目标，也包含一定时期的总目标。高校思想政治教育战略规划研究，首要的问题就是要解决战略的目标选择问题，实事求是地选择适当的战略目标，是推进高校思想政治教育不断发展的前提。

第二，高校思想政治教育的战略重点。高校思想政治教育是一个庞大的系统，从纵向上讲，这一系统由不同的阶段性目标组成；从横向上讲，这一系统又是由不同的学科和领域组成，如马克思主义信仰、思想道德、心理健康、人际关系、职业规划等都可以说属于高校思想政治教育的研究范畴。高校思想政治教育战略规划研究就是要解决一定时期内这些纵向和横向组成因素中哪些是重点、哪些是非重点的问题，进而有针对性地开展工作。

第三，高校思想政治教育的战略措施。确定战略目标和战略重点之后，最重要的就是确定战略措施。高校思想政治教育战略研究的重要内容就是确定达到这些战略目标和战略重点所要采用的战略措施，在推进这些战略措施过程中逐渐实现既定的战略意图。

二、高校思想政治教育战略规划的主要特征

第一，全局性。高校思想政治教育战略规划具有全局性，其主要体现在时间

和空间两个方面。从空间上讲，全国、一个省份、一个地区乃至一所高校都可以是高校思想政治教育战略规划的全局。从时间上讲，高校思想政治教育战略规则贯穿于高校思想政治教育各个阶段和全过程。高校思想政治教育战略规划的领导者和指挥者要把注意力放在全局上面，要胸怀全局、通观全局、把握全局，处理好全局中的各种关系，抓住主要矛盾，解决关键问题；同时注意了解局部、关心局部，特别是注意解决好对全局有决定意义的局部问题。

第二，预见性。高校思想政治教育的预见性是战略规划的前提，更是决策的基础。在广泛调查研究的基础上，全面分析、正确判断、科学预测国际国内环境和高校思想政治教育中的教育者、教育对象、教育环境、教育介体等诸多因素可能的发展变化，才有可能正确把握高校思想政治教育面临的任务和方向，进而准确把握高校思想政治教育的特点、规律和发展趋势。

第三，科学性。高校思想政治教育战略规划是基于对客观情况综合分析而进行的战略规划，这一过程必须遵循社会发展进步的规律、大学生成长成才的规律和高校思想政治教育的基本规律。这些规律本身就反映出高校思想政治教育战略规划的科学性与规范性。

第四，创新性。高校思想政治教育战略规划研究就是要在未来一段时间内采取若干重要手段，解决若干重大问题，实现若干重要目标。因此这种研究必须具有一定的创新性，否则就失去了意义，而这本身也成为高校思想政治教育战略规划研究的重要特征之一。

高校思想政治教育战略规划研究的关键是如何正确处理全局与重点的关系。高校思想政治教育是作为一个系统而存在的。作为系统，高校思想政治教育必然包含诸多要素。作为过程，高校思想政治教育必然包括发展的各个阶段。因此，我们需要高度重视全局，站在全局角度考虑问题、研究问题，但也要把注意力的重心放在对全局具有决定性意义的重点问题方面，努力做到科学规划、统筹兼顾、全面安排。

三、高校思想政治教育战略规划的总体要求

第一，大学生思想政治教育战略规划研究既要突出重点，也要注重系统性。高校思想政治教育面临的任务十分艰巨，需要解决的问题很多，但是在时间、资源都有限的前提下，显然无法面面俱到。如果“眉毛胡子一把抓”，可能什么问题都解决不好。高校思想政治教育战略规划要妥善处理好重点突破与整体提高的关系，找准关键问题，按照“集中优势兵力打歼灭战”的原则，明确战略要点，找准突破重点，坚持有所为有所不为，有选择地追求卓越，以重点突破带动全面发展。同时，高校思想政治教育战略规划也不能忽略与其他工作目标之间的协调与平衡，避免“短板效应”，要使各目标之间相互联系、相互支撑，为高等教育总体发展目标的实现奠定坚实的基础。

第二，高校思想政治教育战略规划研究既要体现前瞻性，也要注重可行性。高校思想政治教育战略规划研究是在立足现状的基础上针对未来发展的设计，致力于提出工作设想与要求，因此要着眼于研究未来，具有一定的超前性和预见性。同时，战略规划的目标制定要切实可行，防止空谈。一份合理、科学的发展规划必须有相应的指标体系，有相应的可比性数据，要有可以实施的对策与措施来保障和支撑，否则这份规划难以得到切实的贯彻与执行。高校思想政治教育战略规划研究要从实际出发，但不是实际的拷贝，而要在实际的基础上提出可持续发展的合理要求，创造发展的条件，制定发展的措施，也就是要将前瞻性与可行性很好地结合起来。

第三，高校思想政治教育战略规划研究既要注重科学性，又要坚持民主性。高校思想政治教育战略规划不同于一般意义上的战略规划，其核心价值应该是提升高校师生坚定“四个自信”的能力。因此，这一战略规划研究必须要遵循科学、规范的指导思想和程序、方法。同时，高校思想政治教育战略规划研究也要注重民主性，充分调动和发挥社会各界和广大师生员工的积极性，提高参与度，增加透明度，广泛征求、充分考虑各方面的意见，集思广益，使其研讨制定规划的过程变成一个增强凝聚力与向心力的过程，进而为战略规划的顺利实施

奠定坚实的基础。

第四，高校思想政治教育战略规划研究既要有创新性，也要具有继承性。高校思想政治教育战略规划研究，是一个随着社会进步和高校思想政治教育自身规律变化发展而不断调整、不断深化、不断完善的过程。也就是说，高校思想政治教育战略规划研究应该是与时俱进的，具有创新性。同时，高校思想政治教育战略规划研究还要充分借鉴吸收以往的研究成果和研究基础，保持一定的严肃性、稳定性、继承性和延续性。

第四节　我国高等教育和大学生思想变化的发展趋势

世界高等教育发展经历了精英化时代、大众化时代和普及化时代。当前，全球共有 64 个高等教育发达国家、64 个高等教育发展中国家及 60 个高等教育欠发达国家，有 35 个高等教育大国，以发达国家为主导的高等教育发展局面已被打破，发展中国家高等教育的影响力逐渐凸显。世界高等教育发展呈现两极化愈益明显、普及化进程与社会经济发展水平密切相关且普及化进程不断加快等特点。未来世界高等教育发展的两极国家将面临不同的挑战，高等教育普及化将在更大范围全面推进，包括中国在内的金砖国家的高等教育普及化进程将深刻影响世界高等教育发展的整体格局。①

一、我国高等教育发展的趋势展望

中国古代经典《大学》提出："大学之道，在明明德，在亲民，在止于至善。"这一教育思想与 1000 多年后发祥于欧洲的近代大学开启智慧、弘扬文化、传播知识的精神相承相通。千百年来，这一传统在历史的长河中几经洗礼而历久弥新，不断指引着中国高等教育发展的方向。而今，历史的步伐已迈进新时代，同时也赋予了高等教育新使命，对高等教育的发展提出了前所未有的要求与挑战，如何

① 别敦荣，易梦春．普及化趋势与世界高等教育发展格局——基于联合国教科文组织统计研究所相关数据的分析 [J]. 教育研究，2018（4）：135.

更好地整合现有的教育资源，如何适应经济全球化的趋势使高等教育进一步走向国际化，如何处理高等教育大众化过程中出现的一系列矛盾等成为现阶段高等教育发展过程中必须要研究和探讨的问题。正如美国加州大学伯克利分校原校长田长霖在庆祝西安交通大学建校一百周年报告会上所说："世界趋势的大潮滚滚而来，没有什么力量可以主导它，它关系到社会生活和教育事业等各方面。因此，清楚地认识当今世界的大趋势，及时调整、改革教育是一个很重要的问题。"①

中国现代意义上的大学教育出现于19世纪末期，迄今不过100多年的发展史。教育部原副部长吴启迪在国家教育行政学院成立50周年庆祝大会上的发言中指出："以1949年新中国成立为界，中国高等教育发展史可以分为两个大的历史时期和若干个发展阶段。50年前中国只有207所高等学校，在校学生11万人。如今，中国已经初步形成了适应国民经济建设和社会发展需要的多种层次、多种类型、学科门类基本齐全的高等教育体系，并形成了一些自己的特色和优势。"②改革开放以来，我国高等教育发生了具有重大历史意义的变化。结合当今国内外高等教育发展现实，根据当今教育界对于中国高等教育的研究成果，以及国内外学者们的分析预测，我们可以看到未来十年中国高等教育将进一步向大众化的方向发展，它将走出为少数精英独享的狭窄空间，成为提升全民科学文化素质的不可或缺的关键环节；未来高等教育将进一步国际化，它将人才培养放诸世界更广阔的领域，逐渐与国际接轨，取长补短，将使教育质量更上新台阶；未来高等教育教学质量进一步提升，培养全面发展的人才是其孜孜以求的价值目标，这对于加快中国现代化的进程、迎接全球化的挑战将起到巨大推动作用。

（一）我国高等教育进一步大众化

未来社会，智力开发、知识的掌握和运用，对人类生存发展具有决定性作用。而教育作为开发智力的行业，不仅要培养出大批高级的专业性人才，还要提高全体社会成员的科学文化水平和道德水准。因此，高等教育的培养对象应更加大众

① 田长霖.世界发展趋势与高等工程教育[J].同济教育研究，1997（1）：76.

② 吴启迪.中国高等教育的未来发展战略[J].国家教育行政学院学报，2005（12）：8.

化，以面向整个社会、提高全民族素质为宗旨，使社会的每个成员都应具备与现代社会相适应的科技知识、文化知识、经营管理知识，具有较高品德修养，只有全民族素质提高，人们才能很好适应未来激烈竞争的社会，并从事现代化的生产劳动和科学研究，科学才能发展，国家才能立于不败。

在知识经济时代，高等教育将不再是少数精英们独享的特权，而将逐步成为社会大众人生必经的历程。从教育发展的历史进程看，初等教育的普及是在工业经济时代中期实现的；中等教育的普及是在工业经济时代的中后期完成的。在由工业经济向知识经济过渡时期，高等教育开始了大众化甚至普及化的进程。大众化不仅意味着接受高等教育人数的大幅增加，办学规模超出精英化教育机构的承受能力，而且意味着一系列实质性的变革。第二次世界大战结束后，经济和社会重建大规模展开，世界人口快速增长，参战军人回归社会，社会重建和经济发展对技术人才的需求急剧增大，美欧各国开始将高等教育扩张作为提高国家经济发展水平和竞争力的一项重要策略。21 世纪以来，全球高等教育大众化进程进一步加快。2000—2014 年，世界高等教育在学总规模从 9939 万人升至 2.07 亿人。全球高等教育规模的增长在很大程度上得益于以中国和印度为代表的发展中国家高等教育的崛起。2000—2014 年，发展中国家的高等教育在学总规模增加约 9456 万人，其中，中国和印度分别增加了 3456 万人和 2090 万人。2000 年以来，有 44 个国家迈入高等教育普及化阶段。2000—2014 年，世界高等教育总体毛入学率从 19%升至 34.4%；发达国家的高等教育总体毛入学率到 2014 年已升至 74.3%。而一些主要的发展中国家，如阿根廷、古巴等均在 21 世纪前后迈入高等教育普及化阶段。2005 年，世界上有超过 1/4 的国家的高等教育毛入学率达到 50%以上，2014 年该比例增至 42.7%。总体来看，世界高等教育发展速度不断加快，大众化成为 21 世纪世界高等教育发展的主要趋势。①

高等教育的大众化关系整个民族文化素质和高等教育质量的提升。从我国高

① 别敦荣，易梦春 . 普及化趋势与世界高等教育发展格局——基于联合国教科文组织统计研究所相关数据的分析 [J]. 教育研究，2018（4）：135.

等教育的大众化看，整个高等教育规模的扩大和结构的调整与优化，已在很大程度上改变了过去只有小部分人接受高等教育的状况，高等教育的基本结构也在逐渐适应社会经济发展的特点和要求。我国高等教育的整体质量已经比过去有了明显的提高。在未来十年的发展中，我国的高等教育大众化的趋势会进一步增强，但是我们现在也可以看到这一大众化过程中已潜伏许多矛盾和问题，如高校扩招以后大学生就业压力进一步增大，以及高校学生总体素质的提升也是需要考虑的问题。因此，在以后的发展中，为了使高等教育大众化真正惠及全社会、真正提升高等教育的水平还需要各方面因素的统筹发展。

（二）我国高等教育进一步国际化

简单而言，“国际化”是指我国的高等教育必须强化国际竞争意识，应当进入世界经济社会发展的大循环中去，向国际开放，进行双向式多边合作与交流。教育国际化现象必然要求它所培养的人才不仅适合一国一专业所需，更要适合多国多专业，符合国际性人才的标准，他们不仅仅专业精通而且具有国际视野，关心和了解国际形势与发展，具有国际交往沟通能力。当今世界，各发达国家都非常重视本国高等教育向国际化方向发展。美国高等教育就一再强调培养“有全球意识的人”“有国际眼光的人”。日本也强调培养“世界通用的日本人”“能够领导世界的真正具有独创精神的人才”，且出资鼓励日本青年到世界各国留学，以培养更多具有国际意识的人。西欧各国也高度重视高等教育的国际化，相继创办多所跨国大学。各国高等教育的相互融通，广泛的国际交流与合作，使得越来越多的国家高等教育将实现互通，这已经是21世纪各国高等教育发展的一种必然趋势。

随着世界经济一体化进展加快，以及世界通信技术、信息技术、交通工具等的空前发展，国家间的科技、经济交流与合作也快速发展，国际与国内间联系越来越密切，这已成为各国生存和发展的重要条件。高等教育国际化的动力来自以下几个因素：一是高等教育国际化是世界一体化理念的一部分，它伴随着经济一体化、文化国际化、生活方式全球化思想和趋势而提出与发展；二是发达国家高等教育发展处于问题和“危机”时期，自身难以解决，而发展中国家普遍进行了高等教育的改革，国际化为高等教育的改革和发展注入了活力；三是高等教育国际化不但可以促进高等教育自身的发展，而且将带来科学技术和国家经济的进步，因此它受到了国家的支持；四是知识是世界共同的财富，一体化是许多教育家的梦想，因此它受到教育界人士的欢迎；五是现代新信息技术的发展为其带来了可能性。[①]经济全球化的联系日益紧密，必将促使高等教育国际化，这主要表现在两方面：一是为国家经济建设、科技发展培养了解异国社会，善于与外国人交流合作的高级人才；二是教育自身国际化，即加强教师培训、人才培养、科研方面等的国际交流合作，努力赶超世界的先进水平，促进高等教育稳步发展。此外，适应经济和社会全球化的要求，在教育目标上，培养大学生的全球意识将成为重要的内容。

就我国而言，高等教育国际化的发展趋势主要受到以下几方面因素影响：其一，教育国际化是信息化社会、知识经济社会、经济全球化社会的必然趋势，高等教育必须顺应和适应世界潮流，才能前进和发展。其二，人类面临许多共同问题，如环境问题、能源问题、民族问题、和平问题等，需要加强国际间的交流合作才能解决。其三，中国要赶超世界先进水平，加快现代化建设步伐，必须吸收外国最先进的科学技术和管理经验，取人之长，补己之短。中国需要利用外国高校的优势培养高级专门人才。其四，中国高等教育市场在不断扩大，除不断满足中国学生入学以外，有必要而且有能力对外开放，吸引更多的外国留学生来华学习，不断扩大中国对外影响力和文化软实力。

我们也应看到，教育国际化并不意味着抛弃民族特色，国际化和民族化应该是相辅相成的两个方面，是中国未来高等教育并行发展、不可偏废的两个互相依存和互相补充的方面。21世纪我国高等教育要走在世界教育发展的前列，一方面，要继承和保持中华民族教育中的优势和精华，显示民族个性；另一方面，必须敞开胸怀，吸取不同国家高等教育的优势和长处。

---

① 姜波．面向二十一世纪的高等教育发展趋势[J]．教育研究，2000（5）：26.

（三）我国高等教育教学质量进一步提升

多年来，高等教育质量一直是世界各国普遍关心的问题，有效地提高和保障高等教育的质量已经成为全球共识。各国政府、社会各界、高等学校都从各自的角度积极探求提升高等教育质量的行之有效的方法。高等学校的教学质量是整个高等教育质量的核心，是高等教育得以持续发展的基础。因此，高等学校应主动从内涵方面促进高等教育质量的提升，从教学的全过程来探求提升教学质量的保障方法。

从哲学意义上讲，内涵是指事物本质属性的总和，是事物的质的规定性；外延则是指事物向外延伸，是事物量的规定性。高等教育的内涵发展主要通过挖掘教育资源内部潜力，实现教育资源优化配置，合理调整学科及专业结构，以实现办学效益和人才培养质量的显著提升。中国高等教育经过近几年的外延式发展，其总体规模目前已跃居世界第一，不仅较好地满足了社会大众的教育需求，也为我国经济社会发展提供了智力支持和人才保障。同时，内涵发展不足也制约着我国高等教育质量的提升。因此，中国未来十年中高等教育质量必须从内涵方面加以提升。首先，高校资金应由过去以基建工程为主，逐步转变为以建设质量工程为主，同时积极建立专项资金；其次，进行学科专业和课程结构的调整，高校应找出自身优势，积极建立有自己特色的精英专业、重点学科；最后，要合理调整师资结构，高校应下大力气培养一批中青年教学名师，为教学质量提升提供支撑。同时，积极推进大学生素质教育就是尊重大学生个性化学习需求，通过因材施教、激发潜能的方式培养大学生的创造性思维，以促进大学生的全面自由发展为最高目标。高校要积极设计多样化的教学内容和课程体系，为学生跨专业、跨学科、跨学院的学习提供更多机会。

当今世界，人力资本日益成为各国在国际竞争中的核心力量和主要增长要素，决定着各国在未来经济竞争中的地位。世界发达国家正在改革教育为经济增长服务的教育模式，逐步从经济增长的教育模式转移到以人的发展为目的的教育模式上来，更注重年轻人综合素质以及自主创新能力的培养。通过高等教育迅速提高社会整体人才资源的数量和质量成为各国的一项基本国策和重要手段。哪个国家拥有高素质的人才群，哪个国家就有了21世纪的主动权。在未来十年中，我国高等教育质量能否再上新台阶，很大程度上取决于大学生素质教育能否真正在大学校园得以普及，使大学生真正成为具备自主创新能力的全面发展的人才，真正实现人的全面自由发展的教育理念。

未来十年，中国高等教育将沿着一个更加开放、普及、包容的高质量方向发展。随着知识经济的发展，高等教育日益成为国际竞争中的核心竞争力。我国若要在未来的发展中永葆活力，在国际竞争中立于不败之地，就必须加大对高等教育的改革发展。随着我国社会经济的发展以及国家对高等教育重视程度的进一步加深，中国高等教育的发展也必将进入一个崭新的阶段！

二、我国大学生思想变化的趋势展望

2018年，我国高校开始迎来以“00后”为主体的新一代大学生。一个时代的青年有一个时代的鲜明特征，不同时代的大学生需要不同的教育方式。“00后”大学生在思想观念、价值取向、人生态度上彰显出来的新变化，已不可避免地成为高校思想政治教育工作面临的新课题。

（一）“00后”大学生的成长环境

一个时代造就一批人。“00后”是沐浴改革开放春风长大的新生代。经济的又好又快发展，为他们提供了前所未有的良好物质条件；文化教育事业的日益兴盛，使他们可以更便捷地接受各种知识；对外开放的持续推进，赋予他们更博大的胸怀和更开阔的视野；宽松包容的社会环境，也使得他们具备了更现代的思想意识和更先进的价值观念。他们接受新事物的速度之快、生存方式和行为方式的多样化及独立化程度，都是前人难以企及的。而他们与改革开放之前大学生的最大区别在于：真正远离了传统计划经济的思维影响，真正具备了改革创新的时代精神。

“00后”成长的家庭环境相对优越，社会环境相对复杂。在家庭的小环境里，他们往往是父母的中心，被视为“心肝宝贝”，从小衣食无忧，可以享受到丰富的物质产品。而他们身处的社会大环境，则是市场经济、信息爆炸、网络时代、个性偶像等各种新事物层出不穷的时代，这使得他们可以有更开阔的视野，但也面临着更多的机会和诱惑。

“00后”大学生似乎是一个“矛盾体”。有学者总结“00后”青少年的典型特点：他们平均智商超过了以前的同龄人，好奇心强，接受新生事物能力强；内心世界从童年就开始变“老”，更加懂得成人世界的规则；张扬自我个性，极力表现与众不同，相对比较缺乏团队忠诚感；对网络十分依赖，受到大量信息的包围，信息和知识丰富，但缺失真正的偶像，内心有时较为空虚；缺少理想和信仰，功利欲望心强烈，过分自我和追求个性，自私且承受挫折能力弱，既没有形成正确的现代价值观，又没有把优秀的传统价值继承下来。因此，有学者认为很多“00后”处于一种精神匮乏的“悬空状态”。笔者认为，当前社会对“00后”大学生的评价可能存在着一定的误读，仍然需要我们全面、深入地观察和研究“00后”。

（二）“00后”大学生的思想特点

与被戏称为“迷惘的一代”的“80后”和被戏称为“垮掉的一代”的“90后”相比，“00后”有着不同的思想特点，笔者通过亲身观察与查阅相关研究资料，归纳了以下特征。

其一，“00后”崇尚自由，追求自我。“00后”在消费行为中表现出与“80后”“90后”不同的心理动态。他们对消费的掌控能力明显增加，这也是他们自信心比前两代人要强的一种体现。在真正成年之前，“00后”就已经形成他们独特的消费模版，如他们普遍玩某款游戏、看某部动画片、穿某品牌鞋等。当然他们最擅长的是在这种普遍流行中寻找自己的创新和品牌，如他们并不排斥国产品牌，只要有自己的个性即可。零点研究咨询集团针对“00后”的群体文化和消费趋势，进行了为期4个月的跟踪调查。调查结果显示，“00后”并非像大众印象中的一味追求自我，他们并不想做成人世界的反叛者。相反，他们比较清楚社会的规则和人情世故。他们喜欢有未来感的事物，比较前卫。但他们在追求自我的同时，又有很强的群体主义意识。他们按照自己的偏好和社交圈子，分为不同的小圈子，小圈子的意见会左右他们的消费观念。根据零点研究咨询集团的调查结果，“00后”在消费观念和理财方面比较精明。调查中，不少“00后”已经树立起自己的理财观念，他们会把40%的零花钱进行日常消费，60%的零花钱存起来，去买心仪的“大件”。在喜欢的东西面前，他们往往比较大方。如果说18岁以后的“00后”在消费上会有什么不同，接受采访的大多数人表示，这种变化主要体现在手中可供开支的钱多了，花钱也会更自由。

其二，“00后”受网络虚拟世界的影响较大。“00后”一代人自我选择和价值判断的不确定性，除了由于年龄原因之外，更由于受到过多外界因素尤其是同龄人的左右，而网络则扩大了他们的同龄人交往圈。在某种程度上，上一代人恐怕很难对“00后”这样的未来一代产生决定性的影响，因为“00后”之间各种渠道的相互影响是在同辈群体交往中逐渐形成的。全社会从20世纪90年代后期进入网络时代，使得同龄人的交往远远超过了上一代人对“00后”的影响。网络游戏是其中的重要一环。顾骏认为，网络游戏对“00后”的影响，与其说是对一代人有影响，不如说是对一代人中某些群体有影响。玩网络游戏的群体，在重点中学、大学和非重点中学、大学的差别非常大。网络游戏拉大了“00后”群体之间的距离，并在一定程度上扩大了这一代的亚群体。目前“00后”玩游戏主要的目的是交友，有些人沉浸在游戏里面，是因为通过网络能认识各种各样的人，他们不是根据现实，而是根据共同的兴趣爱好找到朋友。因此，“00后”所热衷的休闲类游戏，其特点往往是不需要长时间在线玩，并且能够在线聊天，而对于一些需要玩家花很长时间和精力才能实现自身价值的不是很感兴趣。这和他们生活一直比较顺利，不愿意花很多时间努力，要求入门简单，喜欢速成的心理有关。一些专业网站、博客、QQ群等已经成为“00后”彼此交往的主要平台。

其三，“00后”个性独立，自主意识鲜明。这群跨世纪出生的孩子，从某个角度说，虽然还没有真正登上社会的舞台，还处在被呵护、被教育的阶段，但由于整个变革中的社会的影响，他们普遍早熟。在独立的思考与选择上，“00后”表现出很高的自主性。据相关媒体调查，在填报高考志愿方面，66%的“00后”考生志愿是自己拿主意的，这反映了这一代思想上的独立。当然他们也很尊重父母的意见，父母也很放心地把选择权交给孩子。另外，大学入学期间一些新生所表现出的希望自理的举动也从一定程度上反映了他们独立的渴望。与以往的大学生相比，“00后”性格上较少受到压抑，经济上相对比较宽松，所以在知识的积累、人生的阅历等方面都相对丰富，他们变得自信和从容，不再迷信权威，不屑于形式和口号，并能释然地对待许多事情。对于新鲜事物的接受能力更强，心态更加开放是“00后”身上比较鲜明的特点。

其四，“00后”思想早熟，具有突出的功利主义倾向。在信息爆炸、网络互联的时代成长起来的“00后”，接受的海量信息使他们的思想更为早熟，对每样事物他们都有自己的见解。他们在讨论问题时观点深刻、逻辑严密、善于表达，甚至有强迫自己用成年人的思维思考问题的倾向。思想上的早熟直接导致了“00后”产生明显的功利主义倾向。“00后写手”“00后选秀”“00后新星”等层出不穷。据某出版社青春文学编辑部主任介绍，近几年来，他们收到过不少“00后”的来稿，许多孩子特别善于经营自己，把策划案写得头头是道，并标榜自己为“00后作家”。

其五，“00后”普遍自信张扬。就目前来说，“00后”是最年轻的一代大学生，年轻让人自信，让人充满激情。这种自信是从谈笑、举止中就能让人感受到的对自己的能力、对未来的成功毫不怀疑的气质。他们敢于表达自己的意愿，极少有对未来的失望和迷茫。”虽然还有些稚嫩，但几乎个个都有一个鲜明的“自我”——这是人们对“00后”大学生的普遍观点。

其六，“00后”普遍怀有浓烈的爱国情结。“90后”在汶川地震和奥运圣火传递中表现出的高度社会责任感以及对国家和民族未来前途及命运的归属感与认同感，让我们不得不重新审视以往的偏颇评价和片面认识。“90后”这些经过改革开放洗礼的新生代力量，已经打破了我们既有的“标签化”的认识，他们完全能够在代际传承中担负起中国发展的重任，引领改革开放这场“新的伟大革命”的未来。可喜的是，“00后”进一步继承并发扬了这种爱国情结。调查结果显示，“00后”选择“对国家、人民有益的事我会像对自己的事那样去做好”的比例（85.0%），比“90后”高2.3%。[①]“00后”既认同主流价值观，又具有强烈的自我意识，希望获得社会与个人的统一、社会价值与自我价值的统一。

改革开放的时代特征，造就了新时代大学生极具创新精神的群体特性。这种创新精神，恰恰是我国改革开放的动力所在，也必将保证中国各个方面改革的深入推进。我们完全有理由相信，新时代的“00后”大学生更能担当中国发展的重任，更能引领中国改革开放这场“新的伟大革命”的未来。我们既要给予“00后”大学生更多的尊重、认同和宽容，相信他们会在社会历练中不断成长成才，也要根据“00后”大学生的新特点，更新教育内容、改进教育方式、拓展教育渠道，积极引导他们健康成长成才。

第五节　高校思想政治教育的展望与规划

随着我国高等教育的跨越式发展，已经基本实现了从精英教育向大众教育的转变。面对新形势、新情况，中共中央、国务院高度重视思想政治教育工作，相继颁发了《关于进一步加强和改进未成年人思想道德建设的若干意见》和《关于进一步加强和改进大学生思想政治教育的意见》，明确指出大学生思想政治教育的最终目标及其意义，“加强和改进大学生思想政治教育，提高他们的思想政治素质，把他们培养成中国特色社会主义事业的建设者和接班人，对于全面实施科教兴国和人才强国战略，确保我国在激烈的国际竞争中始终立于不败之地，确保实现全面建设小康社会、加快推进社会主义现代化的宏伟目标，确保中国特色社会主义事业兴旺发达、后继有人”[②]。党的十八大以来，党中央更加高度重视高校思想政治教育工作。2016年12月，习近平总书记在全国高校思想政治工作会

① 张旭东，孙宏艳，赵霞.从“90后”到“00后”：中国少年儿童发展状况调查报告[J].中国青年研究，2017（2）：106.

② 中共中央文献研究室.十六大以来重要文献选编：中[M].北京：中央文献出版社，2006：177.

议上强调："高校思想政治工作关系高校培养什么样的人、如何培养人以及为谁培养人这个根本问题。要坚持把立德树人作为中心环节，把思想政治工作贯穿教育教学全过程，实现全程育人、全方位育人，努力开创我国高等教育事业发展新局面。"①2018年9月10日，习近平总书记在全国教育大会上再次强调："培养什么人，是教育的首要问题。我国是中国共产党领导的社会主义国家，这就决定了我们的教育必须把培养社会主义建设者和接班人作为根本任务，培养一代又一代拥护中国共产党领导和我国社会主义制度、立志为中国特色社会主义奋斗终身的有用人才。这是教育工作的根本任务，也是教育现代化的方向目标。"②为保证立德树人的要求能够在高等教育发展中落到实处，各地区和各高校必须结合自己的实际情况，制定与这一长期宏观目标相匹配的战略目标。

一、高校思想政治教育创新发展的战略目标

高校思想政治教育创新发展的战略目标是建立一套涵盖外部制度、环境规划，内部目标管理的高效目标体系。通过这一套目标体系的有序展开、实现，坚定高校思想政治教育的政治导向，促进大学生德智体美劳的全面发展，培养一代又一代拥护中国共产党领导和我国社会主义制度、立志为中国特色社会主义奋斗终身的有用人才。

（一）进一步推进高校思想政治教育体制机制建设

高校思想政治教育体制机制是加强和改进大学生思想政治教育的重要保障，同时也是高校思想政治教育工作的重要建设目标。高校思想政治教育工作的战略目标首先要从建立完整、高效的思想政治教育体制机制开始，为高校思想政治教育建立教育育人、管理育人、服务育人的主渠道。

---

① 习近平在全国高校思想政治工作会议上强调：把思想政治工作贯穿教育教学全过程　开创我国高等教育事业发展新局面 [N]. 人民日报，2016-12-09.

② 习近平在全国教育大会上强调：坚持中国特色社会主义教育发展道路　培养德智体美劳全面发展的社会主义建设者和接班人 [N]. 人民日报，2018-09-11.

其一，凸显高校广大教师的主体性。高等学校各门课程都具有育人功能，所有教师都肩负有育人职责。新时代高校思想政治教育工作要求广大高校教师要以高度负责的态度，率先垂范、言传身教，以良好的思想、道德、品质和人格给大学生以潜移默化的影响。要实现这一要求，单靠以前片面强调思想政治理论课教师地位和作用的工作理念是很难实现的。高校思想政治教育创新发展的目标之一就是充分凸显广大教师的主体性，使其成为高校思想政治教育的主体。鼓励广大教师包括思想政治教育理论课教师和其他专业课程尤其是哲学社会科学课程教师发挥自己的主观能动性和创造性，联系改革开放和社会主义现代化建设的实际，联系大学生的思想实际，开拓大学生思想政治教育的新视野，发掘大学生思想政治教育的新方法；鼓励广大教师在传授专业知识过程中加强思想政治教育，使大学生在学习科学文化知识过程中，自觉加强思想道德修养，提高政治觉悟；鼓励广大教师在言传的同时坚持身教，用良好的师德师风影响和教育学生，和大学生之间形成良好的互动，弥补课堂讲授时间有限等问题。

其二，推动高校辅导员队伍建设制度化。高校辅导员和班主任制度是在我国高校思想政治教育工作多年实践经验基础上的总结和创新。党中央、国务院反复强调加强高校辅导员和班主任建设，重视其在思想政治教育工作中的地位和作用。针对高校辅导员和班主任制度中出现的各种问题，为使高校辅导员和班主任在大学生思想政治教育中发挥更大的作用，未来的战略目标是继续加强和完善高校辅导员队伍制度专业化建设，培养一批坚持以马克思主义为指导，理论功底扎实，勇于开拓创新，善于联系实际，老中青相结合的高校辅导员和班主任队伍。完善大学生辅导员和班主任工作队伍的选拔、培养和管理机制，确保所有从事大学生思想政治教育的辅导员和班主任，都能坚持正确的政治方向，具备良好的思想道德修养、高度的社会责任感，成为大学生健康成长的指导者和引路人。

其三，加强高校党团组织建设功能化。高校党团组织一直是思想政治教育的重要渠道。新时期一定要进一步发挥高校党团组织的政治优势和组织优势，并将这些优势切实转化为高校思想政治教育创新发展中的实际教育力量，增强高校党团组织的思想政治教育功能化特征。高校党团组织要把加强大学生思想政治教育工作摆在突出位置，有效利用党团组织的现有资源和优势，高度重视大学生党员发展工作，把优秀大学生吸纳到党的队伍中来，充分发挥党员大学生在大学生思想政治教育中的骨干带头作用和先锋模范作用；要坚持把党支部建在班上，努力实现本科学生班级“低年级有党员、高年级有党支部”的目标；学生会、研究生会以及各班级都要自觉接受党的领导。在校团委指导下，开展生动有效的思想政治教育活动，把广大学生紧密团结在党团组织的周围，更好地发挥桥梁和纽带作用。同时，还要加强对大学生社团的领导和管理，发挥大学生自身的积极性和主动性，增强高校思想政治教育的实际效果。

（二）创造积极向上的高校思想政治教育环境

党中央、国务院反复强调全社会都要关心大学生的健康成长，支持大学生思想政治教育工作。我们需要为高校思想政治教育创造积极向上的外部环境，确保高校思想政治教育工作顺利开展，实现党和国家培养时代新人的要求。积极向上的外部环境目标包括以下几个方面。

其一，良好的育人环境。要把优化校园周边环境作为推进高校思想政治教育工作的重要任务和目标，结合各高校实际发展情况搞好规划，加强综合治理。要依法加强对学校周边的文化、娱乐、商业经营活动的管理，坚决取缔干扰学校正常教学、生活秩序的经营性娱乐活动场所。严厉打击各种刑事犯罪活动，及时处理侵害大学生合法权益、身心健康的事件和影响学校、社会稳定的事端，维护高校的安全稳定。全社会的其他单位如街道、社区、村镇等要主动配合高校做好大学生思想政治教育工作。

其二，弘扬主旋律的文化氛围。良好的大学校园文化氛围在培养大学生分辨是非能力、陶冶大学生高尚情操等方面发挥着重要作用。高校思想政治教育不是一种课堂的简单知识教育，而是一场知识与实践相结合的综合性教育。宣传、理论、新闻、文艺、出版等方面要坚持弘扬主旋律，为大学生思想政治教育营造良好的社会舆论氛围，为大学生提供丰富的精神食粮和正能量。在新形势下要坚决抵制、消除各种不良文化对大学校园文化的渗透和影响，尤其是网络文化可能给校园文化带来的负面影响，用社会主义的主流文化和科学精神牢牢占领高校校园文化阵地，积极营造品位高雅的高校校园文化氛围。

其三，紧密联系学生实际的工作模式。改变过去高校思想政治教育更多的是局限于课堂教育的模式，将高校思想政治教育工作与切实解决学生实际困难结合起来，将高校思想政治教育工作与大学生的现实实践能力培养结合起来。认真组织大学生参加军政训练、社会调查、志愿服务、公益活动、勤工助学等实践活动，使大学生在社会实践活动中受教育、长才干、做贡献，增强社会责任感；加强对经济困难大学生的资助工作，不断完善资助政策和措施，形成以国家助学贷款为主体的助学体系，帮助经济困难大学生完成学业；帮助大学生树立正确的就业观念，进一步建立健全大学生就业指导机构和就业信息服务系统，提供高效优质的就业创业服务。培养大学生对思想政治教育工作的需求感和亲密感，探索建立全新的高校思想政治教育氛围。

（三）构建系统的高校思想政治教育工作目标管理体系

为切实、有效、可控地实现高校思想政治教育立德树人的根本目标，我们需要建立健全高校思想政治教育工作目标层次和体系。通过构建完善的目标体系，切实管理、评价高校思想政治教育工作的实际效果。高校思想政治教育目标体系应该包括以下几个方面的具体目标。

其一，思想政治素质目标。提高和增强大学生的政治觉悟和政治意识，使大学生具有坚定正确的政治立场和政治方向，形成正确的政治价值认同和爱国主义情操。培养大学生团结统一、爱好和平、勤劳勇敢、自强不息的精神，树立民族自尊心、自信心和自豪感；培养大学生正确认识社会发展规律的能力，认清国家的前途命运，确立在中国共产党领导下走中国特色社会主义道路、实现中华民族伟大复兴的共同理想和坚定信念，抵御各种外界不良社会思潮的侵袭与腐蚀。当前，要特别注重积极引导当代大学生作为时代新人，献身于中国特色社会主义事业发展和中华民族伟大复兴的坚定政治方向。提高大学生的马克思主义理论素养，树立正确的世界观、人生观和价值观。培养大学生乐于服务人民、锐意进取的思想和适应新时代发展要求的创新意识。

其二，道德素质目标。提高大学生道德认知能力和道德实践能力，培养大学生责任意识和担当精神。以基本道德规范为基础，深入进行大学生公民道德教育。要认真贯彻《公民道德建设实施纲要》，以为人民服务为核心、以集体主义为原则、以诚实守信为重点，广泛开展社会公德、职业道德和家庭美德教育，引导大学生自觉遵守爱国守法、明礼诚信、团结友善、勤俭自强、敬业奉献的基本道德规范。坚持知行统一，积极开展道德实践活动，把道德实践活动融入大学生学习生活之中。修订完善大学生日常行为准则，引导大学生从身边的事情做起，从具体的事情做起，着力培养良好的道德品质和文明行为。

其三，法治素养目标。在提高大学生道德素质的同时，也要加强大学生法治素养，推进依法治国的实施。提高大学生的法治意识和法治思维，使其自觉维护和遵守国家法律法规，正确行使法律所赋予的权利，自觉履行法律所规定的义务，自觉维护和遵守校园秩序和校规校纪。当前，要特别注重通过法治素养教育提高大学生维护自身和他人正当权益，维护社会公平正义、安定团结的自觉性。

其四，心理素质目标。重视大学生心理调适能力培养和个性心理品质的教育，重视大学生心理危机的预防和应对机制的建设。培养大学生健康的心理素质和人格特征，使其具有健全的人格、坚强的意志、鲜明的个性、丰富的情感和高雅的兴趣，能够对各种社会问题形成正确的心理取向，对心理问题和心理危机具备一定的认识能力及抵御能力。

其五，全面发展目标。以大学生德智体美劳全面发展为目标，深入进行素质教育。在加强民主法制教育、道德教育、人文素养教育、心理素质教育的同时，促进大学生思想道德素质、科学文化素质和健康素质协调发展，引导大学生勤于学习、善于创造、甘于奉献，成为有理想、有道德、有文化、有纪律的社会主义建设者和接班人。

高校思想政治教育的目标是培养社会主义现代化建设需要的合格人才，确保我国在激烈的国际竞争中始终立于不败之地，确保实现全面建设小康社会、加快推进社会主义现代化强国建设的宏伟目标。高校思想政治教育的战略目标和规划必须围绕这一最终旨归展开，建设一支专业化的高校思想政治教育工作队伍，以完善的目标体系带动目标管理机制，全面健康可持续地促进高校思想政治教育创新发展。

二、高校思想政治教育创新发展的战略重点

高校思想政治教育创新发展的战略规划，不仅需要提出总体的战略目标，更需要明确加强和改进高校思想政治教育的主要任务或战略重点。

（一）加强马克思主义在高校思想政治教育中的指导地位

高校思想政治教育创新发展要以马克思主义理想信念教育为核心，深入进行树立正确的世界观、人生观和价值观的教育，积极引导当代大学生努力成为能够担当民族复兴大任的时代新人。

其一，加强大学生马克思主义理想信念教育。在我国，马克思主义理想信念教育始终是大学生思想政治教育中最重要也是最首要的任务。大学生理想信念教育是指通过正确有效的思想政治教育，不断坚定大学生的马克思主义信仰。在现阶段，对大学生开展理想信念教育，就是要在党的领导下，确立走中国特色社会主义道路、实现中华民族伟大复兴的共同理想和坚定信念。对于大学生来说，要具备很多素质，其中思想政治素质是最重要的素质，思想政治素质与理想信念教育是密不可分的。理想信念是思想政治素质的灵魂，思想政治素质的基石是理想信念。大学生只有树立坚定的理想信念，才能形成良好的思想政治素质。改革开放以来，社会主义建设事业取得了巨大的成就，与此同时整个社会也发生了深刻的变革。各种思想观念相互交汇、相互激荡，一些不良的社会思潮必然对大学生思想政治素质的教育效果产生负面影响。因此，首先，要加强社会的主流价值观宣传力度，坚持马克思主义指导思想地位；其次，要抓好学校党团组织建设，使学生党员、学生干部成为加强大学生思想政治素质教育的重要力量；最后，要加强高校思想政治理论课建设和校园文化建设，培养理想信念教育的良好氛围，使

大学生思想素质教育在潜移默化中得到不断提高。

理想信念教育与世界观、人生观和价值观教育也是息息相关的。世界观是正确认识和确立理想信念的思想基础与理论基础；人生观、价值观是世界观的具体体现和实现理想信念的思想保证。世界观、人生观和价值观不是远离社会的抽象的纯粹想象的产物，它们离不开特定的社会环境和历史条件。对当代大学生来说，开展世界观、人生观和价值观教育，就是要从中华民族光辉灿烂的历史出发，立足于中国特色社会主义事业这一当代中国最伟大的社会实践，面向世界、面向未来，构筑当代大学生具有马克思主义信仰的精神家园。

其二，用中国特色社会主义理论体系感召当代大学生。在当代中国，坚持中国特色社会主义理论体系，就是真正坚持马克思主义。青年大学生是中国特色社会主义事业未来的建设者和接班人，要用中国特色社会主义理论体系感召当代大学生。

用中国特色社会主义理论体系感召当代大学生，就是要让大学生首先明白走中国特色社会主义道路是历史和人民的唯一选择；就是要大学生增强对改革开放和现代化建设的信心，树立在中国特色社会主义道路上战胜困难、开拓创新的雄心壮志；就是要大学生增强对党和政府的信任，坚持拥护中国共产党在中国特色社会主义道路中的领导地位。因此，对大学生加强中国特色社会主义理论体系教育，就要坚持史论结合、理论联系实际的原则，引导大学生联系中国共产党领导中国走向独立自主的伟大革命事业，联系中国共产党领导中国走向繁荣富强的伟大建设事业，尤其联系中国共产党领导中国改革开放取得的巨大成就，联系大学生自己身边的方方面面的变化，深入体会只有走中国特色社会主义道路才能引领当代中国发展进步，才能引领中华民族实现伟大复兴。

用中国特色社会主义理论体系感召当代大学生，必须紧密联系时代特点和现实环境，加强和改进新形势下的高校思想政治理论课，把高校思想政治理论课教育作为对大学生进行中国特色社会主义理论体系教育的重要平台。加强和改进高校思想政治理论课工作的总体要求是，高举中国特色社会主义伟大旗帜，以习近平新时代中国特色社会主义思想为指导，提高思想认识，大力推动改革创新，在教师、教材、教法和保障机制建设等方面加大工作力度，进一步强化高校思想政治理论课在大学生思想政治教育中的主渠道地位，着力宣传马克思主义中国化最新成果，着力用社会主义核心价值观引领大学生思想导向，着力回答大学生关心的重大理论和现实问题。

（二）加强当代大学生爱国主义教育，弘扬和培育中国精神

加强当代大学生爱国主义教育，弘扬和培育中国精神，始终是高校思想政治教育的一项重要任务。对当代大学生进行爱国主义教育和中国精神教育，是为了让其确立国家意识和中华民族意识，最大限度地凝聚在一起，为中华民族的伟大复兴贡献自己的力量。

其一，加强当代大学生爱国主义教育。爱国主义是维护祖国统一和民族团结的强大纽带，是民族进步与发展的强大精神支柱，是实现中华民族伟大复兴的强大动力。加强当代大学生爱国主义教育就是要通过系统、正确、有效的教育方式，让大学生确立国家意识和中华民族意识，树立民族自尊心、自信心和自豪感，勇于承担维护国家和民族利益的责任，将国家和民族利益放在个人利益之前。

加强当代大学生爱国主义教育必须在引导大学生知国、爱国、报国方面下功夫，做到以了解祖国、学习爱国主义知识和有关理论为基础，以激发大学生爱国主义情感为重点，着力培养大学生投身中国特色社会主义伟大建设事业的雄心壮志和努力学习的积极行动。引导和教育大学生知国、爱国、报国，就要在培养大学生爱国情怀、爱国思想和爱国行为方面下功夫。爱国情怀、爱国思想与爱国行为三者是统一的，这也是培养当代大学生树立维护国家和民族利益的责任感的基本要求。在改革开放的今天，在经济全球化浪潮的冲击下，一些人的国家、民族意识开始淡薄，出现了一些忽视和损害国家利益的人或事件。因此，加强青年爱国主义教育已经刻不容缓。对于广大青年大学生来说，进行爱国主义教育，加强爱国情怀和爱国思想的培养，倡导爱国行为的践行，是高校思想政治教育创新发展中亟待加强的环节。

爱国主义是一个具体的历史的概念，在现阶段中国，爱国主义就表现为爱中

华人民共和国，即爱社会主义中国。从根本上说，在当代中国，爱国主义与社会主义在本质上是一致的。加强当代大学生爱国主义教育，就是要当代大学生坚定走中国特色社会主义道路的信心和决心，为中国特色社会主义事业建设发展而努力学习、建功立业、奉献才干。

其二，深入弘扬和培育民族精神。民族精神是一个民族在长期的共同社会实践中形成的民族意识、民族心理、民族品格、民族气质的总和，是一个民族在世界民族之林中生存和发展的精神支柱。在五千多年的发展中，中华民族形成了以爱国主义为核心的团结统一、爱好和平、勤劳勇敢、自强不息的伟大民族精神，这种伟大的民族精神是中华民族极其宝贵的精神财富，是关乎国家发展、民族复兴的精神动力。

对大学生开展民族精神教育是加强爱国主义教育的充分展开，是为了让大学生认识到我们中华民族有着怎样的民族精神，这种精神在中华民族的历史和未来起着怎样的重要作用，以及应该怎样继承和发扬这一精神财富。在对大学生开展以爱国主义教育为重点，深入进行弘扬和培育民族精神的教育中，要让大学生认识到，中华民族的伟大民族精神是当代中国经济发展和社会全面进步的思想保证、精神动力与智力支持；要让大学生认识到，弘扬和培育民族精神是凝聚海内外中华儿女的重要途径，是增强综合国力、应对国际复杂环境的软实力保证。开展大学生民族精神教育，要充分发挥高校在其中的重要作用。充分发挥高校在民族精神教育中的育人功能，就要从教师队伍、学科建设、课程设置、思想政治教育、校园文化等方面，全面规划和发挥高校弘扬和培育民族精神的职责，从而为加强大学生民族精神教育创造良好、必要的环境。

其三，深入弘扬和培育时代精神。改革开放以来，中国共产党领导全国人民开拓创新、艰苦奋斗，取得了建设中国特色社会主义事业的伟大成就，并形成了以改革创新为核心的时代精神。以改革创新为核心的时代精神就是民族精神的当代体现。加强大学生时代精神的培育，将时代精神教育与民族精神教育结合起来，是高校思想政治教育的重要环节，是教育和培养大学生保持艰苦奋斗的作风和昂扬向上的精神状态的必然之举。

改革创新是我们时代精神的核心，改革是决定当代中国命运的关键抉择，是发展中国特色社会主义事业和实现中华民族伟大复兴的必由之路；创新是一个民族的灵魂，与时俱进是马克思主义最重要的品质。一个民族能否健康持续地生存和进步，关键在于是否具有创新精神，而一个民族是否具有创新精神的关键在于青年。当代大学生是当代青年中的优秀分子，是国家创新型人才的重要后备军。因此，当前和今后一段时间内，加强大学生改革创新精神教育是大学生思想政治教育中不可或缺的部分。

事实证明，当代大学生是勇于创新、敢于创新、善于创新的群体。大学生处于风华正茂的年龄，头脑灵活又富于激情，敢于批判旧事物、向往新事物。高校作为培养创新人才的重要基地，为当代大学生弘扬改革创新精神提供了良好的条件。不断加强高等教育创新工作，围绕大学生的实践能力和创新精神，不断调整人才培养模式，改进教育方式方法，提供优良的学习软件和硬件，为大学生发扬改革创新精神提供了良好的学习氛围。这些都为大学生努力探索理论创新、制度创新、科技创新、文化创新以及其他各方面的创新创造了良好条件。未来一段时间内，应该不断加大高等教育改革力度，不断实现高校思想政治教育工作的创新，进一步为大学生发扬时代精神提供良好的成长环境。

大学生弘扬改革创新精神，要与进一步推进中国特色社会主义伟大建设事业的具体实践紧密结合起来。具体来说，大学生弘扬改革创新精神，要珍惜美好的学习时光，一心搞好学习和专研，不仅学好专业课程，还要学习更多有用的知识和技能，努力打好创新的思想根底和知识功底，在继承前人的基础上超越前人。要坚持求真务实的科学精神，艰苦奋斗、脚踏实地，在艰苦探索的基础上寻求突破和创新。更要积极投身于社会实践，深入群众，学以致用，从丰富的社会实践中不断取得科研进步。最重要的是要始终把祖国和人民放在心中，坚持从推动民族进步和服务人民生活的现实需要出发，不断为祖国和人民作出自己的贡献，实现自己的理想和价值。

在当代大学生中发扬以改革创新为核心的时代精神，就要强调时代精神和民族精神的结合。时代精神是一个社会最新精神气质、精神风貌和社会时尚的综合体现。时代精神和民族精神是不可分割的，民族精神是时代精神的基础和渊源，时代精神是民族精神在当代的继承和发展。可以说，时代精神就是当代的民族精神。发扬大学生以改革创新为核心的时代精神，就是要在大学生民族精神的培养中推进时代精神教育，同时在时代精神教育中加强民族精神的培养。

在大学生思想政治教育中将时代精神教育与民族精神教育结合起来，就是要让大学生通过民族精神教育，从近现代中国为民族独立和国家繁荣而进行的一系列革命斗争与建设实践中感受民族精神的魅力，让大学生在民族精神教育中感受今天幸福生活的来之不易，感受今天日益向上的时代风貌，从历史教育中增强对改革开放伟大事业的信心。就是要让大学生通过时代精神教育，从今天我们党领导人民进行中国特色社会主义伟大建设事业和实现中华民族伟大复兴的创造性实践中倾听时代的最强音，让大学生在时代精神教育中感受中华民族富于创造、自强不息的民族精神，从现实教育中增强爱国主义激情。总之，加强大学生时代精神教育，就是要在大学生思想政治教育中，面向历史精神财富，吸取当代时代精华，发扬大学生改革创新精神，鼓励和发挥大学生在中国特色社会主义伟大事业中的积极性和创造性。

（三）以基本道德规范为基础深入开展大学生道德教育

大学之道，在明明德。道德规范教育关系到如何做人的问题，对于青年大学生而言，做人是比做学问更重要的事情。在当前和今后一段时间内，不断提高大学生社会主义道德水准，是高校思想政治教育创新发展中的重要命题。

在大学生道德教育中，要特别注重对大学生进行公民基本道德规范教育。公民基本道德规范是对中华人民共和国公民提出的基本要求，作为公民中具有较高文化水平和人文素养的大学生，理应成为践行公民基本道德规范的率先垂范者。《公民道德建设实施纲要》对公民提出了基本的道德规范要求，即“爱国守法、明礼诚信、团结友善、勤俭自强、敬业奉献”。这也为大学生进行公民道德教育指明了方向、提出了要求。对大学生进行公民道德教育，是为了引导大学生明确“做什么人”“怎样做人”的问题。对大学生进行公民道德教育，也是塑造“有理想、有文化、有道德、有纪律”的社会主义新人的重要举措。

对大学生进行公民基本道德规范教育，要以为人民服务和集体主义统领大学生道德教育与道德实践，要在知行统一的过程中开展大学生道德教育。为人民服务和集体主义是对社会主义道德建设的实践总结与科学概括，其中，为人民服务是公民道德建设的核心，集体主义是公民道德建设的基本原则。在市场经济条件下，出现了一些不符合社会主义道德观念的“糟粕”，如拜金主义、享乐主义、极端个人主义等，这些都是影响社会主义道德建设的错误价值观。在大学生中开展公民道德建设，就要用为人民服务和集体主义理念武装当代大学生，克服那些不符合社会主义道德观的错误观念，把为人民服务的思想贯穿于各种具体道德规范之中，让个人利益服从集体利益、局部利益服从整体利益、当前利益服从长远利益。

与此同时，加强大学生道德建设，要注重在知行统一的过程中形成大学生良好的道德品质和文明行为。要在培养大学生为人民服务和集体主义价值观的基础上，将道德建设同道德实践相结合，积极开展各种形式的道德实践活动，把大学生个人的道德建设融入整个社会主义道德建设的伟大实践活动中。

三、高校思想政治教育创新发展的战略举措

近年来，随着我国改革开放持续发展，国际化程度的不断加深，社会出现了很大变化，这些变化对青年大学生思想政治和价值观念都产生了极大的影响。由于互联网和信息技术的迅猛发展，各类社会思潮的表达有着更广泛的载体。各种思潮和价值观念激荡，传统的思想意识、价值观在青年大学生心目中发生深刻的变化；人们的社会生活方式、社会组织形式、社会就业方式和分配形式也呈现多样多元发展的态势，这些变化日益深刻影响着高校学生的思想观念；在高等院校连续几年的扩招、收费改革、后勤社会化改革、学生就业压力连年增加的情况下，大学生的思想、行为、心理、学习及人际关系等方面出现了许多新问题，针对他们的思想政治教育工作方式方法也出现新挑战等。针对当前的新形势和新变化，

满足知识经济时代发展的需求，为社会培养一流的合格人才，应从“队伍建设、社会环境、校园文化、社会实践、优秀群体评比、困难学生帮扶、心理素质教育、就业辅导、法纪教育、安全教育”十个方面入手，狠抓“十项工程”建设，完成高校思想政治教育创新发展的战略目标体系。

（一）队伍建设工程

高校思想政治教育工作队伍是加强和改进大学生思想政治教育的组织保证。大学生思想政治教育工作队伍主体应包含三支队伍，即党政学工团队伍、思想政治理论课和哲学社会科学课教师队伍以及辅导员队伍。

一是加强党政学工团干部队伍建设。要形成高校思想政治工作共同体，发展成一个有机的整体，把党委、行政、工会、学生处、团委的各自力量有机地凝聚起来，形成合力，发挥高校思想政治教育工作的整体效能。党委系统要切实加强思想政治建设，发挥党领导学校思想政治教育工作的核心作用，加强理论学习与创新，并进行经常性研讨，针对加强思想政治教育、师德建设、党建工作等重大问题进行研究。行政部门抓好各级行政领导班子思想作风建设，为开展高校思想政治教育工作提供必要的物质保证。学生处与团委是高校思想政治教育的前沿阵地，要加强与大学生的联系，把握大学生的思想动态，同时在自身建设上，要加强干部管理，建设高素质干部队伍。

二是加强高校思想政治理论课教师队伍建设。要充分发挥思想政治理论课和哲学社会科学课的主渠道、主阵地作用，负责对学生进行思想政治理论教育、思想品德教育和人文素质教育。要通过各种渠道培养一支信仰与精通马列主义，立志献身思想政治教育的高校思想政治理论课教师队伍，并努力提高他们的思想政治素质和业务素质；要坚持理论联系实际，改革教育内容与改进教学方法，引入案例教学、聘请校外名师讲授、举办形势政策报告等内容丰富、主题吸引的教学活动，引入主题演讲与答辩的考试策略，使高校思想政治理论课教学既具有理论上的坚定性和彻底性，又具有鲜明的时代感和现实性，提高教学效果，让大学生乐学愿学。

三是加强辅导员队伍建设。辅导员是大学生思想政治教育的骨干力量，负有在思想上、学习上和生活等方面指导学生的职责。应建立健全辅导员有效选拔机制，按照“政治强、业务精、纪律严、作风正”的要求，严格辅导员选聘标准和程序，大量启用高素质人才进入辅导员队伍，保证辅导员队伍质量，完善对辅导员的考核制度，重视加强辅导员的培训工作，为更好地服务大学生成长成才打好坚实基础。

除加强三支队伍的建设外，还应加强师德建设。要建立与社会主义市场经济相适应、与社会主义法律规范相协调、与中华民族传统美德相承接的社会主义思想道德体系，并强调要加强教师队伍建设，提高教师的师德和业务水平。强化高校教师职业理想和职业道德教育，树立献身教育、敬业爱岗的信念对年轻教师尤其重要。可以通过教师岗前培训制度、在岗制度、专家组督课制度、学生网上测评等方式，大力开展高校教师师德建设活动。

（二）社会环境工程

大学生的健康成长需要良好的舆论环境。媒体作为社会的良知，应恪守媒体的社会职责，避免过多的负面新闻和炒作，为青年学生的成长营造积极健康的社会氛围，为社会的和谐稳定和发展进步承担应有的责任。舆论的泛滥容易让公众对大学生的判断更加片面，再与一些个案联系起来，容易影响大学生整体形象，引发社会的负面议论，不利于形成大学生思想政治教育的良好社会环境。

加强和改进大学生思想政治教育，必须努力营造良好的社会环境。全社会都要关心大学生的健康成长，支持大学生思想政治教育工作。宣传、理论、新闻、文艺、出版等方面要坚持弘扬主旋律，为大学生思想政治教育营造良好的社会舆论氛围，为大学生提供丰富的精神食粮。坚持团结稳定、正面宣传为主，反映高校思想政治教育工作的先进典型和优秀大学生的先进事迹。大力发展文化事业和文化产业，为大学生提供更多更好的文化产品和文化服务。各类网站要牢牢把握正确导向，主动承担社会责任，积极开发教育资源，开展形式多样的网络思想政治教育活动。充分发挥爱国主义教育基地对大学生的教育作用，各级政府和企事业单位要鼓励与支持面向大学生的公益性文化活动。依法加强对高校周边的文化、娱乐、商业经营活动的管理，坚决取缔干扰学校正常教学、生活秩序的经营性娱乐活动场所，严厉打击各种刑事犯罪活动，及时处理侵害学生合法权益、身心健康的事件和影响学校、社会稳定的事端。

（三）校园文化工程

高校校园文化是先进文化的重要源头。校园文化是社会文化的重要组成部分，始终处在社会文化的前沿，既承担着育人的重要职责，也承担着引领社会文化的重要任务。高校校园文化具有凝聚作用，通过研究和宣传科学理论，可以把人们紧紧地团结在中国特色社会主义的伟大旗帜下；高校校园文化具有引导作用，通过传授人类文明，可以帮助人们培养良好的道德思想品质；高校校园文化具有辐射作用，通过知识传播和人才培养，可以对社会主义经济建设、政治建设、文化建设和社会建设产生积极影响。加强高校校园文化建设是一个系统工程。

一是深入开展校风建设。要在充分挖掘学校历史传统宝贵资源的基础上，大力营造具有时代特征和学校特色的良好校园风气。

二是大力加强人文素质和科学精神教育。要扎实推进大学生全面素质发展，把人文素质和科学精神教育融入人才培养的全过程。开展综合性课程，不断提升大学生的人格、气质、修养等内在品质。

三是精心组织校园文化活动。充分利用“五四”青年节、“七一”建党纪念日、“十一”国庆节、“一二・九”运动纪念日等重大节庆日和纪念日，开展主题教育活动，唱响爱国主义、集体主义、社会主义主旋律。因事制宜，针对某一时段的新闻事件或历史事件，在全校范围内组织主题鲜明、有的放矢的大型活动，举办与时事热点相关的讲座或论坛。大力加强形势政策教育和主旋律教育，加强高校思想政治课的力量，采取灵活多样的政治理论学习方式，如知识竞赛、报告、座谈会等。邀请名人名家做主题讲演，用他们的人生经历和感悟、创业历程和成就，激励大学生立志成才，报效祖国。

四是积极开拓校园文化建设的新载体。要充分发挥网络等新型媒体在校园文化建设中的重要作用，建设好融思想性、知识性、趣味性、服务性于一体的校园网站。要充分发挥大学生社团在校园文化建设中的重要作用，大力扶持理论学习型社团，鼓励学术科技型社团，正确引导兴趣爱好型社团，积极倡导社会公益型社团。充分发挥马克思主义理论研究会等社团的作用，形成学习中实践、实践中学习的主动局面，进一步加强大学生思想政治教育。

（四）社会实践工程

社会实践是高校思想政治教育的重要环节。要坚持政治理论教育与社会实践相结合，既搞好课堂教育，又注重引导大学生深入社会、了解社会、服务社会。社会实践活动有助于帮助大学生树立正确的世界观、人生观和价值观，有助于大学生增强社会责任感，有助于大学生巩固专业思想，提高综合素质。

一是要进一步完善社会实践活动的长效机制，为大学生参与社会实践活动创造有利条件，形成“领导关心重视、学生踊跃参与、形式丰富多彩、推动德育发展”的良性机制，组织开展更多的实践活动让广大同学参与其中。

二是要将社会实践活动纳入高校思想政治理论课教学环节或学生德育学分，作为重要指标纳入考评体系，与学生评奖评优、入党和班级综合考评等挂钩，不断提高大学生的思想道德素质和综合能力。

三是要积极创建高校社会实践活动基地，加强项目建设。做到细分专业，一个院系一个基地，一个专业一个项目，将实践基地拓展为高校思想政治教育基地，最大限度地发挥社会实践活动基地的实践教育和德育两大功能。

四是要引导大学生开展自主性的社会实践活动，从制度上和经费上给予支持，把社会实践建设成大学生自我教育、自我管理、自我服务的主渠道。

五是要不断创新内容、形式和载体，除了开展以教学实践、专业实习为主要内容的实践教学以及军政训练等社会实践活动，还要广辟渠道，引导大学生深入开展社会调查、生产劳动、志愿服务、科技发明、勤工助学、“红色之旅”学习参观等内涵丰富的社会实践活动。同时，针对不同层次的大学生设计不同的社会实践内容，如开展博士生挂职锻炼、研究生“三助”工作等，推陈出新，使更多大学生通过社会实践受益。

（五）优秀群体评比工程

在深入开展高校思想政治教育工作过程中，评优评奖工作是一项必不可少的任务，也是一项十分有意义的激励机制，能够鼓励先进、带动后进，达到共同进步、实现双赢的良好效果，对于高校总结思想政治教育工作经验、教师不断完善工作作风与内容、大学生自我评价都起着重要作用。所以，建立一个全面而良好的评优评先机制对于形成良好的教学秩序，营造一种朝气蓬勃、不甘落后的思想风貌起着举足轻重的作用。

一是针对高校，由上级部门根据各高校思想政治教育工作的实践情况，评出先进学校，推动高校之间教育经验交流，建立“高校思想政治教育工作”联盟，相互借鉴，进一步深入开展大学生思想政治教育工作。同时，应开展“高等学校思想政治工作优秀科研成果”评比活动，实现大学生思想政治教育工作的科研创新与实践创新。

二是针对教职员工，应建立专项评先选优奖励制度，定期评比、表彰思想政治教育工作的先进集体和优秀个人，树立标杆，从而宣传、推广先进典型。为进一步加强思想政治教育队伍建设，评选出“优秀思想政治教师”；可以开展“优秀辅导员”“优秀政工干部”“师德标兵”评选活动，开展优秀高校思想政治理论课教师评选和高校思想政治理论课教学比赛活动。同时，为进一步融洽师生关系，加大教风学风建设的激励力度和广度，工会和团学组织还可以广泛发动学生，开展“我心目中的好教师”等群众性评教活动。

三是针对大学生，要建立健全优秀学生的评选与表彰制度。首先，确立评优层面的包容性与代表性，如评选“优秀学生”“优秀学生干部”“优秀班集体”“优秀学生党支部”“优秀社团”“优秀网站”等先进典型，公开表彰，大力奖励，深入宣传，使优秀的典型人物、群体成为大家学习的榜样，促进学生个人与集体的全面发展，促进学生党支部的深入发展，促进学生社团的蓬勃发展，促进校园网络的健康发展；其次，以促进大学生综合素质发展为目标，坚持以德和智为评价轴心，配套考虑其他单项奖；最后，在制度实施上，强调由大学生自定个人目标计划，自主申报，对照目标计划考核评定。

（六）困难学生帮扶工程

应把解决大学生的实际困难作为大学生思想政治教育的重要内容，认真做好以国家助学贷款为主，奖学金、助学金、勤工助学与减免学费并举的贫困生资助工作，对贫困生实施“经济解困”，为多渠道解决贫困生问题，建立好困难学生帮扶工程。

抓好困难学生帮扶工程，要从以下几项工作展开：一是积极做好国家助学贷款借贷工作。二是认真做好贫困生助学金的评定和发放工作。三是加大勤工助学工作力度，积极拓展校内勤工助学岗位。通过拓展勤工助学渠道，联系校内行政管理部门和各系部，增设勤工助学岗位等途径来帮助贫困学生解决实际问题。在校内党政机关部门、图书馆、院系、膳食管理中心、教学楼等部门设置固定岗位。四是积极争取社会力量的援助。五是坚持精神扶助和经济补助相结合的原则，加强贫困生思想教育，帮助引导学生树立不怕困难、顽强拼搏、自强自立、艰苦奋斗的精神。通过了解贫困生生活状况，找贫困生单独谈话，教育他们正确对待暂时困难，在生活中自强自立。六是完善困难学生确认机制，要让资助落实到真正有困难的学生身上。针对贫困生身份确认难现象，可以避免自主申请、张榜公示等硬性手段，采取多元化柔性措施，解决困难学生出于自卑心理不愿当贫困生、不困难学生争当贫困生的难题。

在重视对学生的“心理资助”的工作中，重点要帮助困难学生从“受助”向“助人”转变，消除他们因贫困而产生的自卑情绪，做到自强自立。比如，为新入学的贫困生开通“绿色通道”，设立心理健康服务站，解除新生因家庭经济等问题产生的心理负担和失落感，以优秀毕业生的事例鼓励他们，并帮助他们制定“绿色成长方案”，了解学校的特殊政策和规章制度，规划大学生活，帮助他们依靠减免学费、国家助学金解决经济问题。针对大学二年级以上的学生则鼓励他们自立，主要依靠勤工助学完成学业，促进学生思想和能力素质的提高。另外，各高校还应充分发挥学生社团的作用，吸收家庭经济困难学生参加义务志愿活动。引导由家庭经济困难学生组成“自强社”

或“互助社”，培养他们自强自立、自助助人，让他们在精神上逐渐富有，不再自卑。

（七）心理素质教育工程

当代大学生年龄一般处于 18 ~ 24 岁，他们生理上已经成熟，正处于一生中心理发展变化最为激烈的阶段。他们的心理活动正逐渐走向成熟，是世界观、人生观、价值观形成的重要时期。面对较重的学习压力、竞争压力和就业压力，面对复杂的社会环境，心理承受能力相对较弱的大学生不但需要耐心的思想政治工作，同时需要正确的心理指导和心理健康教育。探索新途径和新方法，开展大学生心理素质教育工程是新时期思想政治教育工作面临的一项亟待解决的重要课题和紧迫任务。应全面启动大学生心理素质教育工程。

一是广泛开展各种形式的心理健康教育活动，不仅要把学生心理素质的培养教育渗透于课堂学科教学的全过程，也要体现在课外各项教育活动中。健全学生党团组织生活，严格组织纪律，增强学生凝聚力，始终保持学生积极向上的心理态势；组织学生积极参加内容丰富的社团活动，更好地培养学生的现代意识、竞争意识；通过军训磨炼大学生的意志，培养他们的艰苦奋斗意识和承受挫折能力；通过开展社会实践活动和精神文明创建活动，让他们更好地认识社会、了解国情，并在参加这些活动中通过展示自我从而树立起自信心和意志力。

二是建立由辅导员、院系、学生处、校医院、专业卫生机构组成的心理健康“快速反应通道”，做好大学生心理疾病的安全防范工作并及时处理因心理障碍引发的各种意外事件。

三是设立心理咨询室，坚持定期接待，帮助学生缓解、疏导、调适在学习、人际交往、就业压力等方面存在的心理问题。

四是做好心理健康状况普测工作，利用暑假进行数据分析统计，建立大学生心理档案库。

要通过大学生心理素质教育工程有效地缓解大学生的学习压力、经济压力和就业压力，有效地帮助大学生适应环境和调适考前心理、毕业生就业心理、贫困生心态、青春期心理，有效地指导他们正确面对挫折、进行人际交往等问题，帮助他们建立健康积极的心理。

（八）就业辅导工程

就业压力是当今时代的一个重要特征，尤其在择业比较集中的地区，作为大学生、研究生择业集中的党政机关、科研单位、三资企业、大专院校等，已经逐渐出现“千军万马过独木桥”的严峻局面。针对大学生的就业辅导工程，将是大学生思想政治教育中十分重要的一环。在具体抓好就业辅导工程时，可以从四个方面入手。

一是高校要对大学生进行职业发展教育，从新生入校就开展职业发展指导课，以此作为学生人生指导的一个重要组成部分，贯穿于大学教育的全过程，使他们树立健康人才观的同时，尽早确定个人的择业观。设立专门的职业发展教育协调和指导机构，发展一批具有专业化水平的职业发展专业教师。通过开展“就业指导讲座”“职业生涯设计”“求职模拟面试”“就业心理咨询”等活动为大学生提供辅导，制订学生生涯发展计划和培训方案，提高毕业生就业竞争力。

二是要开展对大学生职业发展和就业状况的调研，把握社会的人才需求、企业的发展动态甚至科学技术前沿的发展趋势，及时反馈这些信息，有助于学校教育培养模式和教学内容的改进，有助于学校招生计划的合理安排，为学校的专业和学科结构的调整提供一定依据。

三是建立人才就业基地，开设网上就业平台，有效地整合社会资源，是搞好大学生生涯发展辅导的重要突破口。学校有关职能部门通过为毕业生搭建多方参与的就业服务平台、举办校园专场招聘会、动员专业教师推荐毕业生就业、充分倡导毕业生在就业过程中的互助作用等形式帮助学生就业。

四是学校开展优秀毕业生评选和毕业生毕业鉴定工作时，注意向品学兼优的家庭经济困难学生倾斜，树立毕业生先进典型，发挥榜样同化育人功能，积极做好对经济困难毕业生就业的推荐工作，可以通过积极采取路费补助、提供招聘会免费入场券等有效措施，给予就业困难大学生群体更多的注意和关爱。

（九）法纪教育工程

社会生活的多样性，大学生生活环境的复杂性，也造成大学生价值观念和行为方式的复杂性，加之大学生本身的价值观、人生观都正处于确立时期，极易受到各方面因素的影响而产生波动，因此极易走上违法犯罪道路。目前，大学生犯罪问题已呈现上升趋势，校园暴力犯罪、恶性事件屡有发生。除此以外，校园盗窃案也频频发生。因此，狠抓法纪教育工程，加强当前大学生的法律与纪律教育，是实现大学生全面素质教育目标的必要条件，是引导和保障大学生健康成长的重要保证。

一是做好法纪教育工程，要对大学生进行法制教育，培养他们良好的法律意识。高校思想政治理论课教师应针对当前形势的发展和大学生的思想动态，通过开展法治教育教学，使大学生掌握较为系统的法律知识，利用各种典型实例，因势利导地解答大学生头脑中的疑惑。此外，学校还应创造法制宣传的良好氛围，开展深入的法治宣传教育，丰富大学生的法律知识；通过经常性的校规校纪教育，及时纠正不良行为，做到防微杜渐；教育大学生“勿以恶小而为之”，主动约束自己的日常行为，以法律己；开展多种形式的讲座，培养学生法治意识和维权意识，提高大学生依法办事和自我保护能力。

二是做好法纪教育工程，要对大学生进行纪律教育，培养他们良好的纪律意识。首先，通过严格规定条例，以他律的形式约束大学生行为。比如，进一步规范大学生日常学习生活秩序，规范大学生公寓管理、作息时间和上网问题；进一步严肃课堂纪律，通过严格考勤维护课堂纪律；坚决遏制和杜绝大学生打架和考试作弊事件。其次，通过高校思想政治理论课教育、军训、班级纪律建设等形式，将纪律意识转化为大学生的自觉行动，使学生做到自律、自警、自省、自励，把他律的制约性与自律的自觉性结合起来，促进大学生思想道德建设。

（十）安全教育工程

当代大学生虽然具有较强的自立意识，但实际社会经验不足，独立生活能力差，安全知识缺乏，自我保护意识薄弱，以致出现了大学生受骗、财物被盗被抢、人身受侵害等现象。随着大学校园日趋社会化，高校由过去相对独立、相对封闭的状态走向全方位的开放，与外界的联系愈加密切和广泛。构建“平安校园”，加强高校安全教育工程建设至关重要。

安全教育是素质教育的重要内容，必须作为高校的一项经常性工作充分重视，制定科学合理并为学生乐于接受的教育方案，采取切实可行的措施。加强大学生安全教育，首先要强化教育的阵地，拓宽教育的途径，更新教育的手段。一是要发挥高校思想政治教育阵地作用，利用高校思想政治教育的工作体系和优势，根据实际情况和需要因人因事有针对性地进行安全教育。二是要发挥课堂教学的优势，在有关课程和教学环节中由任课教师结合课程内容适时对学生进行安全教育和法制教育。三是举办专题讲座，要对大学生进行校园安全意识、出行安全意识、消防安全意识、国家安全意识的培养，对大学生进行防盗、防骗、防火、防病、防抢劫、防侵害、防泄密、防事故、防计算机违法犯罪等方面的安全知识教育。四是要发挥网络教育的优势，在学校网络上发布安全教育的信息，分析典型案例，进行安全知识的宣传教育。五是通过军训，加强大学生的国防意识和安全防范意识，加强对大学生的求生技能的培训，增强在校大学生应对自然灾害、火灾、反恐等突发事件的处置能力。

高校思想政治教育建设，事关国家、民族和教育事业发展的前途与命运，事关广大青年学生的健康成长，是一项基础工程、民心工程、希望工程和社会工程，影响深远。高校思想政治教育创新发展需要及时满足新时代对大学生成长成才的要求，深刻认识高校思想政治教育面临的新情况、新课题、新挑战，切实把握高校思想政治教育的总体要求，根据高校思想政治教育的基本方针和目标任务，狠抓“十项工程”建设，促进大学生德智体美劳的全面发展，努力把他们培养成有理想、有本领、有担当的时代新人。

第三章　用社会主义核心价值观引领大学生健康成长

“人类社会发展的历史表明，对一个民族、一个国家来说，最持久、最深层的力量是全社会共同认可的核心价值观。核心价值观，承载着一个民族、一个国家的精神追求，体现着一个社会评判是非曲直的价值标准。”① 价值观是人类在认识、改造自然和社会的过程中产生与发挥作用的。不同民族、不同国家由于其自然条件和发展历程不同，产生和形成的核心价值观也各有特点。每个时代都有每个时代的精神，每个时代都有每个时代的价值观念。国有四维，礼义廉耻，“四维不张，国乃灭亡”。这是中国先人对当时核心价值观的认识。在当代中国，用什么样的核心价值观引领大学生健康成长，既是一个理论问题，也是一个实践问题。

第一节　改革开放以来高校引领社会思潮的基本经验

改革开放以来，我国社会发生了深刻的变化，各种社会思潮起伏跌宕，对人们的思想和行为产生了不同向度的影响。高校以自身特有的方式影响并引领着整个社会的多样化思潮，积累了十分宝贵的经验。科学凝练改革开放以来高校引领社会思潮的基本经验，对于开创高校思想政治教育工作新局面，培养中国特色社会主义建设事业的合格建设者和接班人，办好人民满意的社会主义现代化高等教育，具有极其重要的战略意义。

---

① 习近平．习近平谈治国理政：第 1 卷 [M]. 北京：外文出版社，2018：168.

一、坚持把思想引导作为高校引领社会思潮的逻辑起点

一般来讲，所有的高校都具有三大核心任务，即教学、科研和社会服务。人们也习惯于把这三个方面作为权衡一所高校办学成功与否的重要指标。培养了多少专业技术人才、发表了多少科学研究论文、实现了多少专利转化成果等往往也成为衡量这些指标的具象化数值。有一项看不见、摸不着但又确实存在的重要评判标准，似乎容易被大家忽略掉。那就是高校的思想引导力，或者更具体来说，就是高校对于整个社会多样化思潮的整合力和引领力。作为特殊的场域，高校既在社会之中，又在社会之外，往往是各种社会思潮的最早发源地。社会思潮的产生，必定是为了回答和解决时代的重大问题，如社会的出路、国家和民族的前途、兴邦救国的方略等。高校师生基于对社会规律的深刻理解，凭借敏锐的洞察力和对人类命运的深切关怀，总能比普通人更早地觉察到时代的脉搏，更加细微地体察到社会的变化。通过各种传播的不断衍射，高校师生对社会热点问题的学术思想的自由探讨逐渐演变为整个社会的流行思潮。作为社会的良心和思想工厂，高校与社会思潮的产生、传播有着天然的联系。在大变革、大发展的历史时期，高校与社会思潮之间的联系将更加紧密、更为充实。

高校作为社会思潮的重要发源地，不是存在一种思潮，而可能是多种思潮同时并存。这是因为社会思潮是在不同思想领域发生的，如哲学思潮、经济思潮、政治思潮、文艺思潮等。即使是在同一领域里也并存着不同立场和倾向的思潮，如现代西方哲学领域里的科学主义和人文主义两大思潮、经济学领域里的保守主义和自由主义两大思潮等。这些思潮之间存在着互相冲击、碰撞、交流、融汇等诸多情况。尤其值得注意的是，这些思潮一旦发展壮大为社会思潮，就必然会对整个社会发生作用和影响，容易产生大规模的群动行为。“所谓‘群动行为’，是指在集体冲动条件下产生的、行为方式一致的行动。群动行为的心理基础主要是从众心理和群体感。从组织上看有正式群体和非正式群体组织。依主观动机不同，可以把群动行为分为‘亲社会’和‘反社会’两种类型。‘亲社会’群动行为主观上积极拥护现存社会制度，与社会和现政府进行合作。‘反社会’群动行

为正好相反，是破坏性、对抗性的。”[①] 一般情况下，人们倾向于鼓励并支持“亲社会”群动行为。当然，并不是所有的“亲社会”群动行为都意味着有益于社会，也不是说“反社会”群动行为就必然无益。

鼓励思想自由和思想原创，产生、介绍并传播各种思潮，是高校的天然禀赋所在。甄别、统合、引领多样化的社会思潮，达成更大范围的思想共识，亦是高校的使命责任。改革开放初期，放任社会思潮的无序导致人们的思想混乱进而带来整个社会的动荡，就是一个深刻的教训。邓小平在总结这一历史时期的经验教训时指出：“十年最大的失误是教育，这里我主要是讲思想政治教育，不单纯是对学校、青年学生，是泛指对人民的教育。对于艰苦创业，对于中国是个什么样的国家，将要变成一个什么样的国家，这种教育都很少，这是我们很大的失误。”[②] 这也正是思想引导和思想教育在主张“思想自由、思想包容”的高校存在的价值与意义。有一种观点认为，似乎只有我国高校才存在思想引导问题。其实不然，西方各国政府也普遍重视“争夺青年一代”的意识形态问题。在信息渠道日益多样化、价值观念渐趋多元化的今天，思想引导的价值和意义将更加凸显。如果说中国改革开放的阶段性成功得益于整个社会的稳定，整个社会的稳定得益于高校的稳定，高校的稳定又得益于整个社会思想的大致平衡，那么，高校乃至社会的稳定便来自高校对引领社会思潮这份历史使命的坚守和秉持。需要注意的是，这里“引领”和“引导”的逻辑起点是思想自由，而不是思想控制，当然更不是思想钳制。

二、坚持把马克思主义作为高校引领社会思潮的指导思想

随着当今世界政治多极化、经济全球化和文化多元化，各种价值观念和意识形态的碰撞、交融与冲突比历史上任何时候都更加激烈。西方发达国家凭借强势的媒体话语控制权，竭力推销资本主义的思想文化、价值观念和生活方式，而且手段越来越多、方式越来越隐蔽。如果我们对资本主义的思想文化渗透丧失警惕，

① 陈立思．略论社会思潮 [J]. 中国青年政治学院学报，1995（3）：73.

② 邓小平．邓小平文选：第 3 卷 [M]. 北京：人民出版社，1993：306.

缺乏强有力的应对措施，势必落入“西化”“分化”的陷阱。20世纪90年代，苏联解体、东欧剧变，主动放弃马克思主义的指导思想地位是其重要原因。东欧剧变后，以美国为首的西方国家开始把思想文化渗透的重点指向中国，这种渗透并不是权宜之计，而是一项长期的战略。在对外开放的条件下，我国将长期面对激烈的国际思想文化竞争，特别是面对西方资本主义国家传播其意识形态、进行文化扩张和思想渗透的压力。改革开放以来，我国社会出现的影响力或大或小的多种社会思潮，社会思潮之间相互碰撞、激荡正是这种激烈竞争的现实映照。受各种复杂因素的影响，非马克思主义的意识形态有所滋长，突出表现为来自“左”的和“右”的对马克思主义怀疑、否定的思潮。新自由主义、民主社会主义、历史虚无主义、“普世价值”论等各种社会思潮及其代表的价值观正在深刻地影响着人们思想文化与价值信仰的取向。[①]在各种社会思潮同时并存的条件下，社会原有的价值理念和道德标准受到严峻挑战，致使一些人在价值评价和行为选择上感到迷茫困惑，甚至无所适从。因此，越是改革开放，越要加强马克思主义的指导思想地位。

坚持以马克思主义为指导思想，是改革开放以来高校引领多样化社会思潮的一条重要经验。高校之所以能够成功引领多样化社会思潮，首先得益于对马克思主义指导思想地位的坚持。任何一个国家、民族和社会在长期共同的认识与实践活动中，必然要形成一定的价值共识。实践证明，只有坚持以马克思主义为指导，才能明确中国社会主义意识形态建设的指导思想，才能确保中国社会主义意识形态建设的发展方向，才能推进中国的革命和建设事业不断走向成功、走向辉煌。面对思潮活跃、观念碰撞、文化交融的复杂局面，高校师生并非鹦鹉学舌，人云亦云。改革开放以来，高校凭借自身强大的思想资源优势，始终是马克思主义中国化、当代化、大众化的积极参与者和有力推动者。尤其是在中国特色社会主义理论体系的传播、教育、普及过程中，结合社会热点问题全面评介各种社会思潮，形成了一大批有分量的高水平研究成果。这些研究

① 靳辉明.关于当前影响我国的四种社会思潮的剖析和思考[J].重庆邮电大学学报（社会科学版），2009（2）：48.

成果澄清了模糊认识，批驳了错误观点，巩固了马克思主义在引领多样化社会思潮中的主导权和话语权，有力地维护了马克思主义在意识形态领域的指导地位。高校作为思想文化生产和传播的重要阵地，马克思主义理论如果不去占领，就会给其他非马克思主义思潮带来可乘之机。坚持高校引领多样化社会思潮的正确方向，就必须坚持以发展着的马克思主义为指导，坚持用马克思主义中国化的最新成果教育和武装全校师生，进一步巩固马克思主义在高校意识形态领域的指导地位。

高校引领多样化社会思潮，就是在当代中国的社会意识形态中坚持马克思主义的思想指导地位，强化马克思主义意识形态在维护中国特色社会主义经济、政治、文化、社会形态中，在巩固、发展中国特色社会主义方面的特殊功能和作用。这一点，任何时候任何情况下都不应含糊。

三、把“三贴近”作为高校引领社会思潮的基本策略

当今中国社会的社会思潮，从其主要影响的社会场域来看，主要包括学术思潮、政治思潮、民间思潮三种形式。学术思潮活动的范围主要在知识界、教育界、学术界，处于社会上层建筑的顶端，主要影响、辐射政治精英和社会精英，直接影响的人数从整个社会看也许不是很多，但它对整个社会思潮的走向、对国外思潮向国内思潮的转化、对民间群体诉求的理论化及思潮化等却具有不可小视的牵动作用。可以说，学术思潮是政治思潮、民间思潮等社会思潮的总源头，在很大程度上影响着社会思潮的走向。[①]学术思潮的主要作用场域集中在高校。在意识形态领域，高校是一支能量极大的、主动性最强的不穿军装的“军队”。社会的不稳定首先来自高校的不稳定，高校的不稳定首先来自思想的不稳定。因此，选择切实可行的实施策略是高校引领多样化社会思潮的重要前提。

实践充分证明，“贴近学生、贴近生活、贴近实际”既是新时期高校思想政治教育工作的基本要求，也是高校成功引领社会思潮的基本策略。“观念的东西

① 宋萌荣.用社会主义核心价值体系引领社会思潮[N].光明日报，2008-07-29.

不外是移入人的头脑并在人的头脑中改造过的物质的东西而已。”① 从根本上讲，包括高校学术思潮在内的所有社会思潮基本上都是社会存在的特殊反映形式。每种活跃的社会思潮在今天的中国都有其存在发展的经济社会基础，代表一定阶层的愿望诉求，或反映对一定时期社会矛盾解决的愿望。随着经济全球化以及我国经济体制变革、社会结构变动、利益格局调整和思想观念变化，我国社会思想活动的独立性、选择性、多样性、差异性明显增强，在价值观念和价值取向上日益呈现出多样化趋势，给高校师生精神生活带来深刻影响。这提醒我们，对待社会思潮问题，一定要“从生活中来，到生活中去”，切忌完全纯粹的学理性探究。在引领过程中，密切关注高校师生的实际困难和思想动态，注重客观、科学地分析社会思潮的产生背景、本质特征、表现形式、演变规律及其社会作用等方面。注意划清不同社会思潮中思想认识问题、学术问题和政治问题的界限，坚持用不同的办法解决不同的问题。在很多情况下，往往解决了实际问题，也就解决了思想困惑。以“贴近学生、贴近生活、贴近实际”的策略对高校师生释疑解惑，坚持具体问题具体分析，用通俗易懂的方式把道理讲通讲透，既防止了错误思潮对高校师生带来的消极影响，又达到了对社会思潮性质的准确判断。当然，这也进而实现了对多样化社会思潮的强力引领。

四、坚持把“尊重差异、包容多样”作为高校引领社会思潮的重要原则

高校引领多样化社会思潮，就是用社会主义意识形态中最本质的东西引导和牵领多样化的社会思潮，控制和制导整个社会意识走向。这里的“引领”不是简单的消灭和清除，也不是纯粹单一的占领，而是包含针对不同社会思潮的控制、吸引、凝聚、整合、认同、利用、抵制、斗争等多种方式，是一个具有多向、复合甚至叠叉性的复杂运作过程。也就是说，“尊重差异、包容多样”是高校引领多样化社会思潮的题中应有之义。

① 中共中央马克思恩格斯列宁斯大林著作编译局．马克思恩格斯选集：第 2 卷 [M]. 北京：人民出版社，2012：93.

早在20世纪50年代，毛泽东就在《关于正确处理人民内部矛盾的问题》一文中谈到，加强知识分子的思想工作时，“凡属于思想性质的问题，凡属于人民内部的争论问题，只能用民主的方法去解决，只能用讨论的方法、批评的方法、说服教育的方法去解决，而不能用强制的、压服的方法去解决”①。为了解决学术领域与文学艺术领域里的思想是非，毛泽东明确提出要实行“百花齐放、百家争鸣”的方针，强调通过自由讨论和学术争鸣的民主方式来解决人民内部的思想矛盾问题。

改革开放以来，高校在实行“百花齐放、百家争鸣”的基础上，进一步发展出“尊重差异、包容多样”的重要原则。“尊重差异、包容多样”对于高校引领社会思潮，显得尤为重要。这主要是因为，人们对于社会思潮的认识有一个逐步深化的过程。各种社会思潮随着社会形势的改变而不断改变其形式和性质，因而呈现出变化多端、性质复杂等特点。当今世界正在发生着广泛而深刻的变化，这种变化带动着社会思潮的涌动和嬗变。每一种活跃的社会思潮，都将发挥或大或小的价值影响力。近年来，各种形形色色的社会思潮，如人本主义思潮、生态文化理论、人权理论、后现代主义等先后对我国产生广泛影响。这些社会思潮中的合理因素，有利于我们树立知识经济观念、可持续发展观念、民主观念、法制观念、人权观念、效率观念、社会均衡观念等。我们当然不能对此起彼伏的社会思潮照单全收，但也不能对其一棒子彻底打死。任何思潮都包含合理的成分和不合理的成分。这也符合马克思主义的唯物辩证法。“尊重差异、包容多样”已经成为人类文明、社会进步的重要标志。只有在尊重差异中才能扩大社会认同，只有在包容多样中才能增进思想共识。面对多样化的社会思潮，只有善于“尊重”和“包容”，才能更加有效地发挥“引领”的作用。改革开放以来，高校之所以能够成功引领社会思潮，在很大程度上就在于坚持了这一点。高校引领社会思潮的发展历程充分说明，只有在坚持“学术无禁区，宣传有纪律”的前提下，尊重差异性、包容多样性，主动汲取和广泛聚合各种社会思潮中的合理性因素，才能更好地为全社会提供优质的思想资源，也才能扮演好社会发展思想库和智囊团的角色。

---

① 毛泽东 . 毛泽东文集：第7卷[M]. 北京：人民出版社，1999：209.

五、坚持把统筹兼顾作为高校引领社会思潮的有效路径

社会思潮产生于社会，传播于社会，运行于社会，作用于社会。高校引领社会思潮不是一个封闭内循环的系统，必须通盘考虑，统筹兼顾。从大的方面来讲，高校引领社会思潮需要适应两大规律：一是适应社会发展规律，体现时代性；二是适应受众身心发展规律，把握教育规律性。

在体现时代发展性、把握教育规律性的基础上，高校已经初步形成较为完备、统筹兼顾的引领社会思潮的有效路径。其一，统筹课堂传习与课外实践。坚持理论联系实际、“务虚”与“务实”并重，是增强高校引领社会思潮说服力、感染力和渗透力的重要方法。把充分发挥思想政治理论课和相关专业课程的理论教育基础性作用与广泛组织志愿服务、社会调查、生产劳动、公益活动、勤工助学等实践活动紧密结合起来，引导高校师生增强对各种社会思潮的理性判断力，进而辐射全社会。其二，统筹思想教育与规范管理。教育与管理相互渗透、互为基础。离开必要的管理，教育就会成为空洞的说教；离开教育的支撑，管理容易成为异化的产物。要把耐心细致的思想教育融于科学规范的严格管理之中，使自律与他律、激励与约束有机结合起来。其三，统筹先进性与广泛性。先进性要求是只有少数人能达到和对所有人倡导的崇高要求，广泛性要求是大多数人能做到和要求所有人践行的一般要求。前者是后者发展的方向和趋势，后者是前者的基础和前提。面对同一社会思潮，由于知识结构、逻辑思维、吸纳知识能力、人生体验的差异会导致对其认知理解的差异。高校引领社会思潮，既需要先进分子的示范作用，也离不开大多数人对“价值共识”底线的坚守，鼓励更多的人分层次分阶段、循序渐进地达到先进性要求。其四，统筹运用新兴媒介与优化传统手段。校内报刊、电视、广播和校园活动等，都是高校引领多样化社会思潮的有效载体，要继续运用好这些传统手段和重要平台。以互联网和移动通信技术为代表的现代科技的迅猛发展，延伸了高校引领社会思潮的时空维度。互联网络或虚拟空间拥有传统载体所不具备的内容广泛性、信息共享性、交互及时性和参与平民化等鲜明特点。不少高校师生都开通了自己的博客、个人网页等，与更多的人分享自己的思

想成果。这是历史发展的大势。尽管已经带来了诸多挑战，但恐怕我们应该更多地看到其中蕴含的机遇。高校如何以更加灵活多样、喜闻乐见的形式引领多样化社会思潮，并将其贯穿到“教育育人、管理育人、服务育人”全过程是我们的长期任务。

第二节　影响当代大学生的主要社会思潮

改革开放以来，各种社会思潮跌宕起伏，对当代大学生的思想和行为产生了不同向度的影响。在这里，从教育和娱乐维度选取了两种对当代大学生具有代表性影响的社会思潮加以探讨和分析。

一、教育经济主义思潮对当代大学生价值观的影响与引导

当代世界冲击力最大的宏观教育思潮，首推教育经济主义思潮。教育经济主义思潮包括两个最基本的方面：对教育和经济的关系认知，以及对教育的经济性质认知。其中，对教育和经济的关系认知涉及教育与经济之间的涵变内容，强调的是教育对经济的作用以及经济对教育的反向制约；对教育的经济性质认知则涉及对教育基本属性的界定，强调的是教育自身的经济成分。随着全球市场化程度不断提高以及各国综合国力竞争加剧，教育经济主义思潮的影响力持续升温，甚有星星之火燎原态势。因此，全面考察和研究教育经济主义思潮，对于准确把握当前我国的教育改革无疑具有十分重要的意义。

（一）教育经济主义思潮的基本内涵

社会思潮作为社会意识的特殊运动，它的源头是某些思想家所倡导的思想理论，它的内容是对时代和社会重大问题的反映，它的影响在空间上是广泛的，在时间上是持久的。所以说，社会思潮是经思想家倡导而在大众中持久流行的、与时代和社会重大问题相关联的较系统、较集中的那些思想观点的运动。① 作为社

① 陈立思．略论社会思潮 [J]. 中国青年政治学院学报，1995（3）：73.

会思潮的重要分支，教育经济主义思潮的基本内涵同样蕴含着这些显著特征。

首先，教育经济主义思潮勃兴于20世纪60年代。但是，这一思潮的发端则可追溯到近代资本主义的产生时期。18世纪英国古典经济学家亚当·斯密论述职业与报酬的涵变关系时，首次提出了教育的生产性和经济意义。“在安装任何昂贵的机器时，人们必然期待，在机器损坏以前，能从它所完成的某些工作中收回花在机器上面的资本，至少还要有一般利润。可以把一个花费许多劳动和时间去接受教育，以便从事一种要求有特殊技巧和技术的职业的人，与这种昂贵的机器相比较。人们也必然会期待，他所学习的将来要去从事的工作的工资，要超过一般劳动的普通工资，才能补偿他所受教育的全部支出，至少还要带来同等价值的资本所能带来的一般利润。鉴于人类寿命的长短是非常不确定的，所以就必须在合理的时间内做到这一点，就像对机器的使用寿命更加肯定那样。”[①]因此，以亚当·斯密为代表的早期教育经济思想家已经认识到教育对于大工业生产发展的巨大意义，指出必须打破小生产的狭隘眼界而要重视发展教育。但是，这种强调劳动者的受教育程度促进经济发展的思想还只是少数先驱者们的个人零散的思想见解，远未形成一种真正意义上的教育思潮。与此同时，受到科学技术发展相对缓慢的制约，教育的经济功能尚未引起人们的足够重视，处于待激活状态。长期以来，西方学界也一直认为增加资本扩大规模才是经济增长的最根本因素。这种状况一直到20世纪60年代“第三次工业革命”的爆发才被彻底颠覆，尤其是受到日本和联邦德国经济奇迹的震撼冲击。教育经济主义思潮的正式确立便是发轫于20世纪60年代美国经济学家舒尔茨提出的人力资本理论。舒尔茨认为，教育和知识的进展是经济发展的主要源泉。因此，其人力资本理论主张：其一，劳动者通过教育和训练所获得的技能和知识是资本的一种形式，它同物质资本一样是可以通过投资生产出来的；其二，人力资本的作用大于物质资本的作用，人力资本的增长是国民收入增长快于国民资源增长的根源；其三，人力资本的增长速度快于物质资本增长的速度是现代经济最基本的特征；其四，人力资本投资能提

① 亚当·斯密．国富论[M]．唐日松，等译．北京：华夏出版社，2005：79.

高生产率，因而也是劳动收入增加的根本原因；其五，人力资本的投资同样受市场供需规律的作用。[①]教育是经济发展主要源泉的观点构成了舒尔茨教育的经济性思想的基础，也是教育经济主义思潮的核心理念。舒尔茨对人力资本理论的系统阐述进一步加深了人们对于教育与经济发展之间涵变关系的认识。在人力资本理论和经济发展需求的双重强力刺激下，教育经济主义思潮获得了极大的发展张力。整个20世纪60年代，美国的人力资本理论可谓风靡一时，在教育经济主义思潮中独占鳌头。到了20世纪70年代以后，一方面，这股思潮突破了经济学家的一统天下，社会学、行政学乃至规划学等涌入其中；另一方面，各国根据自己的需要，纷纷提出自己的主张和见解，使得教育经济主义思潮影响力日益增大。

其次，从内容来看，教育对经济作用的大小和程度一直是教育经济主义思潮关注的核心内容。具体而言，这方面的研究大致包括以下几个方面的内容：其一，对教育内部经济效益的估计，指的是对教育内部的自身投入产出的效益分析，即教育部门的消耗与其培养人才的数量和质量的关系分析。其二，教育投资效益率的计算，从投资的角度结算教育的经济作用。其三，教育对提高劳动生产率的估算，主要集中在微观层次的分析。其四，教育对国民经济增长贡献的分析。其五，教育与国民经济的合理匹配问题以及经济发展对教育的需求估计。[②]这包括教育的专业结构、层次结构、经济结构与经济发展水平的匹配和优化，对教育的社会需求和私人需求的估计以及相关影响因素的分析等。教育经济主义思潮主要探讨的是教育的经济功效，但近年来也开始研究教育的个人选择问题。不少欧洲学者主张在决定教育投资之前，少讲些社会核算，多强调个人选择。所谓社会核算，主要是指计算教育的社会收益率或效益率。但社会收益率难以准确把握，而个人选择几乎可以立竿见影。个人选择主要是指通过减免教育费用或提供贷款等多种方式，让个人去选择政府或社会所同意的发展道路。因此，教育的个人选择问题亦成为教育经济主义思潮的研究内容之一。

最后，随着经济全球化和各国经济竞争的加剧，教育经济主义思潮影响力呈

① 吴忠魁．当代世界教育的经济主义思潮[J]．比较教育研究，1996（4）：1.

② 毕淑芝，王义高．当今世界教育思潮[M]．北京：人民教育出版社，2003：8.

现日益增长态势。1962年，日本文部省发表了教育白皮书《日本的成长和教育》，率先运用舒尔茨的人力资本理论推算日本的教育资本，以求更为精确地阐述教育在国民经济发展中的作用。该教育白皮书不仅对日本，而且对全球教育经济主义思潮的形成和发展都产生了巨大的影响。日本、联邦德国乃至整个欧洲国家经济和科技的发展，甚至包括亚洲"四小龙"的腾飞都反映出科技和经济发展对教育的强大需求，教育发展被纳入科技和经济发展的轨道已经成为不容更改的定势。因而，世界各国普遍都把教育作为促进科技和经济发展，增强国际竞争力的重要工具。20世纪教育发展给人类教育思想史所做的最大贡献就是经济竞争即教育竞争的理念。这个理念是人们把教育对经济的作用从性质到程度的认知都大为深化、强化的表征和体现。应该说，经济竞争即教育竞争的理念是20世纪60年代以来教育经济主义思潮兴起后自然发展的必然结果。因此，教育经济主义思潮对人类社会发展的影响将是意义深远的。

（二）中国的教育经济主义思潮

1978年，全国几所师范院校关于教育本质问题和教育经济功能问题的论争，揭开了我国当代教育思想发展的新篇章，同时也开启了我国教育经济主义思潮涌流的源头。20世纪80年代，我国的教育经济主义思潮主要倾向于研究教育与经济发展的关系，尤其是教育结构与经济结构的关系。这一时期的特点是强调教育是国民经济增长的重要因素，论述了教育在我国现代化建设中的不可替代的基础地位和作用。譬如，经济学家厉以宁先生就认为"教育是间接的、潜在的生产力""智力投资是一种生产性投资，其经济效果不可能直接用净产值增量来计算"[①]等。进入20世纪90年代以来，我国的教育经济主义思潮的发展更为迅猛。如果说我国的教育经济主义思潮在20世纪80年代的着力点仍然是教育的经济作用，从一般的理论意义和实际的效益测评视野来阐述教育的经济作用、引导教育结构和体制改革的话，那么，其20世纪90年代的研究重点则与此大相径庭。20世纪90年代以来，随着建立社会主义市场经济体制目标的确立，我国教育经济主义思潮

① 厉以宁.教育经济学[M].北京：北京出版社，1984：132.

的着力点放到了教育与市场经济的关系,并用市场经济的特征来思考教育的特征。教育要适应社会主义市场经济发展，要引进市场竞争机制，教育要实行市场化、产业化等，成为我国教育经济主义思潮的新特征。用市场经济要求来规范教育发展，从市场经济的范式来看待教育改革，以市场经济特征来解说教育特性，成为社会思想界的一个重要的理论思维取向。

在一段时间内，我国教育经济主义思潮比较突显的理论观点是教育市场论和教育产业论。教育市场论和教育产业论有着非常紧密的关系，都源于对教育和经济涵变关系的认知,试图揭示社会主义市场经济条件下的教育性质及其运作模式。其中，教育市场论把教育看成一种经济行为的操作活动，教育市场的地位和作用同时也是以建立在交换价值基础上的生产劳动为前提的。具体而言，就是教育作为一种需要消耗稀缺性资源，并受到成本、价格等因素制约的劳动力生产劳动，同样明显受到价值规律的支配。因此，教育系统必须在劳动力的供求结构和总量上与劳动力市场相适应，才能获得自身发展的物质条件并提高整体系统的效率。把教育供求等同于以交换价值为基础的纯粹市场活动是教育市场论的核心理念。而教育产业论则以产业划分的观点，首先将教育从一种事业和社会福利转性为产业，并且运用第一产业、第二产业和第三产业的划分模式，将其归入具有服务性质的第三产业。教育产业论认为：既然教育是第三产业，教师是教育服务消费品生产的主力，那么，学校就当然是在国民经济生活中具体的有独立地位的完整的教育产业机构，校长则是这一产业机构的法人经营代表。因此，实行“缴费求学、优教优价”是市场经济规律在教育产业中的必然反映。教育要面向市场、参与竞争也成为教育产业论的题中应有之义。与此同时，教育产业论主张高等学校、职业学校应该率先进入教育经营状态，进入教育市场，实现教育产业化。教育市场化、教育产业化极大地促进了我国教育事业的发展，尤其是实现了高等教育的大众化。不过，需要补充的是，也有更多的人认为教育产业化会毁掉中国的教育，尤其是中国的基础教育。

不管主动抑或被动，教育经济主义思潮已经渗透到我们生活世界的深处，从单纯的教育领域分支思潮辐射到日常生活的各个方面。同样不可否认的事实是:

教育是劳动力再生产的重要手段，是实现科学知识再生产的手段，是使科学技术的潜在生产力变成现实生产力的桥梁等明显带有教育经济主义思潮影子的理念，早已为我国社会各界所广泛接受、认可。因此，可以预期的是，教育经济主义思潮将直接影响到我国社会的未来走势。

（三）关于教育经济主义思潮的评价

教育经济主义思潮是20世纪中后期以来全球教育的普遍倾向。毫无疑问，它有其存在、发展的客观性和必然性。教育经济主义思潮是现代教育发展的必然结果，更是教育思想界对人类社会经济发展变化的主动应答和反映。人类对教育的认识是随着人类社会自身的发展而不断深化的。在大机器工业革命以前，政治的和道德的需求是社会对教育需求的核心内容，甚至在工业革命以后的相当长的一段时间内，它们也在整个教育需求中占有绝对的主导地位。譬如，基督教的宗教教义以及稳定的社会秩序和道德规范就曾长期构成西方社会教育的基本价值取向；强调“仁义礼智信”的儒家思想也长期统治着我国的封建教育。应该说，在相当长的时间内，政治需求和道德需求支配左右着教育发展的脉络，而教育的经济功能一直处于未被激活的状态。随着经济发展在人类社会中作用和需求的不断提升，尤其是现代经济和现代科技对人类社会发展的革命性、根本性作用的增强，教育同经济紧密结合已经成为教育发展、变革的重要因素。教育对经济作用及其关系的程度，反过来也极大地影响了经济发展和社会进步。教育促进经济发展、经济发展推动全球化进程、全球化进程带动教育的全球化这一进程就能充分说明教育的经济功能日渐彰显。显然，教育经济主义思潮的兴起、发展也在情理之中了。教育经济主义思潮彻底颠覆了古典主义教育主要关注人的精神、道德和社会秩序的发展与稳定的传统取向，在相当大程度上反映并代表了人类教育历史演进的新方向。在这里，仅以我国为例，如果没有教育市场化、教育产业化，那将很难想象我国的高等教育如何在不到十年的时间内实现了由精英小众化教育向普及大众化教育的重要飞跃，为我国由人口大国向人力资源强国转变奠定坚实基础。因此，教育经济主义思潮在某种范围内符合现代生产、现代经济和现代科技对教育的客观需求，推动了全球教育的发展和变革，甚至为广大发展中国家的崛起提供了一条相对便捷高效的发展路径。

教育经济主义思潮在教育发展和改革方面起到了巨大的推动作用，但也存在着显而易见的负面效应。教育经济主义思潮把教育与经济的关系作为研究教育价值的主要命题，有其积极的意义。但是，其思维方式和理论本身带有很大的线性特征，过于孤立地看待教育与经济之间的涵变关系。教育经济主义思潮很少甚至几乎没有从现代教育同人类社会进步的整体需求的视野来研究教育的主体性问题，强调的只是劳动生产率的提高、劳动者的生产技能、教育对经济的适应、教育经费投入的经济收效以及教育体制的变革同经济发展的关系等。这样的做法必然会带来教育经济功能的无限膨胀，而教育的政治功能和道德功能，当然也包括教育的文化功能不可避免地日渐衰微。在寻求教育化的经济时往往也容易同时发展出经济化的教育的极端倾向，这正是教育经济主义思潮的发展困境所在。迄今，教育经济主义思潮所导致的对经济效益的过分狂热追求、人们价值观的极端功利化以及人自身的物化和异化等，都不得不让我们深沉反思。教育应该而且必须适应经济发展的需要，否则将不会有其存在、发展的空间，这是事实。同时，这也绝不意味着就应该让教育经济主义思潮放任自流，甚至主张实现完全的教育经济化。如果忽视、漠视教育的其他功能，那么教育经济主义思潮将导致整个教育体系的崩溃或许绝非仅仅危言而已。

这里需要特别强调指出的是，教育经济主义思潮对青年教育的影响。众所周知，就所属群体而言，学生主要生活在家庭、学校和同辈群体构成的三重社会之中。这三者本身都是具有不同社会学特征的三个“小社会”，学生在其中处于不同的“社会地位”，它们各自也以其独特的优势对学生施加着种种影响。需要注意的是，这三者中的学校和同辈群体两大要素的影响施加场域主要都是发生在学校当中，并且随着学生个体的年龄增长，家庭的影响将会弱化，而学校和同辈群体的影响效应将会增强。如果我们对教育经济主义思潮在学校方面的负面影响视而不见，那么这些负面影响将会变本加厉地对学生个体施加双重效应。这样的后果将导致学生个体世界观、人生观和价值观的扭曲，由对教育的经济化看法扩展至整个社会领域，最终导致整个社会在他们的眼里看来其实仅仅是一个物欲横流的世界而已。这样的后果最终将不仅仅是教育体系的崩溃，更是整个社会运行机制的瘫痪。

二、泛娱乐主义思潮对当代大学生价值观的影响与引导

在当代社会，娱乐已然成为大学生价值观塑造的关键载体。大学生在社会化过程中，独立探索生命意义的意愿不断增强，他们渴望加深对人生和社会的认知理解。大学生价值观尚未成型，容易受到外部环境尤其是娱乐的影响甚至控制。与传统意义的文化载体不同，娱乐更容易被“95后”为代表的大学生群体所认同并接受。相对于以往代际，娱乐开始对青年的心理、情感，尤其是塑造价值观方面发挥前所未有的巨大影响。在资本与娱乐的结合过程中，泛娱乐主义开始逐渐形成。在网络时代自媒体的推动下，泛娱乐主义日益占据主导地位。“泛娱乐化”已然成为一种时代趋势，娱乐自身的价值内涵被曲解甚至“诙谐化”，导致部分大学生在塑造自身价值观方面出现扭曲乃至病态。当代大学生作为“引风气之先的社会力量”①，其价值观对主流价值和当代中国的未来发展影响深远，非常有必要对泛娱乐主义的特征及其对当代大学生价值观形成所带来的负面影响进行探讨，以求能够有效应对当代大学生群体中存在的一定程度的价值观危机。

（一）泛娱乐主义内涵及其特征

资本与娱乐的结合催生了泛娱乐主义。互联网的出现为泛娱乐主义这一社会思潮的蔓延提供了更为有利的发展“契机”。何为泛娱乐主义？泛娱乐主义为何能够拥有如此广泛的“社会影响力”？首先，我们需要对娱乐本身有一个合理的认识。在某种意义上，娱乐是人类最原始、最基本的需求。不论在任何时代，娱乐都是人类社会不可或缺的重要组成部分，发挥着愉悦身心、舒缓压力等独特价值。每一个时代都有特定的娱乐方式和娱乐文化。亚里士多德认为，“在生活中

① 习近平．习近平谈治国理政：第1卷[M].北京：外文出版社，2018：52.

也有休息，在这时可以消闲和娱乐”[①]。苏格拉底也曾高度肯定娱乐的教化功能，甚至认为娱乐能够塑造人性。正因为其独特价值，娱乐早已发展成一门独立产业。本书谈及的娱乐，并非局限于人类表现出的本能倾向、冲动抑或是爱好，更多的是娱乐元素及其商业化、利益化价值导向已经彻底贯穿至全社会，如经济、政治、教育、文化等诸多方面。全社会逐渐沦为娱乐的附属物，正如波兹曼所言，“一切公众话语都日渐以娱乐的方式出现，并成为一种文化精神。我们的政治、宗教、新闻、体育、教育和商业都心甘情愿地成为娱乐的附庸，毫无怨言，甚至无声无息，其结果是我们成了一个娱乐至死的物种”[②]。在泛娱乐主义的影响下，娱乐及其商业化、利益化价值导向已然成为人类精神生产的“发动机”和“孵化器”。

在娱乐泛化时代，人们更愿意在虚幻的想象中寻求暂时的、浅薄的精神愉悦与满足，表现出趣味化、时尚化、肤浅化甚至低俗化的特点，进而放弃理性、抵制权威、拒绝崇高。娱乐仅仅只是人类精神世界发展的手段，而非目的。娱乐不能成为人类精神世界的全部甚至阻碍人类精神素养的发展与提升。这本来是一个众所周知的简单道理。但在资本的强力推动下，娱乐越来越成为人类精神生活的全部乃至“人之为人”的最终目的。增值是资本固有的本性，“资本只有一种生活本能，这就是增值本身，创造剩余价值，用自己的不变部分即生产资料吮吸更多的剩余劳动”[③]。早期资本的活动场域主要集中在物质生产领域，伴随着人们物质生活水平的提高，如何丰富精神生活、扩大文化消费成为全社会日益关注的话题，资本也随之延伸至精神生产领域。娱乐行业的有利可图和超额回报更是刺激资本在娱乐领域的大规模扩张和恣意野蛮生长。从根本上来讲，娱乐价值的扭曲是资本与娱乐联盟的必然结果。资本的关注重点不在于娱乐本身的价值内涵，而是如何以娱乐为载体实现价值增值，竭尽所能在各个方面渗透娱乐属性，促使大众尤其是青年群体自愿为其掏腰包，以达到获取高额投资回报的真实目的。刺

---

① 亚里士多德．尼各马科伦理学 [M]. 苗力田，译 . 北京：中国人民大学出版社，2003：88.

② 尼尔・波兹曼．娱乐至死 [M]. 章艳，译 . 北京：中信出版社，2015：4.

③ 中共中央马克思恩格斯列宁斯大林著作编译局 . 马克思恩格斯文集：第 5 卷 [M]. 北京：人民出版社，2009：269.

激娱乐的首要前提就是瓦解人的精神世界，接受放弃理性、拒绝崇高的审丑思维，丧失对人生价值、生命信仰的终极追求，终日置身于无聊、无味、无趣的消遣当中。娱乐完全成为资本增值的工具，从人类精神的“调味剂”沦为瓦解个体精神世界的“致命毒药”。泛娱乐主义导致娱乐离实现人的本质的存在意义愈加遥远，主要表现为以下几个方面特征。

第一，价值功利化。泛娱乐主义本质上是资本和娱乐的结盟，由此产生两个结果，一方面，娱乐本身变得商业化、利益化，成为资本增值的媒介，以刺激、煽情、花边性的形象或者内容呈现，从而刺激人的动物性本能和欲望，到处充斥着低俗文化氛围，仅仅满足于各种低级趣味，“速食性”“快餐化”迅速蔓延，进而丢掉了娱乐本身最重要的价值性，即精神独立和回归人性。“大众吸收媒介的仿真，不作任何回应，从而从根本上瓦解了这种代码。”[①]在泛娱乐主义影响下，人们容易失去否定性和批判性原则，内心的批判性、超越性思想受到抑制，最终成为马尔库塞所言的“单向度的人”。另一方面，资本借助娱乐扩张自身势力范围，先瓦解人的精神，通过碎片化、全覆盖的方式，消解个体原有的思维逻辑。资本控制下的娱乐，还是一种娱乐，只不过变成了为资本服务的娱乐。资本的高明之处就在于它通过通俗化、庸俗化甚至低俗化的娱乐与人说话，其特色是远离传统意义上的说教和宣传，而将图像和快感投放到人们的感性及欲望层面，直接抵达人的潜意识。在“收视率”杠杆和资本的共谋下，社会被“麦当劳化”了，大众日益变成了“经济单面人”，变成了一个对无所不在的商品刺激具备简单反应能力的人。[②]人们在消费娱乐、满足欲望的同时，也完成了对自身社会性的消解以及动物性本能的强化，这种认同反过来又给资本以力量，进一步造成娱乐的异化。资本逻辑造成了娱乐本身的存在价值危机。娱乐由对人的精神世界的关怀转向简单感官欲望的刺激与满足，由对社会历史与现实的连续性反思转向对当下的肤浅关注。人不能在娱乐盛宴中丧失精神、丧失理想，失去信仰，与灵魂相隔，仅仅只是为了换来片刻的感官刺激。彻底依附于资本之下的娱乐的价值危机其实

① 马克·波斯特.第二媒介时代[M].范静哗，译.南京：南京大学出版社，2000：154.

② 李林容.中国电视娱乐文化批评[M].北京：法律出版社，2014：76.

最终折射出的是人的发展的精神危机。

第二，价值碎片化。与价值功利化伴随相生的，往往是价值的碎片化。表面上看，价值功利化屈从、统一于资本逻辑。但实际上，价值功利化更多的是强调以自我利益的最大化为逻辑起点，不可避免地衍生出价值的碎片化问题。娱乐泛化容易导致社会的价值底线和价值共识缺失，在个体与社会之间人为制造“价值鸿沟”。究其原因有两点，一是泛娱乐主义对主流价值观的解构。泛娱乐主义常常以一种休闲、搞笑、低俗的面目出现，极力弱化和避免关于价值与意义的严肃探讨。价值与意义缺失导致的真空地带最终只能靠以自我为中心的原子式、碎片化价值观来填补。“但是，人的本质不是单个人所固有的抽象物，在其现实性上，它是一切社会关系的总和。”[①] 人是社会性的动物，无时无刻无处不是生活在与他人的关系之中。在想象性的精神世界中，具有自由意志的“我”可以任意选择行为方式，其行动具有无数种可能性。但在现实世界里，由于每个人的行动都关系到他人，这种关系本身便对行动的可选范围构成一种限制。“我”成长的过程其实就是不断参与社会生活并逐步体验“行为边界感”的过程。[②] 究其根本，“行为边界感”的确立离不开整个社会的主流价值观形成。泛娱乐主义对主流价值观的解构表面看似带来了自我解放乃至完全放飞，实质却导致包括个体在内的整个社会的退步。二是泛娱乐主义缺少必要的理性精神。简而言之，理性精神特指人类独有的思维能力，是对当下的反思与批判、对未知的思考与探索以及对理想与价值的追寻。泛娱乐主义表达更多的是情绪、欲望的非理性宣泄，缺少对现实的辩证理性透视，导致人们丧失应有的信息甄别能力和是非判断能力。娱乐泛化的根本原因在于资本固有的野蛮性，资本“使人和人之间除了赤裸裸的利害关系，除了冷酷无情的‘现金交易’，就再也没有任何别的联系了”[③]。对于资本的无

① 中共中央马克思恩格斯列宁斯大林著作编译局．马克思恩格斯选集：第 1 卷 [M]. 北京：人民出版社，2012：139.

② 邢国忠．社会主义和谐社会建设视野中的法律信仰 [J]. 北京交通大学学报（社会科学版），2009（1）：76.

③ 中共中央马克思恩格斯列宁斯大林著作编译局．马克思恩格斯选集：第 1 卷 [M]. 北京：人民出版社，2012：403.

止境追求导致现代人的精神世界高度紧张与焦虑，只能沉湎于庸俗甚至低俗的搞笑与恶搞，最终丧失了对价值的判断力和应有的交往理性能力。

第三，真实幻象化。娱乐的核心要旨是“逃避”和“如愿以偿”，带有强烈的乌托邦色彩，其提供的形象是可以逃避进去的“更好之物”或者我们深切希望而日常生活无法提供之物。① 在某种程度上，娱乐自身带有的乌托邦色彩部分满足了人们对于真善美的未来期许。遗憾的是，泛娱乐主义却将娱乐的原初价值异化为真实世界的幻象化。鲍德里亚认为，大众传播媒介假手报纸杂志、电视影像和流行媒体塑形出来的“真相”是以“我并不在场”为前提的，此类“实际不存在但又偏偏存在的事实”就是“幻影”。“我们从大众交流中获得的不是现实，而是对现实所产生的眩晕。”② 对个体而言，“信息消费之信息，即对世界进行剪辑、戏剧化和曲解的信息以及把消息当成商品一样进行赋值的信息、对作为符号的内容进行颂扬的信息。简而言之，就是一种包装和曲解的功能”③。基于此，鲍德里亚得出这样的结论，“我们这个‘消费社会’的特点：在空洞地、大量地了解符号的基础上，否定真相”④。这一特点，在网络自媒体娱乐时代表现得愈加凸显。这不能不引起我们的高度警惕和担忧。

（二）泛娱乐主义对当代大学生价值观的消极影响

整体而言，当代大学生的自我意识尚未完全成熟，其世界观、人生观和价值观都处在定型成熟的关键期。尤其是在社会认同方面，当代大学生本身具有非常大的发展性和可塑性。当代大学生在接受新鲜事物方面能够引领社会时代潮流，同时也非常容易受到泛娱乐主义的误导，对其正确价值观的树立尤其是对社会主流价值认同带来困扰。

第一，娱乐狂欢中的精神缺失。“娱乐，并不仅仅是一种内容或者形式，其实它在本质上是人与世界沟通畅达时所产生的快感，是人性自由所追求的一种境

① 理查·戴尔著，宋伟杰译．娱乐与乌托邦 [J]. 当代电影，1998（1）：56.

② 让·鲍德里亚．消费社会 [M]. 刘成富，等译．南京：南京大学出版社，2014：18.

③ 让·鲍德里亚．消费社会 [M]. 刘成富，等译．南京：南京大学出版社，2014：113-114.

④ 让·鲍德里亚．消费社会 [M]. 刘成富，等译．南京：南京大学出版社，2014：19-20.

界。”[①] 但是，泛娱乐主义缺少对个体精神世界的探寻和生命价值的反思，其背后是基于资本逻辑的扭曲价值观。它代表着一种意义的空虚状态和日益膨胀的个体欲望尤其是物质欲望。在鼓励物质享乐、感官刺激的背后，其真实目的指向的是虚无价值的张扬，是对神圣、崇高、权威的解构，也是对个体精神世界和人生境界的腐蚀。

首先，在泛娱乐主义影响下，当代大学生容易陷入相对主义和虚无主义的价值观危机，将实用主义、功利主义和利己主义奉为成就人生的宝典。在泛娱乐主义时代，一些人似乎已经忘记了正义、文明、进步，对于价值和意义更是视而不见，对物质、名利、享乐的追求替代了以往的精神、价值与信仰。北京大学钱理群教授曾言现在的部分青年是“精致的利己主义者”。其实，部分大学生对于庸俗、低俗、恶俗的不加任何掩饰的追捧早已不是“精致的利己主义者”，恐怕更多的应该是“粗糙的利己主义者”“赤裸裸的利己主义者”。信奉价值虚无最终折射出的是部分青年人精神世界的空虚以及人生情趣的低级。

其次，精神缺失容易导致当代大学生的理性缺位。意义的消解，往往与理性的解构相伴而生。从代际上看，“95 后”已经成为当代大学生的主体，同时也是首批进入社会的网络原住民，其娱乐行为既有突出的网络技术特性，也带有明显的后现代主义特征。对“理性”的“解构”是后现代主义的突出特征。“在数字化生存的情况下，我就是‘我’，不是人口统计学中的一个‘子集’（subset）。”[②] 在网络自媒体时代，每个“我”第一次拥有机会走进娱乐中心，成为娱乐的主角，掌握娱乐的话语权。或许正是“第一次”，正是因为无先例可循，当代青年的娱乐行为往往更愿意选择彻底放飞而主动抑或被动放弃理性。

第二，深陷娱乐下的道德失范。不断制造欲望是泛娱乐主义的永恒主题。“包括性爱、禁忌、成功、金钱、亲情、暴力、视觉快感等在内的种种欲望所制造的‘本文’直接被消费，人也平板化为欲望的符号。欲望本能力量的过度张扬非但不可能实现其宣称的拯救或解放个体的功能，相反只会加剧人的沉沦。”[③] 过多的欲望、

① 张小争．娱乐财富密码——引爆传媒新经济 [M]. 上海：复旦大学出版社，2006：2.

② 尼古拉·尼葛洛庞帝．数字化生存 [M]. 胡泳，范海燕，译．海口：海南出版社，1996：185.

③ 陈望衡，吴志翔．美学的焦虑与价值基座 [J]. 学术月刊，2005（3）：57.

不当的欲望或者过度沉醉于欲望，往往会把人尤其是涉世不深的大学生推向道德虚无甚至违法犯罪。

首先，大学生容易热衷于迎合涌现的各类低俗娱乐文化，表现出对传统道德观念的不屑与讽刺。泛娱乐主义鼓励生产同质化、模式化、肤浅化的娱乐产品，牺牲理性的、严肃的、本真的价值标准，制造即刻的、虚浮的、虚假的所谓快乐，正如麦克唐纳所哀叹的“大众文化不断散播的淤泥”。娱乐消费符号对人进行了价值重组和价值重构，操控着受众妄图获取虚假的永无止境的满足和快感。尤其在网络自媒体时代，人人都有可能成为娱乐中心人物。在娱乐泛化的信息洪流中，我们面对的往往不只是各种信息、观点、分析，还有谣言、攻击、谩骂，以及各种鱼龙混杂的信息。当娱乐化的低俗文化慢慢侵蚀整个社会，一些人逐渐失去对严肃、崇高应有的敬畏之心，部分青年是非不分、善恶不辨、我行我素，更是将传统道德观念抛之脑后并自我放纵。这种对是非观念的忽视、对道德准则的无尺度大肆曲解、恶搞，所带来的不仅仅是对经典的扭曲，更是对社会良知的挑衅和瓦解。

其次，泛娱乐主义热衷于对本不应娱乐的事实和话题强加炒作、博话题度，进一步模糊、混淆当代大学生的道德判断标准。“在一个没有中轴的世界上，在一个价值的真空中，根本的目标就是要为了快乐的原因而自由地‘创造’。”[①] 模仿、虚拟与戏拟成了见证当下娱乐文化的最合适手段。在这个模拟组合的数码复制世界里，我们的眼睛把物像当成真实的物体接受下来，而真实究竟意味着什么，甚至我们的许多快感和欲望也许都不是真实的，它们并非出于我们的本性需要，而是由虚拟世界的各种符码从外部刺激和建构的。一切感情都可以被模拟，一切感觉都可以被替代，一切现实都可以被复制。世界成为假面舞会，人们所能做的，就是与这个虚拟世界游戏。这是一种虚拟的现实，同时也是一种不再现实的现实。[②] 商业利益推动下的媒体、商家等采取一切可能的手段，“努力”争取人们的好奇心、同情心，制造噱头，贩卖假新闻、假消息以尽可能获取大众尤其

① MORAWSKI S. The troubles with postmodernism[M]. New York: Routledge, 1996：89.

② 李林容 . 中国电视娱乐文化批评 [M]. 北京：法律出版社，2014：108-109.

是青年的支持。这些无良行为都是对社会良知的消费，逐渐损耗人们的道德信任感。道德判断标准被反复恶意消费，逐渐在娱乐中瓦解。部分青年人逐渐在娱乐中庸俗化、低俗化、冷漠化，在面对社会涌现的各类问题时，不自觉地开始扮演娱乐看客角色，以一种否定与享受并存的自相矛盾的方式审视社会问题，逐渐丧失对他人的信任感以及对社会的归属感。

第三，盲目尊崇中的自我迷失。在泛娱乐主义的影响下，我们的日常生活娱乐化，娱乐同时也变得更加生活化甚至虚幻化。青年沉溺其中时看到的不是现实本身，而只是脱离现实的“类像文化”。“类像世界与观众之间的距离被销蚀了，类像已经内化为大众自我经验的一部分，幻觉与现实混淆起来。‘虚拟真实’与‘实存真实’区分的抹平，带来的正是一种‘超真实’的镜像效果。”[①] 对于涉世不深的大学生而言，这种镜像效果表现更为明显。

首先，泛娱乐主义容易导致当代大学生自我认同感不足。随着移动互联终端的普及，人人都是自媒体，为社会的“泛娱乐化”提供了加速器，“娱乐成为最高的价值与准则，一切文化内容与形式只有与之联结才能进入大众化的传播渠道，进入受众视野”[②]。娱乐传播方式得到革命性变革。各种碎片化、片段化的信息通过微博、微信等网络媒介得以大范围扩散。生活充满物欲的气息，这种物欲与喧嚣促使部分青年人无力思考人生的价值和意义，找不到自我生存与发展的价值，盲从中拼凑出一个虚幻的自我。一方面，“我”是网络的主宰。“网络主播”“草根”等网络名字对青年的身份进行重新诠释，颜值、穿戴、财富逐渐成为定义成功青年的标志性特征。另一方面，现实与虚拟的差距引发现实自我与虚拟自我之间的矛盾。大学生失去生活世界应有的真实性，人与物之间的关系颠倒，导致自身始终处于被物支配的地位。

其次，泛娱乐主义容易导致当代大学生自我建构能力缺失。当代大学生正处于世界观、人生观和价值观成长的关键期，对于自我和世界的认识处于探索状态，

① BAUDRILLARD J. Symbolic exchange and death[M]. London: Sage Publications Ltd., 1993：76.

② 黄一玲，焦连志，程世勇．网络文化“泛娱乐化”背景下的社会主义核心价值观认同培育 [J]. 湖北社会科学，2016（11）：48.

还未成型，因而对外界的评价会格外关注，社会认同成为大学生自我建构的重要环节。在娱乐泛化时代，光怪陆离的娱乐信息充斥着青年人的生活世界，部分大学生被迫不自觉地紧随“娱乐浪潮”，不少网络娱乐信息已然成为部分青年人自我建构的重要方式。与娱乐乱象相伴相生的“粉丝文化”，往往导致当代大学生群体集体无意识，最终逐渐丧失宝贵的自我鉴别力、批判力与建构力。

（三）引导当代大学生树立正确的价值观

针对泛娱乐主义所带来的实用主义、享乐主义、功利主义侵蚀当代大学生内在的精神信仰追求，对低俗趣味的无谓关注阻碍大学生积极向上的风格以及大学生主体性被庸俗的过度商业化消解等消极影响，我们需要通过强化娱乐市场尤其是网络娱乐空间的监督与管理，培养青年的娱乐鉴赏、反思与批判力以提升青年的“娱乐品味度”、涵养娱乐本身的人文精神素养等方面进一步积极引导当代大学生树立正确的价值观。

第一，强化娱乐市场尤其是网络娱乐空间的监督与管理，确立娱乐行为边界自控制能力。当代信息社会，网络技术为娱乐市场的大发展、大繁荣提供了前所未有的机遇。网络的延展性使得人的生活空间再一次被扩展，能够接触到更加丰富多元的信息，提高了普通受众的话语权和表达的自由度。同时，网络空间的发展也伴随着传统价值观和道德观的衰落，网络行为规范远未完善。如果网络技术与人性之恶、资本的贪婪相结合，会使技术的赋权产生前所未有的负面效应。在这方面，娱乐市场的表现更为突出。因此，习近平总书记在文艺工作座谈会上明确指出：“低俗不是通俗，欲望不代表希望，单纯感官娱乐不等于精神快乐。……一部好的作品，应该是把社会效益放在首位，同时也应该是社会效益和经济效益相统一的作品，文艺不能当市场的奴隶，不要沾满了铜臭气。”[①] 大体而言，强化娱乐市场监督与管理需要着重解决两个问题：一是对娱乐言论和行为进行界定，明确保护什么，禁止什么；二是明确政府、娱乐产品提供商、娱乐受众等相关主体参与者的权利与义务。从我国目前现有的娱乐市场监督与管理的法律、法规、

① 习近平．在文艺工作座谈会上的讲话 [M]. 北京：人民出版社，2015：9.

条例来看，相关法律准备已经落后于当前各类娱乐信息、娱乐产品所形成的散布型网状传播现实，主要表现在以下几个方面：一是网络空间的开放性和虚拟性与现有“娱乐场所”定义之间的矛盾；二是网络娱乐资源的丰富性和易获取性与现有“娱乐产品”发行管理之间的矛盾；三是娱乐泛化带来相关从业人员的身份边界模糊与现有“娱乐从业人员”管理办法之间的矛盾。这些问题和矛盾的解决，都有待于未来进一步出台更加精细化专门处理娱乐市场监管的法律法规。

第二，培养当代大学生的娱乐鉴赏、反思与批判力，提升当代大学生的“娱乐品味度”和娱乐主体性自生成能力。现代生活中最显著的现象之一，就是很多的活动，原为达到目的而采取的手段，却日益篡取了目的的地位，而目的本身则成为虚影，没有实际的存在性。我们已经羁绊在手段的罗网之中，而忘却了我们的目的。我们有无线电给每个人播送最佳的音乐和文艺节目。可是我们所听到的，却多是低级趣味的喧哗或有损智慧与趣味的广告。我们有历来最佳的工具与工作方式（手段），我们却不会停下来询问一下它们的用途是什么。[①]泛娱乐主义瓦解人的精神世界，将精神价值的追求形同虚设，鼓励人生以利益和享受为终极目标。如何在网络时代填补人们的精神空虚，重塑人类精神家园，引导青年关注生命的意义与价值，已经成为摆在人们面前的一大难题。首先，我们要积极引导青年能够分辨真实需要和主观欲望的不同，学会对非理性的欲望加以自觉的控制。青年好奇、冲动、易受暗示等心理特点使得他们更易于被娱乐泛化所制造出的各种欲望所俘获，深陷其中而难以自拔。因此，如何分辨真实需要与主观欲望就显得尤为重要。其次，我们要积极引导青年能够分清真实自我和想象自我的关系，学会从社会实践和社会关系中准确定位自我。真实的自我只能建立在社会实践之中，脱离现实生活世界建构的自我必然是虚幻的。青年的自我认同应该是建立在一种具有稳定价值内核的现实基础之上，拒绝虚幻缥缈的消费符号诱惑，回归具有意义感的真实人生。最后，引导青年主动自觉对人生进行自我赋值，确立自我的价值主体地位。青年在泛娱乐主义的影响下，往往表现出一种价值追求的自发初始状态，将自身的价值选择、价值判断主动交由外在的资本逻辑控制，成为娱

① 艾·弗洛姆．自我的追寻[M]．孙石，译．上海：上海译文出版社，2012：167-168.

乐市场中的“单向度的人”。我们需要引导当代大学生逐渐确立自我价值主体地位，赋予生活以自主的、积极的、符合时代精神的价值品味，从而提升自我的内在深度感、责任感与使命感。

第三，涵养娱乐本身的人文精神素养，提升全社会理性认知娱乐价值自辨析能力。娱乐自身的人文精神内涵应该以人为本，关注人的内心世界，丰富大众的心智和精神生活，引导人们求真、向善、审美，提升人们的文化素养及媒介素养，并且懂得更加尊重人、理解人，从而促进人的全面自由发展。中国文联原副主席仲呈祥曾说，“电视文化在当代人类的精神文明建设当中起着其他文化形式难以替代的作用，尤其是在中国，人们特别青睐电视文化，这就给电视人肩上赋予了神圣的职责，如果电视文化的思想内涵比较深刻，文化含金量比较高，审美情趣比较健康，那么作用于最广泛的受众的心里就培养和造就了一种深刻而不肤浅、沉稳而不浮躁、幽默而不油滑的鉴赏心理，这种群体性的鉴赏心理是一个民族文明的重要标志”①。时过境迁，网络或许早已取代了电视的地位，但所折射出的问题却未发生根本改变，甚至可能更为严重。著名作家王蒙对网络异化人的现象加以犀利的刻画：数据库的存在与从网络上调出资讯的方便，正在使认识与操作主体日益依赖已有的、现成的与千篇一律的数据，使自己的精神活动受到库存数据与现成信息的侵入、牵引、暗示，与无所不在的影响。资讯的储存保藏、搜寻联想，即过去令人艳羡的博闻强识，已经不再依赖学者的大脑与意志，而是取决于电脑网络的突飞猛进与电脑网络技术操作的出神入化。先是视窗与鼠标，其后是触屏，再后是手机也杀入了生活、杀入了头脑；博客代替着论文，微博代替着博客，碎片代替着体系，掷地喷饭的段子代替着掷地有声的思想，信息的数量与传播的速度代替着真实、确切、深刻、独创和严肃。传播本来是社会生活的一种手段。但是手段的被使用，完全可能变成使用手段的人被手段使用。使用变成了被使用，被使用的工具变成了主体，而主体变成了傻气十足的跟班。对于娱乐而言，无论是电视时代还是网络时代，恐怕有两点应该是确定无疑的：一是娱乐的

---

① 仲呈祥.我们为什么要进行电视批判[EB/OL].(2005-07-09).http://www.cctv.com/tvguide/tvcomment/wtjj/xzlz/10438_8.shtml.

底线是“无害”。正如人们不能没有道德底线一样，任何娱乐也不能没有基本的底线。娱乐的基本底线就是不能对人的发展带来精神或心理或道德的伤害。二是娱乐不可“至上”。当代社会，娱乐掌握了更大的“话语权”，但我们不能为娱乐马首是瞻，需要警惕娱乐至上、用娱乐替代一切的思想和行为。毫无疑问，娱乐承载着“严肃的”价值责任。价值责任的严肃性，在于娱乐承载着文化思想、道德伦理和意识形态的使命，也在于娱乐如何完善生活、提升生活，让生活更有品质，让更多的人明白“不只眼前的苟且，还有诗和远方”。娱乐，不是为娱乐而娱乐，而应该是渗透着、包容着鲜明的人文精神特质的娱乐。

第三节　积极引导大学生培育和践行社会主义核心价值观

人类社会发展的历史表明，对一个民族、一个国家来说，最持久、最深层的力量是全社会共同认可的核心价值观。社会主义核心价值观是当代中国精神的集中体现，凝结着全体人民共同的价值追求。当代大学生要深刻领会社会主义核心价值观的重要意义和科学内涵，自觉践行社会主义核心价值观，努力成为培育和弘扬社会主义核心价值观最积极、最活跃、最充分的青年先进代表。

一、越是改革开放，越需要价值共识

整体而言，改革开放之前的中国社会可能更多的是一个典型的一元价值观的社会。1949 年中华人民共和国成立以后，中国逐渐形成了以单位制、单一公有制、计划经济等为主要特征的社会结构。一直到改革开放之前，这种社会结构使中国社会总的来说是以一元价值观为特征的。这种一元价值观或者表现为“集体主义”，或者表现为“理想主义”，或者表现为“精神至上主义”等。整个社会基本上都奉行一种价值观。这种一元价值观既是社会的主导价值观，又可以说是社会的唯一价值观。这种价值观状况虽然对统一人们的思想和意志、凝聚各种不同的社会力量发挥了重要作用，但是却使社会价值观出现单一化的现象，人们的思想观念僵化，更不可能使社会价值观出现生动活泼、丰富多彩的局面。随着以社会结构、

经济体制、政治体制和文化体制的改革和社会的全方位开放为前提的社会转型，中国社会的价值观日益出现多元化的趋势。从以前的一元价值观向多元价值观的转变，交织着积极与消极两方面的意义。一元价值观向多元价值观的转变则打破了过去一元价值观一统天下的局面，这就在价值观上给社会带来了巨大的活力源泉，人们的自由意志可以得到充分发展，人们在职业和生活方式等各个生活领域可以进行自由而多元的选择等。一元价值观向多元价值观的转变无疑为改革开放不断开辟着无限的价值空间。

同时，从一元价值观向多元价值观的转变完全可能导致、事实上也已经导致一些负面的效应和后果。改革开放以来，我国经历了高速的经济发展和急剧的社会转型，人们的精神世界也发生了剧烈振荡和变动。这其中既有精神提升的新契机，也有精神滑坡的新挑战。首先，物质条件的丰富为人们对于精神生活的追求奠定了坚实基础，在物质生活需求得到较好满足的基础上，人们的精神文化需求日益增强。但是，社会精神文化领域的发展速度还远远跟不上经济发展的速度，导致人们的物质欲望与精神追求的失衡，物欲的过度膨胀加剧了精神世界的荒芜。其次，市场经济发展和社会急剧转型对人们的精神世界也造成了冲击。改革、开放、创新等理念，一方面增强了人们精神世界的活力；另一方面也对人们的传统观念产生了剧烈冲击。传统、现代乃至后现代思想互相碰撞的张力，进一步加剧了人们心理上的不安与恐惧。最后，以开放的姿态走向世界，有利于汲取西方优秀文明成果和传播中华优秀文化，但也不可避免地会引入西方的理论思想和价值观，形成复杂的文化生态。中西文化的冲突、西方霸权主义的渗透、各种社会思潮的激荡，这些均影响着当代中国人的思想观念，甚至在一定程度上导致人们精神世界的混乱。

在各方面因素的综合作用下，部分人的精神世界出现了一些问题。首先，精神追求弱化和淡化。主要表现：沉迷于物质欲望，把物质利益当作唯一的追求，把物质享受当作唯一的快乐；以实用主义态度对待一切，为了达到个人目的而违背良知，没有道德底线；人际关系的竞争性加剧，信任感下降，冷漠感增强；人文精神和终极关怀缺失，生活的意义感逐渐丧失。从一定程度上可以说，在当代中国人的精神世界中，浮躁、重实用、冷漠、焦虑、迷茫等心理暗潮涌动。其次，精神秩序混乱甚至冲突。人的精神世界包含着多样化的内容。这些不同的内容相互结合，形成有机的整体。如果打破了精神世界的有机统一状态，那么人的精神世界就会出现问题。在我国社会转型的过程中，新旧观念之间的冲突、传统与现代之间的转换、民族性与世界性之间的张力，都会引起人们精神世界的混乱。因混乱而生的精神困惑，突出地表现在价值观念和伦理道德层面。“社会转型中人的精神困惑归根到底是‘做人’的困惑，是在急剧变化的社会中‘做什么人’和‘怎样做人’的困惑。”[①] 人们在精神困惑中更容易作出错误的价值选择，因此在现实生活中我们不难见到一些令人心寒的怪象：官员贪污腐败、老人倒地没人扶、助人为乐遭“碰瓷”、不法商家造假售假、因私怨报复社会等。最后，精神根基不稳甚至缺失。理想信念是人们精神世界的深层根基，如果动摇了这个根基，人的精神世界就会地动山摇。在共产党领导的社会主义国家中，人们比较普遍地信奉和认同马克思主义和社会主义道路。但在我国改革开放的进程中，一些人的马克思主义信仰和社会主义信念却动摇了。有的人将马克思主义信仰视为超越现实、不食人间烟火的神圣事物；有的人因为现实中出现了一些新情况、新问题，而认为马克思主义缺乏解释力；还有的人因为不能正确看待特殊历史时期的教训，而将马克思主义信仰妖魔化；甚至有的党员干部“不信马列信鬼神”，从宗教迷信中寻找精神寄托和人生价值。

多元价值观在其本性上是诉求反普遍主义和反本质主义的，无中心、无本质、无差别成为多元价值观社会的基本特征，这必然消解一元价值观时代的绝对价值标准，整个社会的价值观容易出现断裂、分化、分层、离散化和碎片化，从而失去共同的价值基础和主导整合力量。社会评价标准的多元化不可避免地会导致价值观相对主义、怀疑主义和虚无主义，这对一元价值观和主导价值观构成明显的挑战和威胁。在当代中国社会，也确实出现了明显的利己主义和极端个人主义等个人原子化倾向，并全面渗透到了社会领域的方方面面，从而导致社会价值观和

① 郭湛．社会转型与精神困惑 [J]. 前线，2002（3）：18.

道德观的“个人化塌陷”，以至于有学者指出“自80年代后期以来，中国所面临的真正危机，主要不是经济危机，也不是由于腐败导致的政治危机。根本危机是由于意识形态与现实分裂所造成的精神的危机，价值的危机，信仰的危机”①。

需要注意的是，在一元价值观与多元价值观共存的社会，必然产生一元价值观与多元价值观以及多元价值观之间的碰撞和冲突。这并不是中国当前社会转型期所独有，而是在任何社会转型时期都会存在的普遍现象。“当今多数现代国家，均遭遇共识缺失甚至崩溃危机。一个没有共识的国家是没有前途的。”②当今世界，各国经济既相互融合又相互竞争，不同文化既相互借鉴又相互激荡。经济全球化、世界多极化、科技信息化的不断深入，既挑战着国家主权，又冲击着人们的国家观念、民族情感。国家之间的竞争，既表现为经济、科技、军事等硬实力的较量，又越来越反映在软实力方面的较量。在软实力中，最关键的就是一个社会公认的价值共识，它直接体现着民族的持久凝聚力和国家的核心竞争力。

随着我国改革开放的不断推进，社会的经济成分、组织形式、就业方式、分配形式和利益关系越来越多样化，人们思想活动的独立性、选择性、多变性和差异性不断增强，人们的价值观念呈现出多样和多变的趋势。特别是进入21世纪以后，我国进入了改革攻坚阶段和社会矛盾凸显期，经济体制深刻变革、社会结构深刻变动、利益格局深刻调整、思想观念深刻变化，各种新的社会矛盾和社会问题相继出现，对人们的思想意识和价值观念产生了广泛深远的影响。互联网、手机等新型传播媒体的飞速发展，使信息传播更加快捷和便利，各种思想观念和价值诉求的传播范围更广、渠道更多、影响更大。这些新情况的出现，一方面使人们的眼界更加开阔，思想更加活跃，为主流意识形态和核心价值观的丰富与发展提供了有利条件；另一方面，也使整合多样化和多变性的价值观念的工作变得比以往任何时候都复杂艰巨。我国经济体制的深刻变革、经济社会结构的深刻变化和多元化文化的发展，在价值层面提出了诸多问题。比如，在市场经济条件下，是坚持以爱国主义为核心、集体主义为基本原则的价值观，还是坚持以极端个人

---

① 何新．我的哲学与宗教观[M]．北京：时事出版社，2001：137.

② 刘迪．站在“新时代”，将如何纪念改革[N]．日本经济新闻，2018-02-28.

主义为中心的价值观等。人们深刻认识到，越是在文化多元、价值多元的社会条件下，越是需要明确的核心价值观来引导和规范人们的言行。

一个民族、一个国家如果没有共同的核心价值观，莫衷一是，行无依归，那这个民族、这个国家就无法前进。实现“两个一百年”奋斗目标，需要全社会方方面面同心干，需要全国各族人民心往一处想、劲往一处使。如果没有共同理想，没有共同目标，没有价值共识，那就什么事也办不成。因此，越是改革开放，越需要在社会生活中建立价值共识，为人们判断是非得失、作出价值选择，提供一个相对统一、比较可靠的价值准则，以利于在尊重差异、包容多样的基础上，最大限度地达成社会共识。

二、社会主义核心价值观是当代中国社会共识“最大公约数”

“一个民族、一个国家的核心价值观必须同这个民族、这个国家的历史文化相契合，同这个民族、这个国家的人民正在进行的奋斗相结合，同这个民族、这个国家需要解决的时代问题相适应。”①社会主义核心价值观彰显了社会主义的基本价值追求，鲜明地指引着当代中国人精神世界构建的根本方向。社会主义核心价值观是中国特色社会主义所倡导的主流价值观，彰显着社会主义的基本价值追求。从目的上看，社会主义核心价值观的提出是为了引领和协调国内多样的价值观，是为建设社会主义国家凝聚共识。这个共识的底线便是广大人民群众对社会主义根本方向的认同和坚持。从内容上看，社会主义核心价值观的三个层次的价值观念均与社会主义的价值追求息息相关。“富强、民主、文明、和谐”与我国在社会主义初级阶段的奋斗目标相一致，体现了社会主义现代化的要求。“自由、平等、公正、法治”是社会主义公民意识理念的浓缩，体现了社会主义社会建设的要求。“爱国、敬业、诚信、友善”是社会主义公民的价值准则，反映了现阶段社会主义发展对公民的基本道德要求。

社会主义核心价值观，其实质不是以个人为本位的个人主义价值观，而是以群体为本位的集体主义价值观。社会主义核心价值观彰显了集体主义价值观三个

① 习近平．习近平谈治国理政：第1卷[M].北京：外文出版社，2018：171.

最基本的要素。

一是群体本位。集体主义价值观是一种典型的以群体为本位的价值观，它突出强调个人对群体、对社会的依存和依赖，并以群体和社会的团结、稳定及整体和谐为最高目的与最高价值，个人的价值、利益及目标需要通过群体和社会的途径与方式来实现，一旦离开群体和社会的途径与方式，个人的价值、利益及目标就很难实现或不能完全实现。集体主义价值观反对个人对集体的离心倾向，在处理人与人之间、人与社会之间关系方面强调对社会成员、社会角色、社会行为负责。在社会主义核心价值观中无论是国家层面的价值观，还是社会层面的价值观，都坚持了群体本位，即使是公民个人层面的价值观也是以群体为本位的价值观，因为个人的爱国敬业诚信友善就是为了处理个人与国家、个人与社会的关系，促使个人融入以及奉献国家、社会的基本价值规范。

二是集体利益至上。人类在原始社会就产生了集体主义思想和观念的萌芽。原始人调节社会关系和社会活动的核心是如何维护氏族、部落的整体利益，因为在生产力极其低下的条件下，仅仅依靠个人的力量是无法生存的，只有依靠氏族所形成的部落集体才能生存。当原始社会瓦解并进入阶级社会以后，私有制成为社会的经济基础，个人主义、利己主义被推崇为整个社会的价值观。特别是在资本主义社会，个人主义价值观占据绝对的主导地位。社会主义社会由于生产资料公有制占主导地位，集体主义价值观重新获得了坚实的存在和发展的基础，并成为全国人民遵循的行为准则或价值观念。集体主义价值观坚持集体利益至上，个人的一切言行必须以合乎工人阶级及其广大人民群众的集体利益为根本出发点。这一点马克思、恩格斯在《德意志意识形态》中就进行了经典的表述。他们认为，个人都是生活在集体之中的，是很难离开集体而存在的，并首先提出了集体优先的原则：集体利益高于个人利益，个人自由必须服从集体利益，必要时甚至要求牺牲个人自由和个人利益来保护集体的利益。也就是说，个人要热爱、服从集体，当个人利益与集体利益相冲突的时候，个人要毫无保留地牺牲个人利益、服从和服务于集体利益，以求得集体的发展壮大。集体主义价值观反映着无产阶级和劳动人民的整体利益，是个人利益和集体利益的辩证统一。集体主义价值观的最高原则是集体利益至上、祖国利益高于一切，就是全心全意为人民服务、为了人民利益无私奉献。社会主义核心价值观自始至终体现的都是国家利益、集体利益至上原则。

三是重视个人价值和利益。过去相当长一段时期强调集体主义价值观时往往存在一个重大的误区，这就是讲集体主义价值观就不能讲个人价值与利益，以为集体主义就是对个人价值与利益的否定，实践证明这是非常错误的。社会主义核心价值观是不否定个人的价值与利益的。其一，允许个人在不违反集体主义原则下作出不同的具体的价值选择。由于社会生活丰富多彩，人的思想境界往往也不是一致的，而是呈现为多层次、多样性的状态，如每一个人的学业、职业选择都不是单一的，应该具有多样性、多层次，只要不违反集体主义原则，就允许作出不同的具体的价值选择。其二，有效保护正当的个人利益。一般来说，在维护国家、社会整体利益的同时通过合理、合法的手段所获取的个人利益，就是个人的正当利益，正当的个人利益会得到法律保护。其三，集体要通过不断完善和发展为个人利益的实现创造良好的条件。集体要在未来社会对个人有凝聚力和吸引力，必须不断实现自身的完善和发展，从而为个人发展和个人利益的实现创造条件。

中华优秀传统文化、社会主义先进文化和西方文明成果既是当代中国人精神世界构建的精神资源，也是社会主义核心价值观形成的思想基础。

首先，社会主义核心价值观汲取了中华优秀传统文化的精髓，奠定了精神世界构建内容的民族性与根基性。社会主义核心价值观体现了中华传统美德讲仁爱、重民本、守诚信、崇正义、尚和合、求大同的精华，反映了中华传统文化重视整体利益、凸显责任意识、追求人际和谐、讲求谦虚礼仪、重视道德修养的特色。例如，在国家层面，“富强”蕴含古人富国强兵的思想，“政之急者，莫大乎使民富且寿也”（《孔子家语·贤君》）；“民主”蕴含古代朴素的民本思想，“民惟邦本，本固邦宁”（《尚书·五子之歌》），“民为贵，社稷次之，君为轻”（《孟子·尽心章句下》）；“文明”体现了中华传统文化对礼的重视，“不学礼，无以立”（《论语·季氏第十六》），“人之所以为人者，礼义也”（《礼记·冠义》）；“和谐”承载着古人对“天下大同”和谐境界的不懈追求。在社会层面，虽然与今天所倡导的“自由、平等、公正、法治”的价值观念具有阶级性上的本质区别，但中华传统文化中不乏与之相关、具有启发意义的思想观点。例如，道家思想蕴含独来独往于天地间的潇洒与自由；墨家倡导“兼爱非攻”，重视人与人之间的平等；法家强调法律、制度在社会治理中的关键作用，主张“法平则吏无奸”（《商君书·勒令》）、“道私者乱，道法者治”（《韩非子·诡使》）。“爱国、敬业、诚信、友善”的价值观念则自古便蕴含于中华传统文化中，如“苟利国家生死以，岂因祸福避趋之”（林则徐《赴戍登程口占示家人》）的责任感，对“敬业乐群”（《礼记·学记》）的倡导和追求，“君子养心莫善于诚”（《荀子·不苟》）的修养，“与朋友交，言而有信”（《论语·学而》）的诺言，“仁者爱人”（《孟子·离娄下》）、“己所不欲，勿施于人”（《论语·卫灵公》）的仁爱思想，等等。

其次，社会主义核心价值观体现了社会主义先进文化的要求，保证了精神世界构建内容的科学性与先进性。社会主义是当代中国人精神世界构建必须坚持的根本方向。社会主义核心价值观“是由马克思主义的科学世界观决定的，辩证唯物主义、历史唯物主义是它的灵魂”[①]。用它引领当代中国人精神世界的构建，可以保障其构建内容的科学性与先进性。众所周知，公有制、按劳分配是社会主义社会的基本特征，与之相适应的社会主义先进文化倡导集体主义原则，强调人与人之间的平等，追求人际关系的和谐。社会主义的民主、和谐、自由、平等、公正、法治是在消灭剥削后提出的具有实质意义的价值理念，旨在保障广大人民群众的基本人权和切身利益，而非一种掩盖剥削的伪善性的谎言。例如，恩格斯在《德国状况》一文中曾对资产阶级关于平等的谎言进行过犀利的批判：“平等原则又由于被限制为仅仅‘在法律上的平等’而一笔勾销了，法律上的平等就是在富人和穷人不平等的前提下的平等……简括地说，就是简直把不平等叫作平等。”[②]社会主义核心价值观的“平等”，则追求全体公民的地位和合法权利的平等。

① 刘书林．论社会主义核心价值观的几个重要关系[J]．思想理论教育导刊，2014（9）：26.

② 中共中央马克思恩格斯列宁斯大林著作编译局．马克思恩格斯全集：第2卷[M]．北京：人民出版社，1957：648.

最后，社会主义核心价值观还吸收借鉴了人类文明的有益成果，凸显了精神世界构建内容的包容性与开放性。当代中国人的精神世界并不是封闭式的，在全球化和信息化的大背景下，来自世界其他民族的思想文化成果会不同程度地进入中国人的精神世界，作用于中国人的内心，进而影响中国人的精神世界，并成为当前精神世界构建的内容来源之一。社会主义核心价值观是在整合吸纳了人类文明优秀成果的基础上提出的。例如，古希腊文明颇为重视“公正、友善、民主”等价值理念，柏拉图将“正义”列为国家和个人的四大美德之一；亚里士多德将“公正”视为灵魂的善，并置于德性之首，在他看来，公正和法治、平等是休戚相关、紧密联系的，他说：“我们是把守法的、公平的人称为公正的。所以，公正的也就是守法的和平等的。”[①]古希腊人也非常重视民主、法治、言论自由在城邦政治中的重要作用，并且为后人留下了有益的民主制度设计和多样的政治法律思想。对于近代资产阶级革命所倡导的自由、平等、民主等价值理念，我们则可以抛弃其阶级属性，而借鉴其对个人基本权利的提倡和重视。

社会主义核心价值观紧扣中国特色社会主义的发展方向，既避免了简单复归传统的偏向，又避免了超越历史阶段的倾向。当代中国人的精神世界具有自己的历史传统和文化根基。过去积淀下来的中华优秀传统不能抛弃，必须在新的历史条件下继承和弘扬。但是，这并不意味着我们在构建精神世界时只能往回看，只能回归传统文化，即回归以“三纲五常”为轴心的封建时代。我们必须立足当前中国特色社会主义的实际和当代中国人的精神需要，汲取传统文化的养分。同时，构建当代中国人的精神世界也要面向未来，坚定共产主义理想，并从这一远大理想中获取思想启示。无论在任何时间和任何情况下，我们都不能放弃这一远大理想，失去了对理想信念的坚守就失去了精神世界的“主心骨”。但是，这并不意味着我们现在就要实现共产主义，并不意味着我们要再犯“跑步进入共产主义”的超越历史阶段的错误，也并不意味着现在可以用共产主义精神要求所有人。总之，当代中国人精神世界的构建要立足现在的实际，扎根于过去的优秀传统，并

① 亚里士多德．尼各马可伦理学[M].廖申白，译．北京：商务印书馆，2003：128.

展望未来的远大理想。而社会主义核心价值观恰恰满足了这一要求，兼顾了过去、现在和未来。

三、社会主义核心价值观不同于西方所谓的“普世价值”

“统治阶级的思想在每个时代都是占统治地位的思想。这就是说，一个阶级是社会上占统治地位的物质力量，同时也是社会上占统治地位的精神力量。”[①]任何一个国家的统治阶级，为了建立和巩固其经济、政治和文化上的统治，总要竭力维护和发展反映其根本利益和意志的意识形态，并以之为指导构建一套规范和调节该国社会关系和社会生活的价值观念。其中，居关键地位、起决定作用的价值观念，就构成了一定社会形态的核心价值观。

当前，对社会主义核心价值观带来最大挑战的首先是“普世价值”，而要分析和回应所谓“普世价值”给社会主义核心价值观带来的挑战，必须搞清楚什么是“普世价值”。

关于“普世价值”的理解，我们需要做简要的概括并予以批判性的分析。第一种是将“普世价值”理解为“普遍共享的客体”，即将“价值”直接等同于“价值物”（客体）。根据这一理解，有许多对所有人都具有珍贵价值的“东西”，是人们普遍需要的对象和普遍共享的客体。第二种是将“普世价值”理解为“普遍追求的目标和结果”，如“真、善、美、自由、平等、正义”等，都是人们所普遍追求的目标。第三种是将“普世价值”理解为“普遍遵循的规则和规范”，如“尊重生命和人权”“实行民主和法制”等，就先后被一些国际组织宣布为全球伦理或“普世价值”的原则。如果将“普世价值”理解为“普遍共享的客体”，那么，“普世价值”就不可能对社会主义核心价值观带来任何意义上的挑战。不仅社会主义的核心价值观，而且任何社会的价值观念，都不可能否认这种意义上的“普世价值”。但这一理解方式并未揭示“普世价值”的真实含义和本质，它仅仅强调了人们共同珍惜某些资源的重要性，却没有进一步探讨应当遵循怎样的

① 中共中央马克思恩格斯列宁斯大林著作编译局．马克思恩格斯选集：第 1 卷 [M]. 北京：人民出版社，2012：98.

价值原则在人们之间进行权利和义务的分配，以便更好地利用和保护这些资源。

“普世价值”的第二种理解方式，对社会主义核心价值观的挑战也只是潜在的。当前任何一个自命文明的国家，都不可能否认“真、善、美、自由、平等、正义”等基本价值。就这一点而言，这些价值目标确实是“普世”的。但每一国家都会因其现实社会生活和民族文化传统的不同而对这些基本价值及其排序与实现途径有不同的理解。将某一或某些国家、地区对这些基本价值及其排序与实现途径的具有特殊性的理解方式作为“普世价值”而强加于他人，则是一种文化霸权和话语霸权。社会主义核心价值观面临所谓“普世价值”的挑战，指的就是这一做法，即将对这些基本价值的西方式理解作为“普世价值”而强加于社会主义中国。

“普世价值”的第三种理解方式，实际上是第一、第二种理解方式的推进，即将“普遍共享的客体”和“普遍认同的目标”转化为“普遍的行为规则和规范”。但同样的问题是，制定规则的权力和标准在哪里？例如，作为抽象的规则和规范，民主与法制确实具有某种“普世性”，但作为具体的制度设计，西方式的民主和法制就不可能是适用于世界各国的“普世价值”。即使承认有某些普遍认同的价值目标，但实现这些价值目标的具体方式、途径，即规则、制度的设计和制定，也必然因各国自身的特殊性而有不同。只有当人们把某些特殊的制度设计看作普遍有效的而强加于社会主义国家时，对“普世价值”的第三种理解方式才构成对社会主义核心价值观的挑战。

所谓“普世价值”对社会主义核心价值观的挑战，其实质不在于是否承认存在抽象的“普世价值”，而在于把西方式的价值观念和制度设计当成“普世价值”而强加于社会主义中国。“普世价值”有一个西方中心主义的话语背景，罗马的雄心、基督教的框架和启蒙运动以来的主要概念，构成了西方普世主义的解释框架。这种解释框架认为西方现代价值是一种高于地方价值的普遍价值，对地方价值的承认不过是一种政治正确的姿态。这就使得关于普遍价值的争论由一个文化问题变为一个政治问题，企图通过“普世价值”干预我国的民主建设。“普世价值”论者总是将人的某些抽象本质看作共同的人性，并以此作为其立论的前提性假设。但并不存在这样的“共同人性”，“人的本质不是单个人所固有的抽象物，在其现实性上，它是一切社会关系的总和”[①]。抽象人性论忽略了现实社会生活对人性的决定和型塑作用，从而忽略了不同个人、不同群体之间现实存在着的差异，忽略了人性必然随社会生活的变化而变化、发展而发展这一事实。实际上，构成“普世价值”之立论基础的所谓“人性”，不过是西方特定生活方式尤其是现代资本主义生活方式的特定产物，并非人所共有的和固定不变的。作为人类社会发展的一个特定历史阶段，资本主义生活方式以及由此决定的人性，都有其固有的历史局限性。“普世价值”论者无视资本主义生活方式以及作为其产物的人性所固有的历史局限性而将其抽象化、永恒化、固定化，恰恰表明这些人本身还受到资本主义生活方式及其意识形态的限制。

当然，不能否认资本主义、资本主义条件下的人性以及建立在这一人性基础之上的自由、平等、博爱等价值观念具有一定的历史进步性与合理性。但相对于作为资本主义之克服与扬弃的社会主义而言，资本主义及其相应的价值观念也就在原则上丧失了其历史进步性与合理性。尽管资本主义价值观念与社会主义核心价值观在概念表达上有其表面的相似性，但二者的实质内涵却因各自立足点的不同而根本不同，一个立足于资本主义市民社会，另一个则立足于社会主义社会或马克思所说的“人类社会”。就其原则而言，社会主义核心价值观念是对资本主义价值观念的克服与扬弃、包容与超越。

首先，社会主义核心价值观的价值优势体现在真实性上。马克思主义经典作家把价值观念作为社会意识的一种重要形态，而社会意识在他们看来，“是直接与人们的物质活动，与人们的物质交往，与现实生活的语言交织在一起的。人们的想象、思维、精神交往在这里还是人们物质行动的直接产物。表现在某一民族的政治、法律、道德、宗教、形而上学等的语言中的精神生产也是这样”[②]。也

① 中共中央马克思恩格斯列宁斯大林著作编译局．马克思恩格斯选集：第1卷[M].北京：人民出版社，2012：56.

② 中共中央马克思恩格斯列宁斯大林著作编译局．马克思恩格斯文集：第1卷[M].北京：人民出版社，2009：524.

就是说，“物质生活的生产方式制约着整个社会生活、政治生活和精神生活的过程。不是人们的意识决定人们的存在，相反，是人们的社会存在决定人们的意识……我们判断一个人不能以他对自己的看法为根据，同样，我们判断这样一个变革时代也不能以它的意识为根据；相反，这个意识必须从物质生活的矛盾中，从社会生产力和生产关系之间的现存冲突中去解释”①。只有明确认识价值观念背后的社会生产方式、物质活动和经济基础，才可能说明其产生及变化。西方自由主义所假定的一些价值观念听起来可能冠冕堂皇，却没有反映社会生活的真实本质，只能具有随意性和游离性。社会主义核心价值观既有对现实社会生活的观照，又有价值性的关怀，使人们的价值追求变成了可以感知的社会存在。

其次，社会主义核心价值观的价值优势体现在人民立场上。社会主义核心价值观是反映社会主义价值追求的先进价值观。任何社会的核心价值观体现的都是这个社会占统治地位阶级的根本利益，奴隶社会的核心价值观必然体现奴隶主阶级的根本利益，封建社会的核心价值观必然体现封建地主阶级的根本利益，资本主义社会的核心价值观必然体现资产阶级的根本利益。科学社会主义，既是对社会主义运动规律的科学把握，又是基于历史必然性的价值诉求，二者在无产阶级的实践活动中实现统一。社会主义核心价值观同社会主义的经济基础以及政治制度相适应，应该也必须反映社会主义社会的本质要求。在社会主义中国，“以人民为中心的发展思想，不是一个抽象的、玄奥的概念，不能只停留在口头上、止步于思想环节，而要体现在经济社会发展各个环节。要坚持人民主体地位，顺应人民群众对美好生活的向往，不断实现好、维护好、发展好最广大人民根本利益，做到发展为了人民、发展依靠人民、发展成果由人民共享”②。社会主义制度是迄今人类社会最先进的社会制度，反映这种社会制度的核心价值观同样也体现了人类社会最先进的价值观要求。

最后，社会主义核心价值观的价值优势体现在人类视野上。社会主义核心价

① 中共中央马克思恩格斯列宁斯大林著作编译局．马克思恩格斯文集：第2卷[M].北京：人民出版社，2009：591-592.

② 习近平．习近平谈治国理政：第2卷[M].北京：外文出版社，2017：213-214.

值观吸收了人类优秀的价值理念，代表了人类社会前进的方向和价值理想。民主、自由、平等、法治、公正从来不是资本主义的专利，而是人类几千年文明成果的积淀和升华，反映了人类认识世界、改造世界的共同成果和基本规律。从历史发展来看，社会主义作为资本主义的对立物登上历史舞台，本身就是在吸收借鉴包括资本主义在内的人类一切文明成果的基础上发展起来的。在当代，社会主义要赢得与资本主义的比较优势，仍然需要进一步大胆吸收和借鉴人类社会创造的一切文明成果。社会主义核心价值观吸收了人类文明的优秀成果，超越了西方资本主义的价值观，代表了人类社会前进的方向和价值理想，体现出对现代人类文明发展的更高价值追求。

社会主义核心价值观的价值优势不是抽象的理论概括，而是建立在现实的基础之上。2011 年 5 月 20 日，瑞士达沃斯世界经济论坛主席克劳斯·施瓦布在中共中央党校以《全球合作面临的挑战》为主题发表演讲，他高度赞扬了中国经济和社会的发展。克劳斯·施瓦布说："我从 1979 年起经常访问中国，自此，我怀着崇高的敬意见证了中国在中国政府的英明领导下完成的转型。世界上还从来没有哪个国家能够连续三十多年保持如此幅度的经济增长和社会发展。同样值得称道的是，中国成为全球第二大经济体的时间比绝大多数人预测的时间提前了几乎十年。然而，最令人钦佩的还是，中国的经济增长已使数以亿计的人口摆脱了贫困，对全球减贫事业居功至伟。的确，中国对于当今世界的重塑产生了巨大的影响，在未来还将发挥更为重要的作用。"究竟是什么原因导致中国经济持续几十年的高增长率？中国发展奇迹不仅仅是简单的数字增长，最具历史意义的是这一奇迹背后所蕴含的制度和理念：到底存在不存在一条与西方资本主义不同的成功的发展道路以及制度和理念？这是近现代中国历次重大社会变革所关注的持久主题，也是广大发展中国家现代化过程中共同面临的抉择，如何回答这一问题在很大程度上决定着历史发展的方向和未来世界的面貌。

资本主义生产是建立在各个独立的私人资本在市场自由竞争的条件下追求价值增值的一种经济制度。各个资本家自由地不受限制地自主决策是它存在的根本条件。虽然说计划和市场都是手段，但不是可以任意选择的工具，从本质上看，哪种手段处于支配地位是由社会基本制度的根本性质决定的。资本主义私有制以及它的生产剩余价值这一根本生产目的决定了市场手段是占支配地位的调节方法。社会主义公有制所决定的生产的根本目的是全体社会成员的物质文化生活和全面自由发展的需要，这样的生产目的只有在社会依据生产力和生产关系发展规律的要求形成的社会预见指导社会生产才能实现。马克思明确指出，“构成资产阶级政治经济学实质的供求规律的盲目统治和构成工人阶级政治经济学实质的由社会预见指导社会生产”[①]。从根本上讲，市场作用的力度和方向是由它所依附着的基本制度决定的。在资本主义与社会主义这两种不同的经济制度下，市场机制作用的性质和力度也不一样。我们国家之所以在利用了市场经济以后，比老牌的市场经济国家更加发挥了市场的有利于经济发展的作用，是因为我们使它服从于我们基本制度的要求，基本制度也赋予了它新的能力，削弱了它的消极方面。这正是我们虽然与资本主义都同样在利用市场经济，但我们从整体上取得了比资本主义国家更大效率的原因。

社会主义基本制度与市场经济相结合，并不仅仅是社会公平与市场效率的简单结合，它是社会主义制度利用市场经济来发展自己，发展自己的生产力的问题。社会主义市场经济是以公有制为基础，其发展的社会目的是为了满足人民日益增长的需要，长远目标是逐步实现全体人民的共同富裕。

正因为如此，社会主义市场经济不同于西方世界的市场经济。也正因为如此，中国的上层建筑也必然不同于西方。当然，这也包括上层建筑的重要组成部分——社会主义核心价值观在内。社会主义核心价值观不是以抽象的人为主体，而是建立在特定的中国特色社会主义制度基础之上，并且起着稳定、巩固和发展中国特色社会主义制度的软实力作用。

社会主义核心价值观与西方的“普世价值”的差异不是名称的差异，而是根本价值取向的差异。不可否认，以“自由、民主、人权”为核心的西方价值观把人从“神权”和“君权”的束缚中解放出来，极大地发展了社会生产力，具有积

① 中共中央马克思恩格斯列宁斯大林著作编译局．马克思恩格斯选集：第 2 卷 [M]. 北京：人民出版社，2012：605.

极的历史意义。这是我们必须要承认的。但是，如果把“自由、民主、人权”冠以“普世价值”，力图改变我国的社会主义性质却是根本行不通的。“社会主义的本质，是解放生产力，发展生产力，消灭剥削，消除两极分化，最终达到共同富裕。”[①] 在我国，发展市场经济是为这一本质服务的。同样，坚守社会主义核心价值观也是出于这样的原因。在社会主义核心价值观的语境中，自由不是基于资本的自由，而是基于人民权利的自由；平等不再仅仅是法权的抽象平等，更不仅仅是周期性“投票权”的平等，而是人与人之间经济、政治、社会、文化等诸多方面的全面而又具体的平等；公正也不再是低于资本自由的次要价值观，而是规定社会主义人人平等、共同富裕、反映社会主义本质的核心价值观。从根本上讲，这种价值取向的差异是由社会主义制度与资本主义制度之间不同的经济基础所决定的。任何价值观念都是建立在特定的经济政治制度基础之上，不存在抽象意义的价值观念。这也是我们分析社会主义核心价值观与西方所谓的“普世价值”之间差异的关键所在。

社会主义核心价值观是以马克思主义为指导、以时代性和民族性为特征、以中国特色社会主义为理想的一种新的社会主义的价值观。它既吸收中国传统文化中的精华，也吸取世界文明的成果，因而它既具有民族性又具有时代性；但它始终是社会主义的核心价值，是与社会主义的经济和政治制度性质相一致的主导价值，而不是“普世价值”在中国的体现，也不是中国传统价值观的现代版。社会主义核心价值观是中国特色社会主义的身份标识、文化符号和文化内核，是中国作为大国走向世界的文化象征，是中国向世人展示的文化名片，是中华民族自立于世界的思想理论前提，是揭示中国特色社会主义身份密码的“DNA”，是“中国梦”的价值愿景。唯有通过社会主义核心价值观才能清晰地界定“我是谁”，在与“他者”的比较中才能清晰地显现自身的特殊性和差异性。

西方人在其思想旗帜上鲜明地写着“自由、民主、人权”几个大字，依凭“自由、民主、人权”的价值观通行全世界，以至于不少人把西方当成理想的天堂向往之。其实，我们只要仔细剖析资产阶级的核心价值观，不难发现资产阶级民主

① 邓小平.邓小平文选：第3卷[M].北京：人民出版社，1993：373.

革命胜利以后建立起来的资本主义社会仍然是一种“虚假的共同体”，它作为某种独立的、异己的东西同个人相对立。每个人都生存于这个“虚幻的共同体”中，在这里，所谓“自由”，就是商品交换和贸易的自由，就是“资本”和资本占有者的自由，就是资产者占有无产者创造的剩余价值的自由，就是无产者向资产者出卖劳动力的自由，就是劳动力的买卖自由，就是“最彻底地取消任何个人自由”，就是“自由得一无所有”，“自由的并不是个人，而是资本”；所谓的自由、民主、人权完全沦为虚假的东西。所谓“民主”，就是资产阶级内部的民主，就是资本家之间的民主，就是形式似乎真实而内容颇为虚假的有钱人的游戏。所谓“人权”，就是资产阶级的特有权利，“平等地剥削劳动力，是资本的首要的人权”，“被宣布为最主要的人权之一的是资产阶级的所有权”。西方价值观体系的实质远没有它所宣传的那么美丽，其核心就是“个人主义”“享乐主义”“拜金主义”。然而，西方国家却始终以普世价值标准的裁判者的身份出现，对非西方国家指手画脚。

综上，西方推行的并不是什么“普世价值”，而是他们自认为的“普世价值”，即有利于西方的价值外交的特殊价值。今天的中国，应该明确自信地表明自己的社会主义核心价值观，这是标识中国特色社会主义的身份密码，是我们向世人出示的一张名片。这张名片上写什么，不写什么，必须明确，不能含糊。如果我们自己含糊不清，就容易给别人随意杜撰和发挥的空间。青年的价值取向，既关系着自己的健康成长成才，又决定着未来整个社会的价值取向。青年是引风气之先的社会力量。在全社会培育和弘扬社会主义核心价值观，需要大学生始终走在时代前列，成为社会主义核心价值观的坚定信守者、积极传播者、模范践行者。

第四章　不断提升高校辅导员工作专业化水平

我国高等学校辅导员（以下简称“高校辅导员”）工作有着悠久的历史传统，在高等学校的日常运行当中占据着非常重要的地位。党和国家领导集体一直都高度重视高校辅导员工作队伍的建设问题。2005 年 1 月，教育部《关于加强高等学校辅导员班主任队伍建设的意见》特别强调了高校辅导员工作的重要作用，指出“辅导员、班主任是高等学校教师队伍的重要组成部分，是高等学校从事德育工作，开展大学生思想政治教育的骨干力量，是大学生健康成长的指导者和引路人”[①]。在长期的发展过程中，我国高校辅导员工作积累了许多宝贵的历史经验并取得了明显的成效。但我们也应该看到，当前的高校辅导员工作面临着许多新情况、新问题，还不能很好地适应新形势下加强和改进大学生思想政治教育的需要。因此，如何进一步增强高校辅导员的育人实效，已经成为我国高等教育改革发展内在的迫切要求。

第一节　我国高校辅导员工作专业化的基本内涵

北京师范大学顾明远教授曾经提到：“社会任何一种职业，越具有很强的不可替代的专业性，它的社会地位才会越高。一个人人都可以干的职业，是不会得到社会的重视和尊重的。”[②] 高校辅导员工作这一职业也不例外。有学者也指出：

---

① 中共中央宣传部宣传教育局，教育部社会科学研究与思想政治工作司，共青团中央学校部．加强和改进大学生思想政治教育文件选编 [M]. 北京：中国人民大学出版社，2005：119.

② 顾明远 .EDM 教育：提高教师水平的重要举措 [J]. 中国高等教育，2001（7）：15.

“就像律师、医生等高度专业化的职业一样，高校辅导员是一个多门专业知识和技能综合（如成长心理、学习心理、职业心理、组织行为、社会职业、道德、法律、政治等专业以及人际交往、演讲、社团组织、宣传、心理咨询等技艺）又自成专业体系的一个社会职业岗位。上岗者必须掌握专门的知识，形成专门的技能，对高校学生遇到的事情的理解比其他任何人都更深刻，对困扰学生的问题的了解比学生本人更加透彻，能够运用自己的专业、技能、经验为学生提供指导，并能为学生所接受。”① 专业化已然成为高校辅导员工作的发展趋势和研究方向。

一、相关概念的界定

（一）“高校辅导员”的概念界定

我国高校辅导员的称谓经历了一个相对动态的演变历程。最初是（学生）政治辅导员，而后是专职政治工作干部、思想政治教育工作者，再到目前的辅导员。需要说明的是，虽然人们对这几种称谓经常相互通用，但在较长的时间内使用更多的是“政治辅导员”。

2004 年 8 月，中共中央、国务院《关于进一步加强和改进大学生思想政治教育的意见》颁布以后，人们逐渐统一到“高校辅导员”这一称谓上来。例如，教育部《关于加强高等学校辅导员班主任队伍建设的意见》就提到：“辅导员、班主任是高等学校教师队伍的重要组成部分，是高等学校从事德育工作，开展大学生思想政治教育的骨干力量，是大学生健康成长的指导者和引路人。”② 又如，2005 年河北人民出版社出版的《高等学校辅导员工作实论》泛指“高校辅导员”是“高等学校专职从事学生班级思想政治工作，对学生在思想、学习和生活等方面进行教育、管理和服务的人员”③。再如，2006 年中国言实出版社出版的《高校辅导员理论与实务》则认为：“我国高校辅导员在理解上至少有六种思路。一

① 教育部思想政治工作司. 高等学校辅导员培训教程 [M]. 北京：高等教育出版社，2006：285.

② 中共中央宣传部宣传教育局，教育部社会科学研究与思想政治工作司，共青团中央学校部. 加强和改进大学生思想政治教育文件选编 [M]. 北京：中国人民大学出版社，2005：119.

③ 杨春英，范千文. 高等学校辅导员工作实论 [M]. 石家庄：河北人民出版社，2005：2.

是思想政治教育工作者，二是班级学生事务服务者，三是德育教师，四是辅导咨询顾问，五是班级（楼）的领导者和管理者，六是国家和地方党政后备干部的重要来源。”[①] 由此可见，虽然我国高校辅导员的称谓经历了一个动态演变的过程，但对高校辅导员的核心界定是始终如一的、相对稳定的。人们对其普遍认同的核心界定就是：高校辅导员始终是实施大学生思想政治教育工作的可以完全信赖的中坚力量。

需要特别指出的是，虽然我国高校辅导员作为实施大学生思想政治教育的重要组成部分而带有鲜明的中国特色，但与其他国家高校的学生事务（student affairs）人员在工作理念、工作范围、工作职能等方面存在较大的重合性和互通性，具有较强的可比性。首先，就教育内容而言，我国大学生思想政治教育包括政治教育、法制和纪律教育、道德教育、思想（世界观、人生观、价值观）教育、人格教育等诸多方面，涉及大学生群体的思想意识、文化心理和行为模式等各个层面。而这些教育内容事实上在世界其他各国的高等教育中都或明或暗地客观存在。我国教育学者黄向阳就曾提到：“近几十年来，国际社会特别是资本主义世界强烈地意识到，随着现代社会生活的演进，单纯的道德教育不足以使学生社会化。在学校德育实践中保持所谓的‘政治中立’或‘价值中立’，不但显得虚伪，而且根本就不可能。世界各国比以往任何时候都更加强调对年轻一代的政治、法制教育以及宗教的或世俗的世界观和人生观教育，试图通过各种改革加强道德教育与政治教育、法制教育、思想教育的联系。”[②] 美国学者阿普尔也曾“坚决认为教育并非一个价值中立的事业，就教育制度而言，无论教育工作者是否意识到，他们已经卷入到一种政治活动”[③]。因此，“如果我们不为‘名’所囿，就应该承认，思想政治教育在现代，每个国家都有，并不是只有社会主义国家才有”[④]。具体到美国高校学生事务方面，美国学者则更进一步指出：“在服务的背后，美

① 陈立民 . 高校辅导员理论与实务 [M]. 北京：中国言实出版社，2006：3-4.

② 黄向阳 . 德育原理 [M]. 上海：华东师范大学出版社，2000：8.

③ 阿普尔 . 意识形态与课程 [M]. 黄忠敬，等译 . 上海：华东师范大学出版社，2001：1.

④ 陈立思 . 当代世界的思想政治教育 [M]. 北京：中国人民大学出版社，1999：1-3.

国大学的‘学生工作’其实包含很多用心良苦的‘教育’内容。”[①]其次，我国高校辅导员的服务色彩愈加浓厚，服务领域不断拓展。具体服务内容包括了人际交往指导、就业面试指导、社会实践指导、心理健康指导、职业生涯指导等方面。尤其是在大学生就业指导方面，教育部还组编了全国高校通用教材。应该说，在世界高等教育界相互交流学习不断深化的背景下，我国高校辅导员的服务职能也日趋完善。最后，我国高校辅导员工作在保留好的传统经验基础上，也借鉴了国外高校不少行之有效的管理模式。

综上所述，本书对“高校辅导员”的概念界定为：在高等学校里，有组织、有计划地针对大学生群体的发展特点和内在需要，实施社会主导意识形态传播、行为规范引导、心理健康教育、职业生涯指导、日常事务管理、法律事务咨询等教育任务的一线教育工作者。

（二）“专业化”的概念界定

作为社会学的一个分支学科，专业社会学（the sociology of profession）在西方国家已经有半个多世纪的发展历史，专业（profession）、专业人员（professional）、专业性（professionalism）、专业化（professionalization）等是其核心概念和术语。[②]本书所论述的“专业”是个社会学的概念，既非教育学的“学科专业”词组所蕴含的“专业”定义，又非汉语语义学中通常阐释的“专业”含义。这里所探讨的“专业化”亦属于社会学范畴。

要想明确界定“专业”的内涵，必须先从社会学的视野考察“职业”和“专业”的发展进程。1991年版的《中国大百科全书（社会学卷）》对“职业”的界定为“职业是随着社会分工而出现的，并随着社会分工的稳定发展而构成人们赖以生存的不同的工作方式”[③]。从人类社会的发展历程来看，职业（occupation）是人类所独有的，但不是天然而生的，其内涵与外延也不是亘古不变的，而是随

① 程星．细读美国大学[M]．北京：商务印书馆，2004：173.

② 刘捷．专业化：挑战21世纪的教师[M]．北京：教育科学出版社，2002：47.

③ 中国大百科全书编辑委员会．中国大百科全书：社会学卷[M]．北京：中国大百科全书出版社，1991：475.

着人类社会的发展进步以及劳动分工的日益细化而与时俱进的。到目前为止，职业作为人们的谋生手段已经发展到成千上万种。伴随着职业发展的日益细化以及人们对职业要求的不断提高，职业本身也从早期的自然分工、简单的重复性劳动衍生出不是人人都会、不学即能而是需要较长期教育培养才能完成的、非“万金油式”的专门职业，即“专业”。专业是人类社会分工、职业分化的必然产物。从词源上来看，“专业”（profession）一词由拉丁语演化而来，其最早的含义是指公开地表达自己的观点或信仰。与“专业”相对应的词是“行业”（trade），“行业”一词则更多地带有中世纪欧洲手工行会所保留的对其行业的专门知识和技能只传授给本门派的神秘色彩。然而，作为一种社会现象，专业最早出现于中世纪以后的欧洲，医师、律师和牧师等职业最早被公认为专业。社会学家卡尔－桑德斯（Carr-Saunders）认为专业的形成直接来源于中古世纪以来的行会组织并提出：“所谓专业是指一群人在从事一种需要专门技术的职业。专业是一种需要特殊智力来培养和完成的职业，其目的在于提供专门性的服务。”[①]一般而言，专业区别于职业不仅在于深奥的知识培养以及复杂的技能训练，更在于专业的从业人员群体所具备的崇高的事业奉献精神以及较强的创新意识。因此，社会学中的“专业”就是指需要经过专门的教育训练，拥有专门的知识和技术体系，形成一套比较成熟的专业标准，并且从业人员具备较强的事业奉献精神和创新意识的专门职业。目前，若干职业如律师、医师、会计师、工程师等早已被列入专业的范畴，但教师的专业地位仍然存在较大的争议。在现实生活当中，教师常常被视为边际专业人员（marginal professionals）或半专业人员（semi-professionals）。如何提高整个教师职业的专业地位以及加快教师群体的专业化进程已经成为当前教育学、教育管理学、教育社会学等学科关注研究的热点话题。

按照《辞海》（缩印本）的解释，“化”就是“表示转变成某种性质或状态。如：绿化；电气化；大众化”[②]。从社会学的视野来看，“专业化”就是特指职业的专业化。教育社会学者霍伊尔（Hoyle）提出，职业专业化“是指一个职业（群体）

---

① Carr-Saunders. The profession[M]. Oxford: Clarendon Press,1987：3-4.

② 辞海编辑委员会 . 辞海 [M]. 上海：上海辞书出版社，1980：208.

经过一段时间后成功地满足某一专业性职业标准的过程”；“它涉及两个一般是同时进行并可独立变化的过程，即作为地位改善的专业化和作为专业发展、专业知识提高以及专业实践中技术改进的专业化”[①]。在这里，“专业化”就是一方面关注从业人员职业行为和服务质量的改进；另一方面关注整个群体职业社会地位的提升。原教育部师范教育司司长马立认为“专业化”是指“一个职业经过一段时间后不断成熟，逐渐获得鲜明的专业标准，并获得相应的专业地位的过程。在某一职业逐步专业化过程中，一些带标志性的专业标准逐步形成”[②]。有学者更是把“专业化”的概念具体应用到教师职业领域，并提出教师专业化（teacher professionalization）或称教师专业社会化（teacher professional socialization）是指“教师个体专业水平提高的过程以及教师群体为争取教师职业的专业地位而进行努力的过程，前者是指教师个体专业化，后者是指教师职业专业化。教师个体专业化与教师职业专业化共同构成了教师专业化”[③]。

综合以上分析，作为一个社会学概念，“专业化”特指职业的专业化，通常包含两层含义：一是指一个职业经过一段时间后不断成熟，逐渐符合专业标准，成为专门职业并获得相应的专业地位的动态过程，可以用 professionalization 一词来表示；二是指一个职业群体的专业性质水平以及专业发展所达到的相对稳定的静态情况，可以用 professionalism 一词来表示。本书侧重于“专业化”第一种含义的使用。作为高校教师的重要组成部分，清晰明确的高校辅导员工作专业化概念还需要我们做更进一步的深入研究。但是，根据“专业化”第一种含义的理解，高校辅导员工作专业化就是指高校辅导员个体专业水平（包括专业信念、专业知识、专业技能、专业精神等）提高的过程以及高校辅导员群体为争取辅导员职业的专业地位而持续努力的过程。前者是指发展高校辅导员个体的专业知识、专业技能、专业精神等，提高他们的教育和工作水平，实现个体的专业化。后者则是指高校辅导员群体的整体垂直向上流动，实现高校辅导员的职业专业化。前者是

① 刘捷 . 专业化：挑战 21 世纪的教师 [M]. 北京：教育科学出版社，2002：81.

② 教育部师范教育司 . 教师专业化的理论与实践 [M]. 北京：人民教育出版社，2003：11.

③ 刘捷 . 专业化：挑战 21 世纪的教师 [M]. 北京：教育科学出版社，2002：81.

后者实现的基础和源泉，后者是前者的保障和必然发展趋势。两者共同构成了高校辅导员工作专业化。

二、专业化的相关标准

毋庸置疑，专业化有助于提升相关从业人员的社会地位。不同职业由于其专业发展水平不同，其社会地位存在着较大差异。“由于那些被社会认可为专业的职业群体一方面对社会有不可或缺的功能，社会赋予从业人员极大的责任并提出了很高要求；另一方面，从业人员在掌握专业知识和技能、履行社会职责过程中要花费更多的社会必要劳动时间，因此专业群体拥有更多的社会地位资源，如权力、工资、晋升机会、发展前途、工作条件、职业声望等。换言之，能占据社会分层中的较上层。因此，对于一些新兴职业来说，其专业化的过程就是提升职业群体社会地位的过程。”① 职业专业化是改善从业人员地位和工作条件等最为有效的中长期战略。

不难看出，虽然人们对专业化标准的相关表述不尽一致，但对专业化标准的核心界定却是大同小异的。原教育部师范教育司组织编写的《教师专业化的理论与实践》也提到了一种职业如果要被认可为专业，应该具备以下三个方面的基本特征：一是专门职业具有不可或缺的社会功能，即对社会的发展具有一定的推动作用；二是专门职业具有完善的专业理论和成熟的专业技能，需要经过严格的专业训练；三是专门职业具有高度的专业自主权和权威性的专业组织，实施专业行为守则。② 目前，这三个方面的基本特征已经成为评价我国教师专业化的理论指导和实践指南。由此可见，关于专业化标准的研究成果不但非常丰富，而且其中不少成果已经从纯粹的学术探讨转化为实践操作层面。这从美国全国教育协会的八条专业标准和目前我国积极实施的教师专业化实践就可以清晰感受到。毫无疑问，这些都为我国高校辅导员工作的专业化标准研究提供了非常有益的借鉴。

在借鉴学者诸多研究成果的基础上，尤其是借鉴了美国全国教育协会的专业

① 教育部师范教育司．教师专业化的理论与实践 [M]．北京：人民教育出版社，2003：45.

② 教育部师范教育司．教师专业化的理论与实践 [M]．北京：人民教育出版社，2003：46-56.

化标准以及我国教师专业化的实践，笔者认为我国高校辅导员工作专业化标准研究可以从以下六个方面来展开。

一是明确高校辅导员的角色定位，保持清晰的工作权限，形成自己的专业信念、专业道德、专业行为和专业判断。

二是建构适用于高校辅导员工作相对完整的理论知识和技能体系，指导具体的实践活动。

三是确保高校辅导员群体能够不断获得学习进修的机会，完善自己的专业知识结构和专业素养。

四是拥有相对独立的自治权，能够对高校辅导员工作的内部事务作出独立的价值判断并受到其他教职人员的认可。

五是以服务为职业导向。高校辅导员群体不仅能够为不同学生提供优质的专业服务，而且更要在服务中不断自觉提高自身的专业水准。

六是成立权威性的高校辅导员工作专业组织，利用多种载体开展专业活动，进而形成高校辅导员群体的专业归属感。

第二节　我国高校辅导员工作专业化的提出缘由

高校辅导员是高等学校从事德育工作、开展大学生思想政治教育的骨干力量，是大学生健康成长的指导者和引路人。2004年8月，中共中央、国务院下发的《关于进一步加强和改进大学生思想政治教育的意见》中特别强调要着力建设一支高水平的辅导员队伍。2005年1月，教育部专门发布了《关于加强高等学校辅导员班主任队伍建设的意见》。每年一度的高校“十佳辅导员”评选活动以及相关的高校辅导员培训基地等也已经初具规模，社会反响强烈。这些都充分表明了党和国家对高校辅导员队伍专业化建设的关心。

一、我国高校辅导员工作的历史沿革

认真梳理我国高校辅导员制度的历史脉络，是进一步加强和改进高校辅导员队伍建设的前提性条件。

（一）发轫伊始："政治指导员"工作

我国高校辅导员制度最早可以追溯到黄埔军校设置的政治部。在中国共产党的建议下，1924 年 5 月国民党在黄埔军校设置了政治部，其主要任务就是把政治教育提到和军事训练同等重要的地位，注重培养学生的爱国思想和革命精神。黄埔军校政治部的工作对党代表负责，接受党代表的命令和指导，任务是培植学生的国民革命意识。对内，负责政治训练，指导党务活动；对外，负责宣传和组织民众，推动国民革命。这一时期，黄埔军校政治部已经建立了比较完善的政治工作制度。政治部内设置了指导、编纂、秘书三股，各股的日常工作主要是：制定政治教育计划和大纲；出版政治刊物《军事政治月刊》和《士兵之友》；指导学生社团和党务活动，组织学生开展政治演讲或专题讨论等。政治部的建立既是黄埔军校同一切旧式军校根本不同的地方，也是我党学生工作理论系统化、实践具体化的肇始。这也标志着政治指导员工作开始以其鲜明的政治色彩和政治启蒙的角色定位登上了历史舞台，并且作为一门新兴的职业找到了自身独有的不可替代的生存和发展空间。

针对中国共产党人在黄埔军校的政治教育实践创举，毛泽东在抗日战争开始后不久说过："国民党的军队本来是有大体上相同于今日的八路军的精神的，那就是在一九二四年到一九二七年的时代。……那时军队有一种新气象，官兵之间和军民之间大体上是团结的，奋勇向前的革命精神充满了军队。那时军队设立了党代表和政治部，这种制度是中国历史上没有的，靠了这种制度使军队一新其面目。"[①] 黄埔军校设立政治部的成功经验在中国共产党以后创立的各革命根据地的各类高等院校中都得到了延续、保留和创新。以毛泽东为代表的中国共产党人十分注重总结黄埔军校政治指导员的成功经验，并且广泛运用于各根据地革命政权的教育事业当中。在具体实践过程中，我党领导的各革命根据地先后提出了教育要"养成智力和劳力作均衡发展"的原则和反对"三隔离"、实行"三化"的方针，指出"今后文化教育总的方针，应该是加紧群众阶级的政治教育，提高群众对革

① 毛泽东 . 毛泽东选集：第 2 卷 [M]. 北京：人民出版社，1991：380.

命战争的热情及战争胜利的信心和决心，发展识字运动，扫除文盲，着重青年儿童的文化教育；发展新的社会力量，反对把文化与斗争隔离，与工农群众实际生活隔离，以及把劳动与知识隔离开来；实行政治化的、社会化的、劳动化的教育”[①]。尤其值得一提的是，作为革命根据地教育典型代表的中国人民抗日军事政治大学的办学实践。在强调“政治化、社会化、劳动化”的“三化”教育方针的指导下，中国人民抗日军事政治大学沿袭了黄埔军校创立的政治指导员工作，设立了政治部负责全校的思想政治工作。全校学员编成若干大队，大队下设若干支队，支队再下设若干中队。学校政治部给大队设立了政治委员，支队配备了政治协理员并且给基层中队设置了政治指导员。而政治指导员的工作就是全面负责学员的思想、学习、健康和生活等方面，其中尤以政治启蒙为重。后来的实践充分证明了学校政治指导员工作不但符合当时社会的发展态势，更是成效卓越的。

（二）步入正轨：政治辅导员制度确立

1949 年中华人民共和国成立后，中国社会整体发生了根本性变化。我党在取得革命的全国胜利后，在教育方面的首要任务就是要对旧中国的教育进行思想改造和重建。当然，高等教育也不例外。1949 年 12 月，第一次全国教育工作会议提到高等教育要“吸收旧教育的某些有用的经验，特别要借助苏联教育建设的先进经验，建设我们的‘以提高人民文化水平，培养国家建设人才，肃清封建的、买办的、法西斯主义的思想，发展为人民服务的思想为主要任务’的新民主主义教育”[②]。同时还特别强调指出：“对新区学校安顿以后的主要工作，是有计划、有步骤地在教师和青年学生中进行政治与思想教育，其主要目的乃是逐步地建立革命的人生观。”[③]1950 年 6 月，时任教育部部长马叙伦在第一次全国高等教育会议的开幕词中更进一步提出：“我们的高等教育必须密切地配合国家经济、政治、文化、国防建设的需要……决不能重蹈过去所谓‘为学术而学术’的覆辙，

---

① 赣南师范学院，江西省教育科学研究所 . 江西苏区教育资料汇编 [M]. 南昌：江西教育出版社，1985：147.

② 何东昌 . 中华人民共和国重要教育文献 [M]. 海口：海南出版社，1998：8.

③ 何东昌 . 中华人民共和国重要教育文献 [M]. 海口：海南出版社，1998：9.

忽视人民和国家的需要。”同时，“我们的高等教育应该随着国家建设的逐渐走上轨道，逐步走向计划化。中国过去是一个半殖民地半封建的国家，经济政治的不统一，反映到高等教育方面就是极端的无政府状态，各立门户、各自为政。现在新中国已经有了坚强的政治和经济的统一，我们的教育工作就应该以此为基础，在统一的方针下，逐渐做有计划的布置和开展”①。由此可见，在中华人民共和国成立后的相当一段时间内，我国高等教育的主要任务是完成彻底的思想改造并配合计划经济体制的建立而作出相应的调整。

针对中华人民共和国刚成立所面临的复杂的国际国内斗争形势，教育部于1951年10月向各大行政区、内蒙古自治区、华北五省二市教育（文教）部门、厅局发出《关于加强对学校政治思想教育的领导》的指示，要求各类学校要加强思想政治工作。同时为了更好地适应国家全面建设的需要，教育部还专门针对高等学校的实际情况进行了一系列全新的制度设计。高等学校政治辅导员制度正是在这种背景下正式诞生的。1952年10月，教育部在《关于在高等学校有重点地试行政治工作制度的指示》中专门提到：“全国高等学校经过‘三反’运动和思想改造、忠诚老实学习以后，进一步肃清了封建、买办、法西斯思想，批判了资产阶级思想，整顿了教师的队伍，初步树立起工人阶级的思想领导，教职员工的政治觉悟空前提高。在这种情况下，亟需进一步在高等学校中建立政治工作制度，以加强政治领导，改进政治思想教育，开展马克思、列宁主义的思想建设工作，为全国高等学校教育建设事业打下坚强的政治基础。为了达到上述目的，全国高等学校在思想改造学习后，应有准备地在校内设立政治工作机构，其名称可称为政治辅导处。”②具体而言，政治辅导处的工作包括指导全体教职员工的政治理论学习；协助教务处指导马克思列宁主义理论课程的教学；指导全校教职员工和学生的社会活动以及掌握教职员工和学生的政治思想情况，管理教职员工和学生的历史、政治材料，主持毕业学生的鉴定，参加毕业生的分配工作，参加教职员工的聘任、升迁、奖惩等工作。同时，该指示还进一步明确规定了政治辅导处的

① 何东昌．中华人民共和国重要教育文献[M].海口：海南出版社，1998：26.

② 何东昌．中华人民共和国重要教育文献[M].海口：海南出版社，1998：176.

人员构成、辅导员的具体工作职责以及他们未来的职业走向。“政治辅导处设辅导员若干人，应就教师和学生中选择具有一定理论水平和政治品质优良者充任。其主要任务为：在政治辅导处主任领导下辅导一系或几系学生的政治学习和社会活动，组织推动教职员的政治理论学习和社会活动。政治辅导员中应选择若干人兼任政治理论课助教，以便逐渐培养成为政治课教员。”① 在该指示的指导下，全国高校开始系统地摸索建立政治辅导员制度，以清华大学创立的“两个肩膀挑担子”的政治辅导员制度为突出代表。1953 年 4 月 3 日，清华大学在《关于设立政治辅导员制度向中央高等教育部、中央人事部的请示报告》中写道：“为了加强对学生的政治思想教育，保证学习任务的完成，并减少学生中党团员骨干的社会工作至政务院规定的每周六小时的限度，我们拟根据 1952 年政务院批准的全国工学院院长会议决议设立政治辅导员制度。办法是：拟选学习成绩优良，觉悟较高的党团员担任辅导员，其学习年限延长一年，学科则相应减少，每周进行二十四小时工作，这样，并可培养辅导员成为比一般学生具有更高政治质量及业务水平的干部。由于今后政治工作必须密切结合学习进行，辅导员由于具有一定业务水平，及其在学习上的模范作用，对展开工作会是有很大便利的。”② 同年，清华大学设立了政治辅导处，并从各系三年级学生中挑选了 25 名学习成绩优秀、政治觉悟较高、有一定工作能力的学生党员担任第一批政治辅导员。

1958 年 9 月，中共中央、国务院下发的《关于教育工作的指示》中明确宣布：“党的教育工作方针，是教育为无产阶级政治服务，教育与生产劳动相结合。”③ 在这里，首次明确提出了社会主义教育的目的和要求，即培养什么人和如何培养人的问题。为了更好地实现社会主义教育的总目标并保障高校思想政治工作的实效，中共中央于 1961 年 9 月批准试行的《教育部直属高等学校暂行工作条例（草案）》特别

① 何东昌 . 中华人民共和国重要教育文献 [M]. 海口：海南出版社，1998：177.

② 方惠坚 . 双肩挑——清华大学学生辅导员工作四十年的回顾与探索 [M]. 北京：清华大学出版社，1993：5-6.

③ 何东昌 . 中华人民共和国重要教育文献 [M]. 海口：海南出版社，1998：859.

提到："为了加强思想政治工作，要在大学一、二年级设政治辅导员或者班主任，从专职的党政干部、政治理论课教师和其他青年教师中挑选有一定政治工作经验的人担任。同时，要逐步培养和配备一批专职的政治辅导员。"[①] 此后，全国各类高等学校按照这一要求普遍建立了政治辅导员制度。教育部于1965年制定的《关于政治辅导员工作条例》将政治辅导员的地位、作用等一系列问题作出了更进一步的明确规定。政治辅导员制度的普遍建立标志着高校思想政治工作规范化、常态化的开始，建构起了在学校党委领导下的由校系两级党政工作部门、学生工作部门和年级政治辅导员为主要构架的学生思想教育与管理相结合的工作体系。

（三）凤凰涅槃：重构政治辅导员声誉

1978年4月，邓小平同志在全国教育工作会议上特别提到："学校要大力加强革命秩序和革命纪律，造就具有社会主义觉悟的一代新人，促进整个社会风气的革命化。"[②] 此后，我国高等教育界开始有意识地系统恢复"文革"前建立的行之有效的规章制度。同年6月，邓小平同志在听取清华大学的工作汇报时明确指示："在学校工作的干部，本身要懂行，最主要的经验是这个。清华过去从高年级学生和青年教师中选出人兼职作政治工作，经过若干年的培养形成了一支又红又专的政治工作队伍，这个经验好。"[③] 这项得到邓小平同志直接首肯的经验便是"双肩挑"政治辅导员制度。1980年4月，教育部、共青团中央联合下发的《关于加强高等学校学生思想政治工作的意见》也强调了"双肩挑"政治辅导员制度的积极意义，并指出："各校要根据具体情况建立政治辅导员制度或班主任制度。政治辅导员和班主任应从政治、业务都好的毕业生中选留或从教师中选任。他们要既做学生思想政治工作，又要坚持业务学习，有的还要担负一部分教学任务。"[④]1984年11月，中共中央宣传部、教育部联合下发的《印发〈关

① 中国教育年鉴编辑部. 中国教育年鉴[M]. 北京：中国大百科全书出版社，1984：238.

② 中国教育年鉴编辑部. 中国教育年鉴[M]. 北京：中国大百科全书出版社，1984：235.

③ 蒋南翔文集编写组. 蒋南翔文集：下卷[M]. 北京：清华大学出版社，1998：927.

④ 何东昌. 中华人民共和国重要教育文献[M]. 海口：海南出版社，1998：1808.

于加强高等学校思想政治工作队伍建设的意见〉的通知》更进一步指出了高校政治辅导员的发展方向是党政干部或马列主义理论教师、共产主义思想品德教师或业务课教师三种职业走向。在很大程度上，“文革”结束后全国高校政治辅导员制度的重构就是以清华大学的“双肩挑”政治辅导员制度的成功经验为蓝本，并且结合各校的具体校情而建构了一支专兼职相结合的思想政治工作队伍。

需要特别强调指出的是，这种高校政治辅导员制度的重构并非简单的复制。这一时期重构的高校政治辅导员制度带有鲜明的发展特征，得到了更进一步的完善。主要表现在以下两个方面。

一是明确高校政治辅导员角色定位，实行教师职务聘任制。针对恢复高校政治辅导员声誉过程中存在的问题，时任教育部部长蒋南翔同志在 1980 年 12 月的教育工作座谈会上特别指出：“为了切实加强学校中的思想政治工作，需要整顿、重建政治工作队伍。现在政治工作干部的劳动和贡献得不到应有的承认，今后应当改变这种情况。”①1981 年 8 月 5 日，蒋南翔同志在全国学校思想政治教育工作会议上的讲话中专门提到：“这里，需要着重说明一下应该如何看待学校的政工干部。有人认为只有从事专业教学的人才算作教师，这种看法是不全面的。社会主义学校不同于资产阶级学校，社会主义学校重视用马克思主义世界观和共产主义道德教育学生。学校政工干部同教师一样，都是教育工作者，都是学生的老师。优秀的政工干部和优秀的教师对于培育青少年，都起着重要作用。他们当得起人类灵魂工程师的光荣称号。”② 同年 9 月，蒋南翔同志在第五届全国人大常委会第二十次会议上的汇报中再次强调：“学校政工干部同教师一样，都是教育工作者，都是学生的老师。他们的劳动和贡献，同样应该得到社会的承认、支持和鼓励。”③ 高校的学生政治工作干部，既是党的政治工作队伍的一部分，又是师资队伍的一部分，担负着全面培养学生的重要任务。此后，高校政治辅导员逐步纳入教师系列并实行教师职务聘任制。

① 何东昌 . 中华人民共和国重要教育文献 [M]. 海口：海南出版社，1998：1877.

② 国家教育委员会政策法规司 . 十一届三中全会以来重要教育文献选编 [M]. 北京：教育科学出版社，1992：557.

③ 何东昌 . 中华人民共和国重要教育文献 [M]. 海口：海南出版社，1998：1976.

二是设置思想政治教育学科，为高校政治辅导员工作提供专业支撑。1980年6月，第一机械工业部和全国机械工会、中国社会科学院心理研究所提出“思想政治工作要科学化”的论题，在《光明日报》《人民日报》等报刊上展开了讨论。同年9月，钱学森在《文汇报》发表文章，提出要早日建立马克思主义德育学。1981年8月，蒋南翔同志在全国学校思想政治教育工作会议上提到“思想政治教育也是一门科学，需要不断积累和总结经验，探索客观规律”[①]。这样，全社会开始逐渐接受、认可思想政治工作科学化的命题。1984年4月13日，教育部下发的《关于在十二所院校设置思想政治教育专业的意见》指出：“为了适应新的历史时期思想政治工作的需要，教育部决定在部分高等学校设置思想政治教育专业，采取正规化的方法培养大专生、本科生和第二学士生等各种规格的思想政治工作专门人才，有条件的还可培养研究生。”[②]从1984年开始，在教育部的统一规划下，复旦大学、武汉大学、上海交通大学等高等院校开设了思想政治教育专业，招收本科班、助教进修班、第二学士学位班和硕士研究生班。1996年，中国人民大学、武汉大学、清华大学成为全国第一批拥有“马克思主义理论教育与思想政治教育”博士学位授予权的高校。2005年5月11日，中宣部和教育部联合下发的《关于加强和改进高等学校哲学社会科学学科体系和教材体系建设的意见》提出设立马克思主义理论一级学科，思想政治教育专业独立成为该学科下的二级学科。经过几十年的学科建设，思想政治教育专业已经建立起一个从本科到博士研究生的完整培养体系，为高校政治辅导员工作队伍的发展完善提供了一个专门的知识体系。一大批高校辅导员通过就读思想政治教育专业的硕士学位、博士学位，已经成长为大学生思想政治教育方面的专家学者。

（四）顺势而进：高校辅导员职能拓展

随着我国经济体制改革的日益深入，高等教育体制改革也已提上日程。1985

① 国家教育委员会政策法规司.十一届三中全会以来重要教育文献选编[M].北京：教育科学出版社，1992：557.

② 何东昌.中华人民共和国重要教育文献[M].海口：海南出版社，1998：2171.

年3月，中共中央颁发的《关于科学技术体制改革的决定》拉开了高等教育体制改革的帷幕。同年5月，中共中央又在下发的《关于教育体制改革的决定》中进一步强调指出："面对着我们对外开放、对内搞活，经济体制改革全面展开的形势，面对着世界范围的新技术革命正在兴起的形势，我国教育事业的落后和教育体制的弊端就更加突出了。"[①] 因此，对我国的教育体制进行系统的改革势在必行。该决定特别强调所有的高等学校"要改革大学招生的计划制度和毕业生分配制度，改变高等学校全部按国家计划统一招生，毕业生全部由国家包下来分配的办法"[②]。同时提到了高等学校后勤社会化的改革方向。从此以后，我国高等学校的招生计划、毕业生就业、教学管理以及后勤管理等诸多方面都进行了系统的改革。尤其是在高校扩招后，高等教育界的改革进程明显加快。

毋庸置疑，这些改革都不可避免地冲击到高校辅导员工作。伴随着大学生源的大众化、来源的多元化、管理的复杂化，传统的高校辅导员工作职能已经不能完全适应形势的发展需要。面对高等教育的种种变革与转型，高校辅导员队伍同样也在顺势而进，寻找新的生长点。1993年1月，国务院批转的《关于加快改革和积极发展普通高等教育的意见》中明确指出，高等教育改革和发展的主要任务是"坚持社会主义办学方向，改革高等教育办学和管理体制，转变政府管理部门职能，扩大学校办学自主权，改革学校内部管理体制和运行机制，深化教育和教学改革，探索高等教育发展的新路子"[③]。显然，高校辅导员队伍面临的不是去留的问题，而是如何留下并更好地发展。针对高校辅导员队伍面临的新挑战，该意见强调要"提倡教书育人、管理育人、服务育人，把建立优良的校风、学风，优化育人环境作为经常性工作落到实处"[④]。如果我们把传统的高校辅导员工作视为管理者与被管理者的关系，那么这里强调的"服务育人"事实上已经把师生二者当作完全平等的独立实体。服务性色彩浓郁的职业生涯规划、心理咨询、课业指导等专门针对大学生不同发展阶段的服务指导工作也已完全纳入高校辅导员

① 何东昌. 中华人民共和国重要教育文献 [M]. 海口：海南出版社，1998：2286.

② 何东昌. 中华人民共和国重要教育文献 [M]. 海口：海南出版社，1998：2288.

③ 何东昌. 中华人民共和国重要教育文献 [M]. 海口：海南出版社，1998：3450.

④ 何东昌. 中华人民共和国重要教育文献 [M]. 海口：海南出版社，1998：3452.

的日常职能范围。2006 年 4 月，时任国务委员陈至立在首届全国高校辅导员队伍建设工作会议上特别提到：“鼓励专职辅导员成为思想教育、心理健康教育、职业生涯规划、学生事务管理等方面的专门人才；鼓励开拓创新，因地、因校制宜，创造性地开展工作。”① 目前，高校辅导员工作职能已由以往的教育、管理职能拓展为教育、管理、服务并存的三足鼎立新态势。2005 年 1 月，教育部颁布的《关于加强高等学校辅导员班主任队伍建设的意见》指出：“辅导员、班主任是高等学校教师队伍的重要组成部分，是高等学校从事德育工作，开展大学生思想政治教育的骨干力量，是大学生健康成长的指导者和引路人。”② 大学生的健康成长是一个非常复杂的系统工程，高校辅导员工作任重而道远。可以预见的是，还将有更多的有助于大学生健康成长的工作纳入高校辅导员工作职能范围。

2006 年 7 月，时任教育部部长周济签署中华人民共和国教育部令第 24 号，发布《普通高等学校辅导员队伍建设规定》，标志着我国高校辅导员制度建设走上更加规范化的道路。我们有充分的理由相信，伴随着我国高校辅导员制度建设的日益完善，高校辅导员群体将为自身赢得更高的职业声誉与社会地位。

二、当前我国高校辅导员工作的问题诊断

准确清晰地认识把握当前我国高校辅导员工作存在的主要问题是我们改进完善辅导员工作的基本前提，也是提出辅导员工作专业化的逻辑起点。通过对我国高校辅导员工作历史沿革以及角色定位嬗变历程的回顾解析，我们可以清晰感受到我国高校辅导员工作专业化的进程已经起步。但是随着对我国当前高校辅导员工作问题的深入了解，我们可以明显感受到高校辅导员工作专业化的紧迫性与重要性。郝邦增、吴惟义、张志尧 2001 年对高校学生工作者进行的一次调查结果显示：将学生工作作为自己终身职业的人员不超过 30%；认为学生工作很有前途的人员不超过 35%；认为学生工作是锻炼自己的组织和领导能力，为今后的

① 唐景莉，杨晨光．建设一支高水平高校辅导员队伍 [N]. 中国教育报，2006-04-29.

② 中共中央宣传部宣传教育局，教育部社会科学研究与思想政治工作司，共青团中央学校部．加强和改进大学生思想政治教育文件选编 [M]. 北京：中国人民大学出版社，2005：119.

择业发展奠定一定基础的占 50%以上；认为将来还要从事其他工作的占 50%以上；认为学生工作是自己工作历程中的一段序曲的占 50%以上；其中在院系从事学生工作的专职教师有 70%以上有转岗的意向。[①] 与此同时，也有学者提出："长期以来，高校辅导员工作始终处于非专业、非职业化状态，表现为没有完整的知识系统，没有认同的职业标准，没有认可的评价体系，造成人员过渡性强，工作经验口传身授。近年来，虽然注重了这支队伍整体素质的提高，但无非是借助其他专业的高学历，人员结构有所改变，人员素质、工作水平和实际效果并没有根本改观。"[②]。由此可见，目前的高校辅导员工作事实上确实存在相当严重的职业危机。

总体而言，当前我国高校辅导员工作的主要问题可以概括为以下四个方面。

一是工作内容繁杂。某高校《关于加强学生辅导员队伍建设的实施意见》提到，学生辅导员全面负责学生的思想、政治、道德教育，行为规范教育，日常管理与有关服务工作。具体包括 11 项工作：抓好学生思想政治教育；加强学生骨干的培养和教育；做好学生党组织的建设工作；配合共青团工作；开展学生思想调查分析工作；配合抓好学风建设工作；关心和指导学生日常生活；参与校园文化建设工作；做好学生日常管理和服务工作；参与教学工作；加强学生工作理论的学习与研究。可见，高校辅导员的工作量是较大的，也是较为繁杂的。如何在千头万绪中梳理出高校辅导员工作的"主心骨"并且有效落实下去应当成为我们目前研究关注的焦点之一。

二是角色定位模糊。高校辅导员工作角色定位的模糊不但导致日常工作的繁杂，而且也使得这个庞大群体的思想认识比较混乱。其实，不管是官方文件认定的教师角色，还是有人提出的教辅角色，抑或是以后可能出现的其他角色定位，都需要我们结合国情、域情，还有自身的校情作出更为细致的研究探讨。由于学校所在区域的经济状况不同以及学校自身的发展情况各异，用一种发展模式、一

---

① 郝邦增，吴惟义，张志尧 . 面向 21 世纪的高等学校学生工作 [M]. 天津：南开大学出版社，2001：85.

② 王树荫 . 论高校辅导员队伍的专业化与职业化 [J]. 思想教育研究，2007（4）：38.

个角色定位来统筹全国所有高校的辅导员工作是不现实的，也是行不通的。实际上，随着我国高等教育发展的多样化以及办学类型的多元化，这一问题还将更加突出。因此，我们应该鼓励每所高校甚至同一高校不同院系积极探索适合自身实际情况的辅导员工作模式和角色定位。由于受到传统思维模式的影响，在相当长的时期内一出现问题我们就习惯性地向上级“等、靠、要”。高校辅导员工作也不例外。实践发展证明这种思维模式和行为模式存在很大的弊端，也不可能从根本上解决问题。在我国市场经济模式下，这种思维模式和行为模式是难以为继的。具体到我国高校辅导员工作方面，尽管官方文件对其角色定位是相当清晰的，但在实践当中不可能彻底解决辅导员工作角色定位模糊的问题。笔者认为，当务之急应该是营造宽松的氛围，鼓励高校辅导员群体结合自身的校情、院情、系情，发挥集体的聪明才智，在实践中摸索适合自身发展的角色定位和工作模式。如果继续盲目地拔高或者降低高校辅导员工作的角色定位，都将不利于高校辅导员工作的持续健康发展。

三是队伍流失严重。人员流失严重是当前高校辅导员工作一个比较严重的现实问题。目前，全国高校普遍采用的“双肩挑”辅导员模式不但从制度设计上安排了辅导员群体的未来流动，而且为他们预留了未来的发展空间。但是，伴随着我国高等教育改革的日益深入，高校行政岗位的裁减、“两课”教师群体的人员饱和以及教学岗位对学历要求的提高等诸多因素都在很大程度上压缩了高校辅导员的传统发展路径。与此同时，新的发展空间有待开拓。这就导致高校辅导员群体在传统的发展路径与现实的发展要求之间存在着一个较大的“发展空场”。在我们拿出有效措施填补这个“发展空场”之前，出现有人以高校辅导员工作为跳板，甚至还有找不到其他工作来干辅导员工作混口饭吃的情况也就不足为奇了。这些情况积少成多进而形成了高校辅导员工作“好的留不住，差的赖着不走”的恶性循环。在某种程度上，当前高校辅导员工作队伍流失严重既反映了这种恶性循环还在继续运行，更体现出高校辅导员群体中相当一部分成员的发展需求未能得到充分的释放。

四是职业评价不高。应该说，目前高校辅导员工作职业评价不高是多种因素综合作用的结果。通过对一些高校辅导员的访谈，我们发现：相当一部分人对高校辅导员工作的评价都是负面的。这的确是一个比较危险的信号，需要我们倍加关注。从这些访谈中，我们也可以感受到有相当一部分高校辅导员的思维模式仍然停留在计划经济时代“等、靠、要”的阶段。寄希望于依靠行政命令来提升高校辅导员工作的地位是不现实的，也是不可能的。在这种背景下，就需要高校辅导员群体自身拿出更大的勇气和智慧另辟蹊径。在笔者进行访谈的过程中，不少高校辅导员也表达了努力实现高校辅导员工作专业化的强烈愿望。在某种程度上，我们甚至可以说实现高校辅导员工作专业化是“众望所求”。那么，如何把这一愿望变为现实呢？俗话说：“有为才有位。”要实现工作的专业化，只能依靠我们在实践中扎实推动。因此，高校辅导员工作职业地位的提升最终还是只能依靠每位辅导员的点滴努力进而带动整个群体的集体垂直向上流动。尽管这一过程是缓慢的，但无疑这也是最扎实的，更是可以令所有人都信服的。

三、我国高校辅导员工作专业化面临的机遇与挑战

现代社会对于每一个人、每项事业的发展来说，在其发展过程中总是既存在大量机遇，又存在不少挑战。我国高校辅导员工作的专业化发展同样面临这样的双重境况。所谓机遇，就是发展的有利条件和有利时机。所谓挑战，就是发展中可能的挫折和失败的危险。机遇不是人人都可以看得到并抓得住的，它有稍纵即逝的特点；挑战也不是人人都可以预料到并有效防范的，它具有偶然性与突发性的特点。在很大程度上，发展的机遇与挑战都具有未知性、未来性的特点。因此，这里罗列的机遇与挑战不可能一应俱全，只是希望达到增加人们对于我国高校辅导员工作专业化愿景的信心，并在这一发展过程中能够有所准备，有的放矢。

（一）我国高校辅导员工作专业化面临的机遇

第一，信息化社会的发展促使高等教育培养目标发生了深刻变革，为高校辅导员工作提供了更为广阔的施展空间，也使得专业化成为提高高校辅导员自身素养的应有之义和内在要求。工业化时代的教育带有深重的机械模式的烙印。当固

定化的学制、定于一尊的教科书和“师道尊严”的班级授课制这“三位一体”的学校体制鼎立成形的时候，当“以学校（教室）为中心、以教科书为中心、以教师为中心”的“三中心”不可撼动的时候，工业化“模具制造—批量生产”的本质在教育中得到了充分的体现，取得了巨大的成功。[①]工业化教育追求的是内容和过程的确定性、结果的标准化。而工业化高等教育的培养目标也仅仅是实现符合工业化时代要求的人的批量生产。而作为这一目标的衍生工具，高校学生工作需要完成的任务就是强化统一、控制与权威，确保“三中心”教学的正常运转即可。高校学生工作只是实现工业化教育“模具制造—批量生产”目标的手段而已，完全依附于传统的日常课堂教学活动。在工业文明时代，人类要征服和研究的对象，主要是自然界。因此，工业时代的人类社会划分成诸多专门化的行业，大多数人都被赋予了一定的行业身份，从而长期地从事某一行业甚至终身为伴。为了与此相适应，传统的课堂教学专业传授几乎就是工业化教育的终极价值所在。实际上，传统的教学活动也在很大程度上满足了人类开发和改造自然的重任。然而，纯粹的自然改造带来人与自然界的异化，并且导致人类社会的一系列发展困境。

的确，工业化时代教育更侧重于按照社会的发展要求进行专业知识和技能的传授，在很大程度上忽视了学生个体的个性发展和需求。具体到高校学生工作方面来说，高校学生工作也因此成为实现传统课堂教学目标的手段而已，没有找到自身存在的独立价值。然而，“关注人、发展人”已经成为以信息社会为特征的后工业时代教育的主要价值取向。“关注人、发展人”就是要求教育更多地从学生的个性发展出发，完善学生个体的全面发展，而不是仅仅局限于传统的知识和技能传授。相对于传统的学习认知，信息化时代学习的内涵与外延都已经获得了前所未有的扩展。四种学习也将是每个人一生中的知识支柱，即学会认知、学会做事、学会共同生活和学会生存。这四种学习将在很大程度上弥补工业化时代的教育缺陷。与此同时，随着信息化社会的不断发展，高校师生面对的是一个更加复杂、更加多变、更加新奇的世界，交往范围的扩大，各种文化观念的冲击，不同角色和行为方式的转换，必然引起人们思想方式、价值观念的深刻变化。联合

① 陈建翔．量子教育学：一百年前“量子爆破”的现代回声 [J]. 教育研究，2003（11）：56.

国教科文组织在《21 世纪的高等教育：展望和行动世界宣言》的报告中，就明确提出了思想、文化上的要求，高等教育要“培养非常合格的毕业生和能够满足人类各方面活动需要的负责任的公民”。学校要“帮助在文化多元化和多样性的环境中理解、体现、保护、增强、促进和传播民族文化和地区文化，以及国际文化和历史文化”[①]，并通过培训和提供正确的认识，来保护和增强青年的社会价值观。一言以蔽之，信息化社会除了要求人们掌握广博知识，形成面向世界竞争的能力外，更要求人们能够具备面向世界的思想道德素质。显然，大学生这种面向世界素养的培养与形成离不开开放的、发展的高校辅导员工作的有力担当。

因此，信息化社会的高等教育培养目标应该是为每个学生的一生做好准备，最终目的是无论学生选择哪个职业，都有成功的可能性。在信息化时代，每个人必须有能力在自己的一生中抓住和利用各种机会，去更新、深化和进一步充实最初获得的知识和能力，从而使自己能够适应不断变革的世界。这种能力不是仅仅通过传统的课堂传授就能获取的，它更需要学校学生工作部门的发展支持。作为整个高校学生工作的重要组成部分，辅导员群体自身素养发展的程度将在很大程度上决定提供这种发展支持的程度。相对于工业化时代的高等教育而言，高校辅导员工作不再是可有可无的岗位，对于高校辅导员自身素养的关注程度也提到了前所未有的高度。信息化社会的发展为高校辅导员工作提供了更为广阔的施展空间。伴随着施展空间的不断拓展，专业化也已经发展成提高高校辅导员自身素养的应有之义和内在要求。

第二，我国高等教育的大众化带来教育需求的多样化，要求高校辅导员工作提供更为专业化的教育服务。1999 年，国务院批转教育部的《面向 21 世纪教育振兴行动计划》，提出 2010 年我国高等教育毛入学率达到适龄青年的 15%，也就是说，我国高等教育将于 21 世纪初迈入世界多数国家教育界所共识的高等教育大众化阶段。[②]2002 年年底，我国各类高等学校在学的学生人数为 1600 万，

① 卢晓中 . 当代世界高等教育理念及对中国的影响 [M]. 上海：上海教育出版社，2001：35.

② 教育部 . 面向 21 世纪教育振兴行动计划 [N]. 光明日报，1999-02-25.

高等教育的毛入学率已达到15%，进入了大众化阶段。[①]高等教育由小众化精英教育向大众化普及教育的转变给我国带来了一次历史性的教育革命。招生规模的急剧扩大所带来的教育需求多样化已经在深刻影响着我国高等院校的内部运行。作为与学生接触最为密切的群体，高校辅导员首先受到了影响。当传统的工作理念、工作模式已经不再能够满足新的教育需求时，来自内部和外部要求高校辅导员工作变革的呼声甚高。当高校辅导员群体努力通过工作专业化的途径来满足学生群体的多样化需求时，也较为容易获得整个社会的理解和支持。

需求推动变革，变革反映需求。来自大学生群体内部的多样化需求内在地要求变革传统的高等教育培养目标，不能再单纯地培养大学生的智力水平，而应该充分考虑大学生鲜明个性的培养。个性特点鲜明、突出的大学生，一般富有创新性，而个性平淡、一般化的大学生，则往往缺乏创新性。培养大学生的个性特点，能够激发他们的创新性，挖掘他们的内在潜能，已经受到了全社会的高度重视。所谓个性，是指学生比较稳定的心理特征的总和，包括气质、性格、智力、意志、情感、兴趣等方面，实际上是概指学生的内心世界。个性既包括了学生的兴趣、爱好、性格等主观世界基础性内容，也包括了学生的主观能动性方面的理论、信念、情感、意志等核心内容，还包括智能、思维等综合性内容。[②]在构成个性的诸多因素中，起主要作用的还是反映学生主观能动性的核心内容，即学生个体是否具备远大志向、执着追求、顽强意志、丰富情感等方面。每位大学生鲜明个性的培养离不开高校辅导员工作对每位大学生的深度开发，也离不开每位高校辅导员个体的辛勤耕耘。高等教育大众化带来教育需求的多样化，教育需求多样化推动对大学生个性培养的重视，对大学生个性培养的重视则进一步要求高校辅导员工作的专业化和高素养。因此，从某种程度上而言，高等教育的大众化为我国高校辅导员工作的专业化发展提供了较好的舆论氛围和社会支持。

此外，2004年8月，中共中央、国务院下发的《关于进一步加强和改进大

① 陈至立.学习贯彻十六大精神，全面开创教育工作新局面[J].中国高教研究，2003（1）：2.

② 郑永廷，张彦.德育发展研究——面向21世纪中国高校德育探索[M].北京：人民出版社，2006：213.

学生思想政治教育的意见》特别提到了加强我国高校辅导员队伍建设。随后，教育部也先后专门制定了《关于加强高等学校辅导员班主任队伍建设的意见》《普通高等学校辅导员队伍建设规定》以及《2006—2010 年普通高等学校辅导员培训计划》。这一系列文件和规章制度的政策效应与大众化教育带来的多样化教育需求汇合而成一股较大的变革合力。这将非常有利于加快推进我国高校辅导员工作的专业化进程。

第三，马克思主义理论一级学科的设立和加强有力推动了我国高校辅导员工作的专业建设和学科发展。为了加强新时期思想政治工作的成效，教育部在 1984 年专门设立了思想政治教育专业。高等院校是我国思想政治工作的主要阵地之一。因此，思想政治教育的专业建设和学科建设直接影响到高校辅导员工作的发展。2006 年马克思主义理论一级学科的设立使得原来的马克思主义理论与思想政治教育专业分离成两个独立的二级学科。思想政治教育专业独立形成了完整的学士、硕士、博士学位培养体系。目前，已有部分高校在思想政治教育专业的硕士和博士培养层次专门开设了高校辅导员工作的研究方向。应该说，这些都有力促进了我国高校辅导员工作的专业化建设。思想政治教育专业学科体系和培养体系的完善将在很大程度上有力推动我国高校辅导员工作的专业建设和学科发展，进而提升整个辅导员群体的专业素养，为必要的人才储备提供多方面的有利条件。

（二）我国高校辅导员工作专业化面临的挑战

第一，传统教育观念的挑战。近年来，尤其是中共中央、国务院《关于进一步加强和改进大学生思想政治教育的意见》下发后，各地高校都采取了积极有力的措施来加强高校辅导员工作队伍的建设。但不能忽视的是，高校辅导员工作长期以来就存在的深层次问题仍然没有得到根本的解决。例如，部分高校领导没有把辅导员队伍建设真正摆到其应有的重要位置，对辅导员工作的认识还有待深化；一些高校教师认为自己只需要负责课堂专业教学即可，只教书不育人；高校辅导员工作队伍在高校教师队伍建设中不断被边缘化；有些人认为高校是以教学科研为中心，高校辅导员工作是一项没有发展前途的工作，等等。此外，由于当前的大学生忙于课业学习和各类职业能力培训、考研“考证”等，思想和政治方面的需求相对弱化，也直接影响到大学生群体对高校辅导员的工作评价，甚至认为高校辅导员工作就是一些琐事，无足轻重。在笔者进行个案访谈的过程中，不少高校辅导员不止一次地提到了以上这些问题。德智体三个方面是相辅相成的关系，缺一不可，任何顾此失彼的想法和做法都将严重制约个体的发展。然而，在现实生活中，“唯智主义”现象不但在部分高校专业课教师当中存在，而且在相当部分的大学生群体中同样存在。这些认为“只有课堂教学才是真本事”的传统观念严重束缚着高校辅导员工作的发展，导致高校辅导员工作缺乏应有的职业吸引力和凝聚力。这些外界负面评价也将间接影响到高校辅导员工作的专业化建设。

第二，目前我国高校思想政治教育领导管理体制带来的挑战。在我国高校思想政治教育领导管理体制的运行过程中，仍然存在一些不太适应的地方。比如，成立学生工作部（处）这种党政合一的机构，赋予它思想教育、日常管理、招生与毕业分配、学生宿舍管理等教育和管理的职能，体现了党政都对学生的教育与管理负责的思想，强化了学生工作的集中指挥，便于处理学生中的突发事件，在教育与管理的结合上也起到了积极的作用。但这种职责过于集中的管理体制，形成了“什么都管，都难管好”的状况，不利于强化其他部门的德育职责，削弱了学校的德育与思想政治工作。同时，这种从理论上似乎有利于改善党政协调关系的机构模式，实际上不仅增加了学生工作部门与教务管理、后勤服务等方面的矛盾，同时出现了党群系统内部如何协调的问题。这些问题导致我国高校辅导员工作权利不明、职责不清，已经严重制约我国高校辅导员工作的专业化建设。在目前我国高校学生工作的整体运行中，应该说校一级的学生工作部（处）或相关部门的职能分工是相当清晰的，甚至到院系层面的职能分工也是比较明 0 确 0 的 0，然而到最基层的辅导员工作基本上不存在明确的职能分工。管理体制带来的高校辅导员工作职能分工不明确，导致了高校辅导员群体整体上处于一种超负荷的工作状态，进而也导致了高校辅导员工作成为一项职业声誉和职业地位都不高的岗位。这些都将严重地影响到高校辅导员工作的专业化发展。

第三，来自我国高校辅导员群体自身的挑战。高校辅导员工作专业化最大的挑战是来自辅导员群体内部自身的挑战。高校辅导员群体自身的专业素养不足和知识结构陈旧不但影响到其他教师群体对这份工作的职业评价，而且直接关系到专业化建设的成败。在这里，我们需要特别注意的是：知识化并不等于专业化，高学历也并不等于高素养。高校辅导员工作并不是任何学校、任何专业、任何学历层次的学生都能够完全胜任的。当然，知识化和高学历有利于辅导员发挥个人的学识魅力，尤其是相似的专业背景更有利于师生之间的沟通互动。但是，知识化和高学历并不必然拥有从事高校辅导员工作的专业素质和专业能力。就像律师、医生等高度专业化的职业一样，高校辅导员工作是一个多门专业知识和技能综合（如成长心理、学习心理、职业心理、组织行为、社会职业、道德、法律、政治等专业以及人际交往、演讲、社团组织、宣传、心理咨询等技艺）又自成专业体系的社会职业岗位。[①] 因此，这就要求所有的高校辅导员在上岗之前就必须已经掌握了专门的知识，形成了专门的技能，对大学生与遇到的事情的理解比其他任何人都更深刻，对困扰大学生问题的了解比学生本人也更加透彻，能够运用自己的专业、技能、经验为大学生提供指导，并能为大学生所接受理解。

在相当长的时期内甚至直到现在，我们可以发现从事高校辅导员工作人员的专业背景五花八门，几乎囊括了所有的专业类别。在理工类院校，从事辅导员工作的专业背景以理工类专业为主。在文科类院校，辅导员的专业背景则以文科类专业为主。具体到学校每个院系的辅导员，他们的专业背景也就以院系开设的专业为主。相当一部分高校辅导员未经过任何严格的专业训练就开始从事高校辅导员工作。这种严重的“近亲繁殖”做法不但直接影响到人们对高校辅导员工作的职业评价，而且极大阻碍了高校辅导员工作的专业化发展。因此，要想实现高校辅导员工作的专业化，就需要在现有基础上进一步提高辅导员群体自身的知识结构和专业素养，让他们的日常工作尽早由经验层面提升至理论层面。

① 教育部思想政治工作司．高等学校辅导员培训教程 [M]．北京：高等教育出版社，2006：285.

第三节　我国高校辅导员工作专业化的经验借鉴

“学生事务”是美国高校从事学生管理工作的专业术语，与我国高校“学生工作”这一概念相对应。随着全球化进程的加剧和国际交流的日益频繁，有越来越多的国外高校普遍采用“学生事务”这一术语以利于相互之间的沟通交流，国内也有不少研究人员把国外高校“学生事务”纳入自己的研究领域。相对于学术事务（理论学习、课堂教育、认知发展）而言，国外高校学生事务主要涵盖课外生活、饮食起居以及个人情感等方面。尤其需要指出的是，美国高校学生事务同样承载着意识形态的传播和政治教育的任务。“如果美国没有借助公立学校制度在其社会中刻意推行那种‘美国化’的政策，那么美国就不可能成为这样一个有效的‘种族大熔炉’，同时也很可能会面临种种极为棘手的问题。”[①] 因此，从某种程度上来说，国外高校学生事务范围与我国高校辅导员工作职能存在相当大的重合性。学习和借鉴国外高校的大学生管理，无疑对我国高校辅导员工作汲取经验、完善自身具有十分重要的意义。

一、美国高校学生事务的嬗变历程

（一）发轫伊始：替代父母制

19 世纪中叶是美国高等教育发展的分水岭。1862 年颁布的《莫雷尔法案》规定联邦政府向各州提供联邦土地以资助各州农业和工艺教育发展，更是极大推动美国第一次学院改革运动，促进了美国大学教育向世俗化、学术化、现代化、多元化方向发展。从此以后，一场从“传统学院”向“现代大学”方向发展的轰轰烈烈的高等教育改革运动在美国正式揭开了帷幕。这场革新运动，史称“美国高等教育学院改革中第一个伟大时期”[②]。

① 弗里德利希・冯・哈耶克 . 自由秩序原理 [M]. 邓正来，译 . 北京：生活・读书・新知三联书店，1998：161.

② 克拉克・科尔 . 大学的功用 [M]. 陈学飞，等译 . 南昌：江西教育出版社，1993：117.

美国传统学院的“大学化”伴随着美国的现代化进程，真正意义上的学生事务就是发轫于这一时期。1892 年，35 岁的英语教师布瑞格斯（Briggs）成为哈佛乃至美国高等教育的第一任学生事务主管。时任哈佛大学校长查尔斯·艾略特（Charles Eliot）致力于把哈佛由学院扩充为大学。随着招生规模的扩大和院系调整带来的新问题，查尔斯·艾略特不再可能拥有足够的精力去照料全校学生的一切日常需求。于是，布瑞格斯受校长查尔斯·艾略特之托，承担了这份既无工作蓝图又没任何职员的学生事务工作。尽管如此，布瑞格斯仍然努力了解哈佛学子的想法并尽最大的可能去实现学生的需求，如为生病学员送去鲜花、带领学员参观医院以及给家长写信汇报学员的在校表现等。凭借激情、爱心和慈父形象，布瑞格斯所从事的工作逐渐被大家认识、接受，甚至成为世代哈佛学子所敬重的传奇式学生事务领袖。布瑞格斯的工作成就不仅代表社会对他个人的肯定，更标志着美国大学学生事务职业化的肇始。

受传统殖民地思想影响，发轫伊始的美国大学学生事务仍然延续着英国的管理模式，即替代父母制（in loco parents）。该模式是指学校代替学生父母行使职责，由教师、校长乃至董事对学生的在校言行加以管教和约束，并通过精神、肉体和经济手段惩罚学生的违纪行为。同时由于受德国洪堡德（Humboldt）和阿尔托夫（Althoff）等人革新思想影响，美国大学开始注重学术研究并且任课教师的精力越来越多地放在教学和科研方面。从而，专人专职的美国学生事务职业化进程开始全面展开。不过，早期的学生事务人员大多数来自文科院系的教学岗位，职责非常模糊并且工作带有相当随意性。克拉克（Clark）就曾指出：“我没有特定的职责，没有特殊的权威，也没有前辈引导或者阻碍。我就像在一片从未尝试过的大海上航行，唯一拥有的是对学生的关注和对这份工作的兴趣。”①

（二）步入正轨：学生人事

如果说 19 世纪的“替代父母制”仍处于起步阶段并带有浓厚的殖民地影响

---

① BARR M J, DESLER M K, ASSOCIATES. The handbook of student affairs administration[M].San Francisco: Jossey-Bass Publishers, 2000：8.

的话，那么 20 世纪初提出的“学生人事”则蕴含着鲜明纯正的美国本土意味。1919 年，美国西北大学的心理学家斯考特（Scott）为美国大学设计了一套针对学生事务的人事体系，并提出学生人事（student personnel）这一概念。他认为美国大学学生事务需要“强调学生的个性和他们的现实需要及兴趣所在。学生不仅仅是为了获得学位，他们的个性特征必须被发展，并为将来的生活而接受培训”[①]。这里的学生人事着重强调的是培养学生对未来职业的适应性和相关技能。1937 年，美国教育委员会（American Council on Education，ACE）颁布以《学生人事工作宣言》（*The Student Personnel Point of View*）命名的文件，再次强调了学生人事的重要性。“作为一个标志性文献，该文件旨在提升学生事务管理人员的职业化水平并促进其他职员了解他们为大学发展所做的贡献”[②]。该文件的核心理念包含两层意思：第一，高等教育的一个基本职能是保存、传递和丰富人类文化中的重要部分：学术、研究、富有创造的想象以及人类的经历。大学的任务便是利用这些来帮助学生挖掘和发展其有限的潜能，并使他们能对社会的进步有所贡献。第二，高等教育机构应将学生作为一个整体来看待：他的智力水平和成就、情感动机、身体状况、社会关系、就职资质和能力、道德水平和宗教信仰、经济状况和审美情趣等。[③]显然，这里的学生人事已完全不同于以往的“替代父母制”。

“学生人事”概念的提出与 20 世纪初美国工业化时代带来的大学理念变革紧密相连。20 世纪初，美国大学思想领域两种不同理念业已形成。布鲁贝克（Brubacher）就此提到：“在 20 世纪，大学确立它的地位主要途径有两种，即存在着两种主要的高等教育哲学，一种是以认识论为基础，另一种则以政治论为基础。这两种哲学在美国大学里并存，并分别起作用，或是在不同的学校里，或

① BARR M J, DESLER M K, ASSOCIATES. The handbook of student affairs administration[M].San Francisco: Jossey-Bass Publishers, 2000：11.

② SANDEEN A. Improving leadership in student affairs administration[M].Springfield: Charles C Thomas · Publisher, LTD., 2000：4.

③ BARR M J, DESLER M K, ASSOCIATES. The handbook of student affairs administration[M].San Francisco: Jossey-Bass Publishers, 2000：15-16.

在同一学校的不同系里。”[①] 这里的两种高等教育哲学分别是理性主义和功利主义。在理性主义者眼里，人的个性发展和传播理性知识始终是大学教育的最高原则，应该抛弃教育当中的实用性与职业性。功利主义者则认为衡量教育的标准就是实现价值、创造价值，教育应该为未来职业做准备并充分顾及社会的需求。与理性主义对应的大学理念是教学和科研，与功利主义对应的则是服务社会。美国的大学理念就在这两者之间来回摆动，时左时右。然而，从本土发展壮大起来的功利主义思潮和服务社会的大学理念更易为美国社会所广泛接纳。怀特海德（Whitehead）曾指出："学者应该脱离现实的思想是德国的舶来品，这种思想在同美国本土的实用性思想的角逐中从来没有全胜过。"[②]

（三）角色转换：学生服务

美国高等教育在第二次世界大战后经历了其发展史上的"黄金时代"（golden ages）。1944 年，美国国会为补偿第二次世界大战期间服役人员所作出的贡献，减少战后可能出现的高失业率等问题，通过了一项《军人权利法案》（*G.I. Bill of Right*）。该法案规定，为战时所有在军队服役不少于 90 天的军事人员提供 1 年、最多不超过 4 年的教育和训练，由政府支付其每年不超过 500 美元的学杂费和每月 50 美元的生活补贴。[③] 这极大地刺激了退伍军人的求学热情，他们潮水般地涌进大学校园。据美国教育的官方统计，大学在校学生数从 1940 年的 150 万人增加到 1950 年的 230 万人，1960 年的 360 万人。[④]

不管是主动抑或被动，第二次世界大战后美国社会的这些变化都触及了高等教育敏感的神经。处于"黄金时代"的美国大学是变化中的大学，而变化中的大学也将带来思想观念的变革。学生事务也不例外。这一时期，大多数美国大学开始建立

---

① BRUBACHER J. On the philosophy of higher education[M]. San Francisco: Jossey-Bass Publishers, 1982：15.

② WHITEHEAD. Harvard: the future[M]. New York: Atlantic Press, 1936：268.

③ OLSON K W. The G.I. Bill, the veterans, and the colleges[M].Lexington: the University Press of Kentucky, 1974: 17.

④ 蔡国春 . 美国高校学生事务管理模式之嬗变 [J]. 吉林教育科学，2000（1）：46.

学生事务部门，甚至把其他部门合并直接用于支持学生事务。学生事务的高级主管直接对校长负责并成为学校管理的核心成员，开始与学术、财务和发展事务部门的主管一起分享职权。可以说，美国大学学生事务亦经历着发展史上的“黄金时代”。伴随着大学生源的大众化、来源的多元化、管理的复杂化，学生人事的管理模式已经不能适应形势的发展需要。作为应对这一时期高等教育变革的对策，美国大学学生事务部门提出学生服务（student service）这一概念。学生服务强调“学生消费者第一”，其核心是关注学生的一切需要并尽力维护其正当权益。学生服务是一种高度关注并保障学生权益的市场管理哲学。如果我们把以往的学生事务视为管理者与被管理者的关系，那么学生服务显然已经将二者当作完全平等的独立实体。

学生服务就是根据学生的不同情况，充分考虑他们的学习类型、学习能力、学习动机以及心理—社会特征等因素，设置个性化的服务项目，为他们提供个人发展空间。具体而言，学生服务涉及成人学员、女性学员、残障学员、外国留学生以及来自多元文化、拥有不同肤色的学员。比如针对成人学员，学生服务根据其个人情况设置灵活多变的学习计划并为他们及其家庭成员安排一些社交活动以便尽快融入大学生活。针对女性和残障弱势群体，学生服务推动全体学员对校园弱势群体的关注、理解以为他们营造一个安全、和谐的心理空间和校园环境。至于外国留学生和来自多元文化、拥有不同肤色的少数群体，学生服务尽可能为他们争取更多的入学机会和政策支持并且努力营造一种能够包容差异性和多元文化的和谐校园氛围。

（四）职业专业化：学生发展

20 世纪六七十年代，美国相当多的大学接连发生不同程度的“校园骚乱”和“暴力行动”。20 世纪 70 年代的美国高等教育陷入财政危机、公众信任危机、学术道德危机和大学生信仰危机等多重困境之中。布鲁贝克曾这样说过：“如果借用莎士比亚的话来描述，那么 20 世纪 60 年代和 70 年代的美国高等教育便是我们学术界‘大为不满’的‘冬天’。……甚至认为出现了高等教育‘合法性的危机’。”[①] 据统计，1975—1985 年以“灾难”“危机”术语为标题的高等教育

① 约翰 · S. 布鲁贝克 . 高等教育哲学 [M]. 王承绪，等译 . 杭州：浙江教育出版社，2002：1–2.

文章和著作是1965—1975年的两倍还要多，而且直到20世纪90年代以后，这种趋势还有增无减。①

美国高等教育的发展困境推动了社会对其的反思、批判与变革。美国高校学生事务也不例外。20世纪60年代末期，学生事务人员逐渐意识到如果仅仅投身于学生服务一类的事务当中，那么他们的前途将变得异常模糊和渺茫。于是，美国高等教育界开始再次探索高校学生事务的发展出路。在这一反思、变革过程中，学生发展（student development）作为一种全新的理念和实践模式逐渐形成。学生发展主要以人的发展理论为基础，是20世纪70年代以来美国大学学生事务的变革成果。学生发展对美国大学学生事务具有划时代的意义，标志着学生事务专业化的发展走势。

学生发展包含两层含义：一是学生事务人员要给予学生发展性辅导；二是学生事务人员自身的发展要与学生的发展实现良性互动。学生发展赋予学生事务以教育任务，学生事务人员不再只是管理者，同时肩负着教育者（包括自我教育）的角色。

二、美国高校学生事务的专业化概况

经过长期的摸索实践和调整改进，美国高校学生事务已经具备明显的专业化特征，学生事务人员也具有较高的专业地位和职业声望。完善的专业训练、明确的专业标准、丰富的专业内容以及众多的专业协会等构成了美国高校学生事务专业化的重要标志。

（一）完善的专业训练

美国高等教育界普遍认为高校学生事务专家是国家变“人才流失（brain drain）”为“人才流入（brain gain）”的关键人物。这是因为：在高等教育日益国际化的今天，学生的跨国交流和海外留学已经成为一种趋势和潮流。学生选择高校除了考虑所在国和地区宏观层面上经济、政治、文化和地理等方面的优势

① LUCAS C J. American higher education[M]. New York: St. Martin Press, 1994: 268.

以外，更为直接的接触和评价就是该校的学生事务工作成效和相关人员素质。因此，美国高校学生事务的遴选用人有着一套严格的资格准入制度和完善的专业训练体系。“在今天美国大学，要想当一个财会部门的主管而没有 MBA，要想成为学生心理辅导员而没有心理咨询方面硕士以上的学位，要想主管学校的校区规划而没有建筑或规划方面的学位和经验，再任人唯亲的用人老板也帮不了你的忙。”① 在美国高校，要想从事学生事务也同样如此。美国高校学生事务人员的聘任和提升都有着明确的要求和程序。在美国高校，申请进入学生事务领域的相关人员首先需要具有心理咨询、职业指导、学生事务管理、学生发展等方面的硕士学位。取得相关专业的硕士学位学历是进入美国高校学生事务的最基本门槛。学生事务人员若想取得学校中层的管理职位还必须拥有相关领域的博士学位。美国不同类型学院或大学的学生事务部门取得博士学位的工作人员在大幅度持续增长。据美国全国学生人事管理者协会（National Association of Student Personnel Administrators，NASPA）1998 年的抽样调查显示：抽样调查的不同类型美国高校的 1045 名学生事务人员有 56% 的人员已经取得或正在攻读相关博士学位。在这些已经取得或正在攻读博士学位的人员当中，有 78.8% 的人员在中等规模（注册学生人数在 5000 ~ 14999 之间）的高校就读过。②

目前，美国高校学生事务已经发展成一门较为成熟的职业，拥有相对完善的专业训练培养体系。为了满足高校学生事务的职业要求，美国高等教育为这一职业领域提供了较为完备的职前和在职专业培训。在美国，每个州都至少有一所大学开办高等教育学生行政专业，为高校学生事务培养专门人才。美国高等教育博士学位的培养计划也有专门针对高校学生事务的培养方向。譬如，南加州大学高等教育博士的课程方案适用的职业领域首先就是学生服务；哥伦比亚大学师范学院也将学生人事管理列为高等教育博士培养计划的适用领域，在其为高等教育博士所开设的 62 门课程中关于高校学生事务的就有 12 门课程。由于学生事务是多

---

① 程星．细读美国大学 [M]. 北京：商务印书馆，2004：81.

② BARR M J, DESLER M K, ASSOCIATES. The handbook of student affairs administration[M].San Francisco: Jossey-Bass Publishers, 2000: 510.

学科交叉的研究领域，所以美国高校学生事务人员的专业训练内容从应用管理理论到一般的社会学常识都有所涉及。

美国的高等教育博士课程通常提供很多专业课程供学生自由选择，将近 75% 的专业课程设置包括这两个方面，即学生事务管理和公共管理。其中，有 2/3 的专业课程设置是关于学术管理或社区学院管理方面的课程。在这些专业课程当中，有近一半的课程设置是关于课程及其结构、教学和成人教育的相关内容，而另外 1/4 的课程设置则特别强调了高等教育基础、历史以及财会管理的学科背景。此外，又有 25% 的课程设置是专门介绍提供关于校园规划和国际高等教育等方面的信息。① 美国学者德尔沃思（Delworth）和汉森（Hanson）认为："学生事务博士课程的核心应该是培养'一种研究能力'以及能够准确地理解和把握学生事务中的'职能定位'。这些职能定位应该包括行政事务管理者、咨询者、学生发展教育者以及校园生态系统的管理者。"② 此外，他们还指出专业领导力（leadership in the profession）问题也应当成为学生事务博士教育的关注焦点。针对学生事务人员的专业训练问题，美国学者麦克尤恩（McEwen）和塔尔伯特（Talbot）则进一步指出："研究力和领导力问题是区别美国高校学生事务领域的博士学习和硕士教育的重要纬度。"还特别强调了"学生事务领域博士课程的目标就是培养和发展专家型实践者或学术型实践者，同时对于某些博士课程而言还应该发展其个人的领导力以便能够担任该领域的领导职务"。③ 由此可见，专业领导力是美国高校学生事务专业训练和专业培养的核心所在，同时也贯穿到美国高校学生事务专业博士学位教育的整个课程设置当中。

---

① BARR M J, DESLER M K, ASSOCIATES. The handbook of student affairs administration[M].San Francisco: Jossey-Bass Publishers, 2000: 514.

② DELWORTH U, HANSON G, ASSOCIATES. Student services: a handbook for the profession[M].San Francisco: Jossey-Bass Publishers, 1989: 613.

③ EVANS N J, PHELPS TOBIN C E（eds.）. The state of the art of preparation and practice in student affairs: another look[M]. Washington, D.C.: American College Personnel Association, 1998: 142.

（二）明确的专业标准

早在1939年，美国教育委员会（American Council on Education）发表的《学生事务管理人员的观点》就列举了美国高校学生事务的23点工作范围，如协助高中生填写大学志愿；提供诊断性协助，帮助学生了解自己的能力、性向和目标；通过学生的宗教、情绪、社交发展以及其他非学术性的个人或团体来帮助学生发挥其最大功效；主管学生的奖惩考察，以帮助个人得到最好的发展以及团体的利益也不会受到人为侵害，等等。第二次世界大战以后至20世纪60年代末这个阶段，美国高等教育更是达到了发展史上的“黄金时代”。在这期间，美国领先于世界各国最早跨入了大众化高等教育的门槛。同时，在高等教育进入了大众化阶段以后，几乎美国所有的高校也遭遇了一系列前所未有的管理难题和竞争压力。传统的“学院模式”已经难以适应招生规模增长所带来的种种变化，许多美国高校的内部管理陷入相当混乱的局面。美国高等教育这种“成功的危机”促使人们开始积极探索新的管理哲学和管理模式，带来了一场史称“高等教育管理革命”的变革。在这一变革过程中，美国高校学生事务走在了前列。制定相对完善并行之有效的专业标准开始成为美国高校学生事务人员的关注焦点和努力方向。

多年来，为了适应高等教育迅猛发展所带来的主客观变化，美国高校学生事务人员不断调整完善专业标准以便能够有效地维持自身的职业声誉。很多美国高校学生事务的专业协会和专业组织也积极提出了自己关于专业标准的清晰建议和实施方针。1994年，美国大学人事协会（American College Personnel Association，ACPA）提出了“学生的学习是当务之急——学生事务的含义”（Student Learning Imperative：Implication for Student Affairs，SLI），认为学生事务的任务就在于创造条件激励、鼓励学生把更多的时间和精力投身到课堂内外一切以教育为目的的活动中来并且成立以学生学习为导向的学生事务部门。此外，还特别强调了学生事务部门和相关人员在学生学习中扮演的重要角色。SLI的提出受到了美国高等教育界的高度关注，标志着美国高校的学生事务不再仅仅局限于非学术事务领域，开始出现学生事务与学术事务融合的新趋势。

随后，美国大学人事协会和全国学生人事管理者协会 1998 年又联合提出了学生事务有效运行的基本原则（The Principles of Good Practice for Student Affairs）。促进学生学习的完成已经成为美国高校学生事务人员的基本共识。围绕着这一目标，很多研究人员和相关的专业组织都提出了各自的专业标准。目前，美国高校学生事务普遍认同和广泛采纳的是美国学者布莱恩（Bryan）和马伦多尔（Mullendore）提出的关于要求美国高校学生事务人员促进学生学习能力发展的十条专业标准。[①] ①针对学生的多种需求制订合适的学习项目发展计划；②提高学生事务人员自身的专业发展能力；③利用多种手段获取、分析学生的相关统计数据；④发展并强化学习项目的创造性；⑤及时采纳来自学生、其他机构和职员的意见建议；⑥积极引导校园社区建设，鼓励学生参与各种选举活动；⑦加强应对各种突发事件的政治决策能力；⑧制定合理的经费预算并且能够利用多种渠道募集活动的相关经费；⑨促进学生事务人员自身对于不同环境的学习能力；⑩及时有效地评估、评价学习项目的实施效果。

这十条专业标准有效促进、拓展了美国高校的校园服务以及关于学生的学习发展项目。“在过去的二十年间，学生事务的专业人士把更多的注意力放到了学生学习的发展性指导方面，并且也越来越意识到一系列关于学生服务、咨询建议、学术指导、国际教育理解、创造力培养以及毕业生人事准备项目的专业标准制定的重要性。”[②] 可以预见的是，还会有更多的美国高校学生事务的工作内容将要纳入专业标准的制定队伍当中。事实证明：明确清晰的专业标准不但有利于美国高校学生事务人员自身素养的提升，也为美国高校学生事务的科学化、规范化建设提供了前提保障，进而提高了这一行业的职业声誉。

（三）丰富的专业内容

随着招生规模的扩大和学生来源的多样化，美国高校的学生事务涉及成人学

① BARR M J, DESLER M K, ASSOCIATES. The handbook of student affairs administration[M]. San Francisco: Jossey-Bass Publishers, 2000: 624-625.

② BARR M J, DESLER M K, ASSOCIATES. The handbook of student affairs administration[M]. San Francisco: Jossey-Bass Publishers, 2000: 622-623.

生、残障学生、女性学生、外国留学生以及拥有不同肤色和来自多元文化背景的学生。此外，每个学生来到高校学习的原因和目的也往往各不相同。为不同学生群体的多种需求提供相应的专业服务内容是十分必要的。事实上，美国高校学生事务人员针对学生的不同情况，考虑到他们的学习类型、学习能力、学习动机以及心理—社会学特征等诸多因素，也努力设置了较为合理有效的工作内容和服务项目，为他们尽可能地提供成长发展的平台。比如针对成人学员，学生事务人员根据其个人情况设置灵活多变的学习计划并为他们及其家庭成员安排一些社交活动以便尽快融入大学生活。针对女性和残障弱势群体，学生事务人员推动全体学员对校园弱势群体的关注、理解以便为他们营造一个安全、和谐的心理空间和校园环境。至于外国留学生和来自多元文化、拥有不同肤色的少数群体，学生事务人员则尽可能为他们争取更多的入学机会和政策支持并且努力营造一种能够包容差异性和多元文化的和谐校园氛围。

从整体上而言，美国高校学生事务的专业内容具有三个方面的功能：①引入功能，包括预备学院、招生、学生注册和日常记录、经济资助等基本内容；②融合功能，包括学生日常行为管理、纪律监察、学术咨询、健康教育、生活辅导、学生宿舍管理、餐饮服务、书店经营、学生组织管理、社团活动开展、宗教（教派）管理和服务、安全保障、医疗保健等日常内容，同时也囊括了一些特殊服务内容，如针对少数族群学员、女性学员、残障学员以及特殊群体的特殊辅导和相关项目设置；③推介功能，包括就业指导、职业咨询、社区服务和校友事务等工作内容。

美国高校学生事务的专业内容并非仅仅停留在管理、服务、咨询和建议的表面层次上，事实上同样也包含了诸多用心良苦的教育引导和人格培养训练。国际高校学生事务协会 2001 年的报告《高校学生事务的角色》认为，学生事务和服务的提供基于一系列关键的价值观，包括个人主义、多元主义、包容、融入社区、对学生的高期望值、全球化视角、公民的职责、领导能力、符合社会道德准则以及学生自我的积极参与等。尽管这份报告代表的是全球学生事务价值观的趋势，但同时集中体现了美国高校学生事务的价值观。有美国学者就曾提到：“美国大学的‘学生工作’始终贯穿着一条主线，那就是培养学生自我管理的能力。从宿舍的自我管理到自觉寻求心理咨询中心的帮助，学生心理及行为素质的提高，都有赖于学生与校方的积极配合。而每年一度的学生会选举，更是为学生提供了一个全面审视与评估校园生活质量的机会。当选的学生会干部，必须在他们的‘选民’监视下实践其竞选的诺言。学生干部往往以批评校方而当选，以协助校方改进工作而完成其任期。……通过精心设计的各种‘服务项目’，帮助学生通过自我管理及社团活动，提高他们的领导能力、交际能力、团队精神、合作精神以及在社会和社区中的主人翁姿态。”① 可见，美国高校学生事务的专业内容实际上在为了学生能够顺利踏入社会，扮演好未来的社会角色而做着许多看似微不足道实则必不可少的持续努力。这些努力不论对于个人，还是对于整个社会来说，都是极其重要的。

（四）众多的专业协会

历史地看，美国高校学生事务专业协会是随着美国高等教育和学生事务专业的发展而逐渐发展的。1914 年，关于学生事务职业指导的正式研究开始于哥伦比亚大学教师学院。初期成立的学生事务专业协会也仅仅局限于就一些关键性话题与公众进行沟通和对话。随着美国高校规模的扩大和专业化程度的日益提高，学生事务的专业协会开始增多，其职能范围也开始拓展。例如，成立于 1916 年的美国全国女院长协会（National Association of Deans of Women，NADW）的最初使命就是为改善女院长的工作条件和工作地位服务。1956 年，该协会更名为全国女院长和女顾问协会（National Association of Women Deans and Counselors，NAWDC）。1972 年，该协会又更名为全国女院长、女行政官员和女顾问协会（ National Association of Women Deans, Administrators, and Counselors，NAWDAC）。为了能够更加准确地反映自身的工作范畴，该协会在 1991 年改为全国女性教育协会（National Association for Women in Education，NAWE）。目前，该协会的主要使命转变为关注高等教育中的女性问题。

需要特别强调的是，由于大多数的美国高校学生事务专业协会仅仅是在法律

① 程星．细读美国大学 [M]. 北京：商务印书馆，2004：173.

上予以承认的非营利性合作实体，其日常运作管理基本上都是完全依靠内部协会成员自觉、自愿、无偿的帮助完成的，因此，各专业协会之间的竞争也是异常激烈的。就目前而言，经过激烈竞争存活下来的专业协会都试图从一个方面或诸多层次尽力为协会成员提供专业教育和素养培训，从而提高和发展协会成员的专业技能和素质。具体来说，美国高校学生事务专业协会的职能大体上涵盖以下几个方面：帮助刚入行的新手在较短的时间内适应不太熟悉的组织文化和行政规制；努力为成员提供专业沟通的机会和交流的平台，鼓励他们就共同关心的问题交换意见并相互理解；每年定期召开一些特定议题的小组会议或学术论坛，使内部成员能有机会就专业问题进行交流和相互探讨；通过定期出版内部刊物的形式，为协会成员提供最新的专业发展信息和相关趋势；根据协会成员的意见反馈制定或调整相关的职业认证标准，进而影响相关的管理机构和社会公众等。

美国高校学生事务的专业协会众多，日常运行也比较成熟，甚至有人说过，没有最好的专业协会，只有适合不适合你自身发展的专业协会。据不完全统计，与美国高校学生事务相关的专业协会就达数十个之多。目前，专业协会已经基本上涵盖了美国高校学生事务的所有工作职能范围。这从另一个侧面也体现出美国高校学生事务专业协会的成熟程度和完备程度。众多的专业协会不但有力推动了学生事务专业理论的发展研究，而且为每一位协会成员提供了难得的专业交流的平台和专业发展的机会。这些非营利性的专业协会团结凝聚了一大批志同道合的学生事务人员，使得他们的专业归属感不断得到强化。同时，美国高校学生事务的认证标准是由这些专业协会建立的。为了能够有效帮助相关机构评估、研究、评价和推进美国高校学生事务的发展状况，由 23 个专业协会组成的协会联盟即美国高等教育标准发展理事会（ Council for the Advancement of Standards in Higher Education，CASHE ）专门出版公布了《CAS 标准和方针》（ *CAS Standards and Guidelines* ）。在美国，那些辅导员或者提供服务的人，通常都加入美国大学人事协会（ACPA），那些有行政官员身份的人都参加全国学生人事管理者协会（NASPA）。第三个主要的组织是全国女院长、女行政官员和女顾问协会（NAWDAC）。基本上，每一个美国高校学生事务专业协会组织都公开出版或发行一种主要的刊物。比如说，美国高校学生事务专业协会组织 ACPA 拥有《高等院校学生人事杂志》，NASPA 出版的是《全国学生人事管理者协会会刊》。美国高校学生事务众多的专业协会组织和相关专业协会组织出版发行的专业刊物已经成为美国高校学生事务专业化的显著标志和积极推动力量。

第四节　我国高校辅导员工作专业化的前景展望

一、高校辅导员工作专业化与思想政治教育专业发展的关系

目前，不少研究人员都提出了设立高校辅导员专业以利于我国高校辅导员工作的专业化发展，但是也有学者认为“思想政治教育专业（学科）经过20多年建设，已经具有培养硕士和博士的资格，再设立‘大学生思想政治教育专业’或‘高校辅导员专业’似无必要”[①]。毫无疑问，高校辅导员工作是一个多学科交叉的工作岗位，涉及思想政治教育、心理学、管理学、教育学等多个学科领域。因此，高校辅导员工作的专业化发展也离不开相关学科对这项工作的学科支持和专业探讨。从这个意义上来说，主张设立高校辅导员专业具有一定的合理性。但是，笔者认为，设立高校辅导员专业的观点事实上并不十分有利于当前我国高校辅导员工作的专业化发展。历史地看，早在 1984 年 4 月，教育部下发的《关于在十二所院校设置思想政治教育专业的意见》就提到：“为了适应新的历史时期思想政治工作的需要，教育部决定在部分高等学校设置思想政治教育专业，采取正规化的方法培养大专生、本科生和第二学士生等各种规格的思想政治工作专门人才，有条件的还可培养研究生。”[②]从1984年开始，在教育部的统一规划下，复旦大学、武汉大学等高等院校开设了思想政治教育专业，招收本科班、助教进修班、第二学士学位班和硕士研究生班。1987 年 5 月，中共中央《关于改进和加强高等学校思想政治工作的决定》更是明确指出：“思想政治教育是一门以马克思主义理

① 王树荫 . 论高校辅导员队伍的专业化与职业化 [J]. 思想教育研究，2007（4）：38.

② 何东昌 . 中华人民共和国重要教育文献 [M]. 海口：海南出版社，1998：2171.

论为基础、综合性和实践性都比较强的科学，必须有专职人员为骨干，并且要培养和造就一批思想政治教育的专家、教授和理论家。有关院校要认真办好思想政治教育专业，办好第二学士学位班，并创造条件培养这方面的硕士和博士研究生，为造就从事思想政治教育的专门人才开辟一条新路。”[①] 经过几十年的学科建设和专业建设，思想政治教育学已经建立起一个从本科到博士研究生的完整培养体系，为高校政治辅导员工作队伍的发展完善提供了一个专门的知识体系。因此，作为高校思想政治工作队伍的重要组成部分，高校辅导员工作并不存在是否拥有属于自己专业的现实命题。就目前而言，随着思想政治教育专业二级学科的正式确立，不少高校已经在硕士学位和博士学位的人才培养层面上专门开设了高校辅导员工作的研究方向。可以说，思想政治教育专业为高校思想政治工作的有效开展提供了有力的学科和专业支撑。事实上，有一大批从事“双肩挑”工作的高校辅导员就是通过就读思想政治教育专业的硕士学位、博士学位，进而成长为大学生思想政治教育方面的专家学者。尤其需要再次提及的是，2006 年马克思主义理论一级学科的设立为思想政治教育专业和我国高校辅导员工作的专业化发展提供了非常难得的发展机遇。设立马克思主义理论一级学科使得原来的马克思主义理论与思想政治教育专业分离成为独立的二级学科。思想政治教育专业也独立形成了完整的学士、硕士、博士学位培养体系。要想有效解决长期以来高校辅导员工作队伍以转岗、转专业为最终出路的尴尬局面，真正实现高校辅导员工作的专业化，除了观念上的转变之外，一个根本的问题就是要努力建构真正属于大学生思想政治教育的专业体系。2006 年 11 月，中山大学郑永廷教授在广东外语外贸大学举办的全国外语外贸院校学生工作协作会第十届年会上所做的关于大学生思想政治教育的定位与发展的讲座，针对目前我国高校辅导员工作的发展困境，特别强调了思想政治教育学科要为高校辅导员工作的进一步发展提供专业指导和专业支撑。可以预见的是，我国高校辅导员工作也将成为思想政治教育专业研究生教育的重点研究方向和研究命题。毋庸置疑，这些都将为我国高校辅导员工作的

① 全国普通高校“两课”教育教学调研工作领导小组．普通高校思想政治教育课程文献选编 [M]. 北京：中国人民大学出版社，2003：126.

专业化发展进一步提供强有力的理论支撑和专业指导。依托学科建设，争取更多资源支持，实行专业起点、专业培养、专业使用，不但可以在很大程度上解决高校辅导员群体长期以来没有专业归属感的困惑，培养一大批专家学者和学科骨干人员，而且能够部分缓解高校辅导员群体面对未来工作分流的忧虑与困扰。

当然，高校辅导员工作专业化不仅局限于思想政治教育专业的发展。之所以在此特别强调二者发展的紧密关系，除了以上历史渊源方面的因素外，更重要的是，目前我国的所有学科门类中只有思想政治教育专业明确设立了高校辅导员工作的研究方向。尽管大家普遍希望高校辅导员工作专业化尽早实现，但不可能跨越更不可能替代高校辅导员工作专业化的客观发展。任何事物的发展都是一个逐步成长的过程，高校辅导员工作专业化的发展也不例外。在目前已经设立高校辅导员工作研究方向的情况下，如果再仓促设立一个高校辅导员专业很可能会导致相关力量的分散，反而不利于高校辅导员工作的专业化发展。其实，思想政治教育专业本身就是一个多学科交叉的研究领域，不少跨学科的研究成果也已经具体应用在高校辅导员工作领域。因此，就当前而言，笔者主张应该集中力量大力发展思想政治教育的专业建设，为高校辅导员工作专业化发展提供有力支撑，切忌囫囵吞枣式、不合实际地成立高校辅导员专业。

思想政治教育专业的学科建设和人才培养不能过于强调政治层面的理论教育和哲学层面的理论思辨，否则会在一定程度上脱离我国高校发展的实际状况和大学生群体的实际需要。思想政治教育专业学科建设和人才培养所必需的情感基础、知识基础与认知基础还有待进一步发展和完善。从实际问题出发，再回归到实际问题的解决，体现出思想政治教育专业鲜明的实践性和操作性色彩，应该成为我们努力的方向之一。此外，高校思想政治教育涉及大量关于教育学、心理学、管理学等相关学科的专业知识和专业背景，增加这部分内容在大学生思想政治教育当中的权重也应该成为思想政治教育专业建设和学科建设的应有之义。总之，思想政治教育专业建设的好坏将直接影响到我国高校辅导员工作专业化建设的进程。

我们也要清醒地认识到，高校辅导员工作专业化的发展是一个系统的庞大工程，需要多方合力才能完成。我们不能苛求仅仅依靠思想政治教育专业的发展就能最终解决高校辅导员工作的专业化发展问题。事实上，思想政治教育专业也不可能完全承担这样的发展重任。比如，高校辅导员工作涉及多种学科的专业领域，思想政治教育、马克思主义理论、心理学、教育学、管理学、法学等，都为其提供了坚实的学术支撑。一方面，这些学科之间相互渗透、相互关联、相互交叉和相互作用；另一方面，这些学科又具有专业独立性和排他性，有自己独特的专业价值、专业体系和专业方法，如何更好地实现学科融合、学科借鉴是需要我们长期摸索、不断实践的，不可能一蹴而就。再如，虽然高校辅导员工作的从业人员经过了严格的专业训练和专业培养，但是高校辅导员工作体制方面的改革却相对滞后，影响了高校辅导员工作的专业化发展。高校辅导员工作体制包括高校辅导员工作决策与管理体制、日常运行与结构体系等诸多方面。高校辅导员工作体制现代化，不仅是整个高校辅导员工作现代化的重要组成部分，而且是最终实现整个高校辅导员工作专业化的重要保证。高校辅导员工作的专业化发展不是仅仅靠多一点工作补助和搞一点政策吸引就能够实现的，也绝非简单地嫁接其他学科专业的高学历就能彻底解决的。因此，尽管人们对于我国高校辅导员工作的专业化发展还存在这样或那样的认知差异，但可以肯定的是，我国高校辅导员工作专业化的最终实现将是一个比较庞大的系统工程，既需要相关学科专业建设的支撑，也需要相关工作体制和管理机制的配套改革。

二、关于高校辅导员个体的未来发展问题

长期以来，我国高校辅导员的工作模式是采用“双肩挑”的形式，即从事一段时间的辅导员工作之后，再转为行政岗位或者教学岗位。在一般情况下，大多数辅导员转岗成为专业任课教师。因此，为了满足日后高校的教学需要，大学（学院）和系就更为倾向于留本校、本系、本专业的学生从事短暂的辅导员工作。这种“近亲繁殖”的做法不但导致了我国高校辅导员工作长期处于一个低水平的周而复始的恶性循环，缺少必要的工作活力和工作激情，而且严重影响到高校辅导员工作的职业声誉。当然，不可否认的是，在相当长的一段时间内，“双肩挑”

的辅导员工作模式是符合我国社会发展需要的。通过让一部分基础较好的学生承担相应的辅导员工作，他们的业务基础、思想素质、工作能力等各个方面都能够得到较高层次的培养与锻炼。事实上，通过这种特殊的因材施教方式的确涌现出了一大批德才兼备的青年人才踊跃服务于社会主义建设的各条工作战线，在很大程度上有力缓解了我国的干部紧张状况和“人才断层危机”现象。应该说，在相当长的时期内，这种发展模式与党和国家迫切希望培养大批革命化、年轻化、知识化、专业化干部的要求是完全一致的。但是，随着我国社会的整体发展和高等教育改革的日益深入，这种“近亲繁殖”的负面效应开始逐渐显现出来。

不论对于我国高校辅导员整体的工作现状，还是对于高校辅导员个体的现实状况而言，都存在着一定程度的发展困境。选拔本校学生留校或者读研直接担任高校辅导员工作，似乎已经成为我国高校学生工作和大学生思想政治教育的一个惯例。但问题在于，无论是否合适，人们往往没有过多考虑专业背景就把相关人员安放在高校辅导员工作岗位上，导致这项工作的技术含量极其低下。就高校辅导员个体而言，在从事学生事务管理和思想教育的同时，一般还承担着相关的学习任务或者教学任务。然而，事实上，大多数高校辅导员做不到二者兼顾的程度，因此牺牲应该可以能够达到的工作质量和工作效果在所难免。在高校“裁员重质”和“僧多粥少”的情况下，这种状况还有进一步恶化加剧的趋势。对于我国高校辅导员的整体工作以及个体的未来发展来说，我们更应该坚持走更为精细的专业化发展道路。与其强调辅导员工作是一门过渡职业，不如让更多的专业人员以更为专业的精神和素养在相当长的时间内稳定从事这项工作。这样，不但解决了高校辅导员个体的未来发展问题，而且能够提高整个高校辅导员群体的综合素质。目前，我国高校辅导员工作首先需要解决的就是现有人员的专业素养问题，而非配备比例多少的问题。严格按照人岗匹配的原则，选拔合适的相关专业人员合理安置到高校辅导员工作岗位应该是工作的第一步。应鼓励愿意继续留下来从事高校辅导员工作的人员通过各种途径及方式提高自身的专业技能和专业素养，进而形成高校辅导员群体的专业归属感和专业荣誉感。把严格引进适当的专业人员与现有资源的盘活紧密有效结合起来，对于高校辅导员工作专业化的整体推进和高校辅导员个体的专业化发展来说，都是意义非凡的。

要求实现专业化在我国高校辅导员群体中有着坚实的群众基础和民意基础。事实上，民间利用互联网自发成立的我国高校辅导员工作专业化的交流平台已经达到了相当多的数量，如成立的全国性或区域性的高校辅导员 QQ 群、网上高校辅导员论坛以及高校辅导员个人的博客网站等。不少高校辅导员利用这些平台针对自己关心的专业问题和专业发展进行了沟通交流与有益探索。这些都将非常有利于我国高校辅导员工作专业化的发展成熟。需要特别指出的是，无论是对于高校辅导员个体的专业化发展，还是对于高校辅导员工作的整体专业化成熟来说，都将是一个长期的过程。“专业知识”“专业技能”都可以通过相对短期的专业训练和专业培养获得，但要想形成职业的“专业自我”却非一朝一夕所能完成。教育学者库姆斯（Combs）在 20 世纪 60 年代出版的《教师的专业教育》一书中提出：“一个好的教师首先是一个人，是一个有独特的人格的人，是一个知道运用‘自我’作为有效的工具进行教学的人。”[①] 在某种程度上，职业专业化的过程事实上就是一门职业“专业自我”形成的过程。因此，我们应该特别强调高校辅导员个体“专业自我”的形成发展，从而带动我国高校辅导员工作的整体专业化进程。

三、关于我国高校辅导员工作专业化的国外经验借鉴问题

有人认为，我国高校辅导员工作好像与教学科研工作没有多大的直接关系，根本不存在国外经验借鉴的问题，因此并不主张从事高校辅导员工作的人员到国外考察学习。其实，这是一种非常片面、狭隘的观点。在这里，笔者不再对我国高校辅导员工作的重要性进行论述，只是要强调我国高校辅导员工作专业化的国外经验借鉴不但重要而且非常必要。我国高校辅导员工作专业化的国外经验借鉴大体上可以划分为两个方面：感性认知和理性升华。感性认知包括实地考察、参观访问等方面，理性升华则是在感性认知基础上的理论总结和系统凝练。

---

① COMBS A W. The professional education of teachers[M].Bosten: Allyn & Bacon, Inc., 1965: 6-9.

在国外经验借鉴的过程中，感性认知和理性升华是必不可少的两个方面，缺一不可。据笔者所知，北京市教委每年会定期组织一批从事高校辅导员工作的相关人员到国外高校学习考察，然后再让他们把考察成果系统化、理论化，陆续地在北京高校辅导员工作建设中推广实施，已经取得了非常好的实际效果。在这里，需要特别强调指出的是，我们在借鉴国外高校学生事务专业化发展经验的过程中，无论是感性认知还是理性升华方面，都需要特别注意以下三点。

首先，应该给予我国高校辅导员工作恰当的评价。国内有一种观点认为学生管理在高等教育可有可无，甚至主观臆断西方大学几乎没有学生管理人员。其实，高校学生事务一直就是美国高等教育不可或缺的重要组成部分。当然，美国高校学生事务从其诞生的那一天起就经受着人们对它在高等教育中地位的种种争议，甚至一度有人主张将其废除。美国高校学生事务的生存危机在 20 世纪 50 年代前后，即美国高等教育迈进大众化阶段的门槛之时达到了一个新的高度。高等教育大众化教育理论的提出者马丁·特罗对此曾指出："每一个发达社会的高等教育问题都与数量增长有关，增长对高等教育系统和支持高等教育的社会提出了各种问题。这些问题产生于高等教育的每一个方面——财政与管理，学生入学与选拔，课程与教学形式，教师的聘任、培训和社会化，标准的制定与保持，考试方式的授予资格的性质，学生的住宿与工作安排，学习动机与学风，教学与科研的关系，高等教育与基础教育的关系以及与成人教育的关系。数量增长对高等教育的每一个活动和表现形式都产生了影响。"① 为了应对高等教育大众化带来的这些影响，美国高校学生事务走上了专业化的发展道路。美国高校学生事务专业化的发展经历向我们表明：在高等教育进入大众化阶段之后，学校的管理将更多地完全依赖于受过专门训练的人才，管理人员将从专业教师中完全分离出来，学校的管理工作也开始由全日制的专职管理专家来担任。就目前我国而言，高等教育大众化带来的共性问题也已经逐渐完全显现出来。从这个角度来说，美国高校学生事务的发展经验与我国目前高校辅导员工作专业化的发展有着极大的相似性，当然也就

① 马丁·特罗著，王香丽译．从精英向大众高等教育转变中的问题 [J]. 外国高等教育资料，1999（1）：26.

存在着经验借鉴的客观发展空间。同时需要特别指出的是，虽然国外高校尤其是美国高校学生事务的专业化早已开始并且也取得了相当多的发展经验，但在借鉴这些国外高校学生事务经验的过程中，我们仍然没有必要美化、神化它们。在这里，同样以美国高校为例。20世纪90年代美国政府为了打击校园吸毒和暴力行为，对那些携带武器或毒品（和某些药品）的学生做停学或退学处理。这就是美国校园所谓的“零容忍”规定。2007年4月，发生在美国弗吉尼亚理工大学造成数十人伤亡的恶性校园枪击事件就从一个侧面反映了美国高校学生事务发展中存在的严重问题。由此可见，每个国家都有自己特殊的情况。通过对美国高校学生事务的了解和借鉴，不但有助于我们更加客观地评价我国高校辅导员工作的发展现状，而且更加坚定了我国高校辅导员工作走专业化发展道路的信心和勇气。

其次，准确把握国外高校学生事务的基本内涵。国内有学者主张用美国学生事务完全取代我国目前的辅导员工作。笔者并不认同这一观点。诚然，美国高校在世界高等教育享有盛誉，但这并不意味着其学生事务就完美无瑕。因此，我们需要借鉴的不是所谓时髦的“话语”，而是深入把握其发展脉络从而走自己的发展道路。其实，不论是美国高校学生事务还是我国的高校辅导员工作，在很大程度上都属于思想文化的范畴。思想文化不同于纯粹的经济和科技发展，它有民族、价值观的差异性，可以借鉴但绝对不可完全复制或照搬。所谓思想文化“共同适用的统一发展模式是不存在的。近几十年的经验充分表明，任何发展模式都不是普遍适用的，也不能推广，无论从地域还是从时间上将都不能推广”[①]。我国高等教育的发展历史也一再证明，任何模式的照搬、套搬终究是行不通的。目前，美国高校的“学生发展”理念和实践模式在很大程度上是要求学生事务人员由传统的纯粹管理者、服务者向教育者角色转化，尤其是要承担学生品格教育的相当任务。特别需要值得一提的是，西方高校学生事务人员同样承载着国家意识的教育任务，并非有人凭空想象的那样与政治毫无瓜葛，只不过他们用更为专业的方式掩盖了意识形态的教育内容。这种做法也应该成为我国高校辅导员工作专业化的重要借鉴内容。国内个别学者打着“学生自治、学生自主”的旗号主张我国高

① 联合国教科文组织 . 内源发展战略 [M]. 北京：社会科学文献出版社，1988：2.

校辅导员工作放弃思想教育转而学习西方所谓的“纯粹管理”，显然这与对西方高等教育管理的认识不足有关。因而，我国高校辅导员工作不能只是承担其日常的管理职责，更应该理直气壮地扮演好其教育的角色，当然这也包括高校辅导员群体本身的自我教育。

最后，我们应该学习国外高校那种始终保持开放心态和革新意识的精神。从前面提到的关于美国高校学生事务的嬗变历程来看，美国高校学生事务实际上经历了一个从确立阶段到发展阶段，再到稳定阶段这样一个螺旋式的上升过程。在这一过程中，尽管也曾遇到种种非议与困境，但美国高校学生事务愈挫愈坚，越发充满活力。美国高校学生事务有着特定规律和内在逻辑，凭借其革新意识与美国的现代化进程和高等教育发展一起成长壮大，逐渐确立了自己不可替代的地位。如果说学生事务的最初确立还是美国高等教育发展被迫需要甚至是无奈之举的话，那么后面的发展阶段和稳定阶段则体现出鲜明的主观发展意识。当然，这种意识是与美国高等教育的客观状况相一致的，充分显现了美国高等教育发展的内在要求。美国高校学生事务人员凭借其开放心态和革新意识，把握住社会变迁脉络和高等教育发展趋势，以自身实力向世人证明：高校学生事务不是去留的问题，而是如何留下得以更好地发展和完善。当前，我国社会转型，高等教育同样处于变革时期，这些都给我国高校辅导员工作带来了前所未有的巨大挑战。但不管是千变还是万化，我们都应该始终保持开放的心态和革新的意识，这将成为我们战胜一切困难的强大利器。

第五章　积极推进高校思想政治理论课教学改革

高校思想政治理论课是加强和改进大学生思想政治教育的重要渠道。积极推进高校思想政治理论课教学改革体现了大学生思想政治理论教育与时俱进的特点，力求更好地适应时代和实践发展的新要求；突出了新时代大学生思想政治教育中理论教育的重点，力求更好地吸收近年来理论研究的新成果；注意了与中学思想政治课程之间的关系，力求更好地反映对大学生进行马克思主义理论武装的高层次。当前，要以创新精神实施思想政治理论课教学改革，深刻理解思想政治理论课新教材的新特点和新要求，大力推进思想政治理论课教学管理方式的改革，切实提高思想政治理论课教师的素质和水平。

第一节　高校思想政治理论课教学改革的主要内容

我国高校思想政治理论课的课程设置一直处于变动中，这种变动的背后是时代在变，实践在变，马克思主义理论在与时俱进，对大学生进行的思想政治理论教育也在与时俱进。

一、深刻理解高校思想政治理论课的特点和要求

高质量的教材是提高思想政治理论课教育教学水平的重要前提。中央明确把高校思想政治理论课教学大纲和教材的编写纳入马克思主义理论研究和建设工

程，由中宣部、教育部直接负责这项工作。自2005年3月以来，这项工作以“定向申报、择优遴选、集中编写”的方式紧张而有序地进行。六门高校思想政治理论课的编写组一般先是用大约半年时间完成教学大纲的编写并通过层层审定，接着又用半年多时间完成教材初稿的撰写，然后进入最后的审定。

各个课题组全面贯彻党的十九大精神和习近平新时代中国特色社会主义思想，落实全国高校思想政治工作会议精神；按照价值引领、能力达成、知识传授的总体要求，深刻领会中央关于繁荣发展哲学社会科学和实施马克思主义理论研究和建设工程的文件精神。在认真进行学术调研、教材调研和大学生思想状况调研的基础上，以饱满的政治热情和严谨的学术作风进行教材初稿的编写工作。首席专家和主要成员把编写教材的过程变成了学习和研讨的过程，重视发挥集体智慧，及时交流修改意见，字斟句酌，精益求精，使教材力求充分反映马克思主义发展和马克思主义中国化的理论成果，充分反映党领导人民进行革命、建设和改革的实践经验，充分反映我国哲学社会科学发展的最新进展。对高校思想政治理论课教材的特点，我们应该有深刻的理解。

在理论内容上准确把握新课程的基本内容，切实保证教学改革的科学性和准确性。“马克思主义基本原理概论”课着重讲授马克思主义的世界观和方法论；“毛泽东思想和中国特色社会主义理论体系概论”课着重讲授中国共产党把马克思主义基本原理与中国实际相结合的历史进程，充分反映马克思主义中国化的三大理论成果和党的十六大以来的新成果；“中国近现代史纲要”课主要讲授中国近代以来抵御外来侵略、争取民族独立、推翻反动统治、实现人民解放的历史经验；“思想道德修养与法律基础”课主要进行社会主义道德和法制教育。高校思想政治理论课教学改革要严格执行上述规定，认真阐述这些内容。

高校思想政治理论课教学改革是突出理论性的，它重在使学生的认识实现由感性向理性的飞跃。但是，为了做到这一点，我们又不能就理论讲理论，而必须紧密联系实际，特别是要联系改革开放和社会主义现代化建设的实际，联系大学生的思想实际。高校思想政治理论课教学改革不仅要讲清楚基本理论观点，而且要对一些重大的理论和实际问题作出说明，作出评述，最好是在说明和评述问题中阐述党的基本理论。要了解大学生中有哪些热点难点问题，并认真加以梳理和研究，有针对性地加以回答。特别是要为大学生思考这些问题提供科学方法论的指导，使学生在诸如为什么中国要由共产党来领导、为什么中国要走社会主义道路、为什么要在意识形态领域坚持马克思主义的指导地位等重大问题上保持清醒，明辨是非。

二、大力推进思想政治理论课教学管理方式的改革

第一，改革教师组合方式。我们再也不能满足于某个学校里有某几个教师的素质比较好、教学水平比较高，因而那几个班的教学效果比较好，在那几个班上课的学生受益的状况，而是要面对全校所有的学生、所有的班级，要力求使所有的班级、所有的学生都有所提高。实行教学组式的教师组合方式就是为了实现这样的目标，一方面使教学水平高的教师面向更多的学生；另一方面防止由于某些教师的教学水平低而影响了学生的学习。比如在北京大学，所有的思想政治理论课都实行了教学组的教师组合，实现了任课教师由“承包型”向“集约型”的转变。北京大学马克思主义学院以专任教师为主，同时又选聘了部分院外甚至校外的专家、学者和领导干部参加教学组，教学组内部形成了互相学习、共同提高的氛围。

第二，改革课堂讲授方式。在北京师范大学，思想政治理论课的课堂讲授普遍采取了专题讲座的授课方式。讲座的专题设计既应涵盖有关课程的基本内容，又应突出目前的教学重点，并适时引入与时俱进的新内容；要尽可能避免与中学思想政治课的重复，力求体现大学生学习的更高层次。采取专题讲座式的授课方式的立意在于，使教师的讲授内容与学生使用的教材之间形成一种辩证统一的关系。教师的课堂教授应该与教材的基本体例和基本观点保持一致，但是，在讨论问题的重点上又应该随着形势的发展变化而有所不同，不求一律，绝对不能照本宣科。凡是学生能够通过自学弄懂的地方就不要讲了，特别是不要再系统地去讲。教师讲授的着力点应该是对学生看书和思考提出要求，对一些重点和难点问题进行指导，对教材做必要的补充以及学术层面的讨论等。

第三，改革排课和选课方式。北京大学从1997年下半年开始改变以往学期排课（即一门课程总是固定排在某一个学期，下一个学期不开这门课）的传统做法，代之以全年滚动排课（即每个学期都开设所有的课程）的新办法。这种做法的好处在于：一是为学生选课提供了方便；二是为教师积累教学经验提供了条件；三是减轻了每一门课程在教师编制上的压力。这种新的排课方式与新的选课方式是联系在一起的。北京大学从2000年下半年开始进行学生自由选课办法的试验，后来逐步推广。到2003年下半年，在所有的思想政治理论课教学中全面实行。这里说的自由选课具体化为学生有三个自由：一是可以在两个学期里自由地选择上课的时间；二是可以自由地选择课堂；三是可以自由地选择任课教师。由于实行的是教学组式的教师组合，因而在北京大学思想政治理论课教师没有下岗的威胁，有的是在教学组中努力提高自己水平的压力。这样做的好处，主要是为学生带来一定范围和一定程度上的自由，学生选课有了一定自主权，比较好地适应了社会主义市场经济体制的社会大环境，使学生的学习与教师的教学之间形成了一种双向选择的契约关系，受到学生的普遍欢迎。

第四，改革讨论组织方式。北京师范大学从2004年上半年开始试验学生课堂讨论的新方式，即“大班上课、小班讨论”，收到了预期的效果。特别是在目前条件下，由于教师编制的限制，我们不可能实行小班（100人以下）上课，但又要特别重视学生的课堂讨论环节，这是学生发表自己的心得体会以及提出问题的重要时机，也是学生参与的重要方式。这样做的好处在于，使更多的学生有发言的机会，教师也能够利用讨论的环节更好地与学生交流。

第五，改革考核方式。思想政治理论课的考核方式是一个需要深入讨论的问题。北京师范大学目前采取的办法是：首先将学生的成绩四六开，即在百分制中平时成绩占40分，期末考试成绩占60分；然后再将平时成绩大体分解为考勤占10分，讨论发言提纲和发言占10分，写心得体会文章占20分。期末考试基本上采取开卷方式，在试题上给学生以自主回答问题的空间，教师要综合评价学生对基本理论掌握的程度，不轻易地判学生不及格。由于开卷考试的试题学生不可能从现成的教材中直接抄，着重检查学生运用基本原理去分析问题的能力，因而对学生学习的要求提高了。

第六，改革教学管理模式。在北京大学、北京师范大学等多所全国高校，思想政治理论课教学普遍实行课程主持人、课堂主管教师、专题主讲教师和助教“四位一体”的管理模式。由于我们的思想政治理论课全部认定为本科生的主干基础课，因而每一门课程的主持人都是由校长任命的，课程主持人要对一门课负全责。每门课程每个学期要安排几个班次，聘请中青年教师担任课堂主管教师，一人管两三个班，在课程主持人的领导下，负责所管班次的教学活动。每门课设计了若干个专题，聘请高水平的专题主讲教师，其责任就是把课讲好。由于这些教师对所分工的专题有很好的研究，有丰富的教学经验，加上他们的人格魅力，一般来说其教学效果是有保证的。助教由博士生和部分硕士生兼任，他们负责到班，为教师和学生提供服务。这四个岗位，做到了分工负责，各司其职，忙而不乱。

三、切实提高高校思想政治理论课教师的素质和水平

第一，牢固树立新的教育教学理念，坚决贯彻以学生为中心的思想。要进一步推进高校思想政治理论课教学的改革，确保教学改革顺利实施的一个重要问题就是必须更新教学理念。那种只是站在教师的角度去考虑问题的思路是不正确的。教师是为学生服务的，高校思想政治理论课教学改革必须牢固树立以学生为中心的新理念。

要做到以学生为中心，就必须了解学生的实际需求和喜好。我们的一切努力都应该以教学内容进学生头脑为根本出发点和落脚点，以教学活动激发学生兴趣为追求目标，以教学方式得到学生接受和欢迎为评价尺度。我们应该正确认识学生。对于当代大学生在思想政治上存在着这样或那样的模糊甚至不正确的认识，我们用不着大惊小怪，它是社会各种复杂矛盾在大学生身上的反映。同时也要看到，大学生思想政治上的种种问题是他们在成长过程出现的问题，这些问题是可以通过学习逐步得到解决的。在高校开设思想政治理论课，就是为了帮助大学生进一步认识科学理论的重要性并愿意接受教师的指导和帮助。我们要推进思想政

治理论课的教学方法、教学管理体制的改革，不能以教师的喜好、教师的兴趣、教师的得失去考虑问题，而应该从学生的角度去考虑、去设计、去落实。凡是有助于教学内容进学生头脑、有助于激发学习的积极性，凡是学生喜欢的、愿意接受的、认可的教学方法和手段，我们都应该去做（包括去学），哪怕再麻烦、再辛苦，也是值得的、应该的。

第二，高度重视科学研究工作，努力增加教学中的科研含量。高校思想政治理论课的政治性是显而易见的，不容含糊，它的设置是社会主义大学本质要求的体现。与此同时，它的科学性也是十分重要的，是科学性与政治性的统一。要提高思想政治理论课的说服力和感染力，任课教师的一个重要任务就是，努力加强对思想政治理论课所涉及的重大理论和实践问题的研究。要用深入研究所获得的成果去支撑高水平的教学，用自己深刻理解了和真正把握了的科学理论去讲解，才能说服学生、打动学生，才能真正实现科学理论进学生头脑的目的。任课教师不能完全照着教材讲课，而应该努力去揭示教材的背后，为学生阅读教材、思考问题提供指导和帮助。高校思想政治理论课教学当然有政治宣传的任务，但是，我们应该力求在政治宣传中讲出学术性来。高校思想政治理论课教师要从学科建设的角度，去深刻认识和正确处理高校思想政治理论课教师的科研与教学之间的关系，要以学科建设的丰硕成果去支持高校思想政治理论课的教育教学工作。

第二节　高校思想政治理论课的“三生”维度

2008年，加拿大学者布赖恩·亚历山大（Bryan Alexander）和戴夫·科米尔（Dave Cormier）率先提出大规模在线开放课程（Massive Open Online Course，MOOC）这一概念。2012年7月，斯坦福大学计算机专家达夫妮·科勒（Daphne Kolle）和吴恩达（Andrew Ng）创立Coursera公司并联合普林斯顿大学、斯坦福大学、多伦多大学、爱丁堡大学等众多世界级著名高校，全球性商业化运作MOOC。MOOC作为一种全新的教育模式，具有完整的课程结构（课程目标、协调人、话题、时间安排、作业、考核等），所有资源和信息都是开放的，没有人数、时间、地点的限制，学习者可以根据自己的习惯和偏好使用 Wiki、博客、社交网站等多种工具参与学习甚至可以花费较低的成本通过网络修满学分并获取名校文凭。

在世界顶级名校效应及互联网商业模式成功运作的合力作用下，MOOC 迅速兴起并席卷全球。2013 年 5 月 21 日，我国清华大学正式加入 MOOC，并首次上线四门课程。据不完全统计，截至 2012 年 8 月 10 日，上线不过数月的 Coursera 公司主导的 MOOC 就已有超过 100 万注册学生，遍及全球 119 个国家，美国占 38.5%，巴西占 5.9%，印度占 5.2%，中国占 4.2%。这意味着，热衷在 Coursera 求学的中国人已超 4 万。[①] 基于 MOOC 具有开放性、大规模、即时性、个性化等特点，MOOC 对传统高等教育的冲击是显而易见的，甚至有人提出未来世界的大学总共不会超过 100 所，绝大部分都将淘汰。这种冲击会对我国大学发展造成影响，当然也会对高校思想政治理论课形成挑战。这种挑战是全方位的，简而言之，包括对高校思想政治理论课教学实效性、吸引力、感染力的挑战，高校思想政治理论课课程建设必要性的挑战以及高校思想政治理论课教师自身素养的挑战等。

基于此，我们是欣然接受、积极应对还是视而不见、消极退让呢？绝大多数人会选择前者。如果选择前者的话，我们又该如何应对呢？笔者的回答是：在变化中求变革。

顾名思义，高校思想政治理论课与其他课程的最大区别恐怕就在于其鲜明的“思想”二字。思想性决定了高校思想政治理论课与“三生”即生命、生存、生活紧密相连。

首先，高校思想政治理论课是生命的教育。“05 方案”实施以来，高校思想政治理论课的宏观管理、师资队伍、教材建设、教学方法等方面的改革成效显著，但在使大学生“真学、真懂、真信、真用”这方面的任务仍然艰巨。影响“真学、真懂、真信、真用”的因素来自两个方面：有来自外部的，包括 MOOC 这样的大规模在线开放课程的冲击，但更多的可能来自我们对高校思想政治理论课的认知偏差。我们经常说，高校思想政治理论课的教育目标是培养和造就德智体美全面发展的中国特色社会主义事业的合格建设者和可靠接班人。这也应该是高

① 王文礼 .MOOC 的发展及其对高等教育的影响 [J]. 江苏高教，2013（2）：74.

校思想政治理论课的应有之义。但我们往往习惯于把注意力放在前面的形容词修饰语上，而容易忽视后面的“者”和“人”。其实，如果不能成为一个完整的“者”和“人”，那么前面的形容词修饰语也就无从谈起。在笔者对北京某高校进行大学生思想素质状况调研的时候，一位大学三年级学生基于投入与产出的不对称提出北京地铁的残障设施应该全部取消，在场的一些同学对此表示认同。这种所谓的“理性经济人”思维反映出把人完全异化为经济动物，其根本就在于缺少生命的认知。试想一下，如果整个社会的重要岗位都是由认同这种思维的人来担任，我们的社会往何处发展，又将冷漠到何种程度？

诗人泰戈尔曾经说过：“教育的目的应当是向人传送生命的气息。”从本质上讲，教育的最高使命就是激活生命。“动物和它的生命活动是直接同一的。动物不把自己同自己的生命活动区别开来。它就是这种生命活动。人则使自己的生命活动本身变成自己的意志和意识的对象。他的生命活动是有意识的。”[①]动物的活动与它的生命是完全一致的，没有本能与意义的区分。人来自于物，却又不是物；有着动物的生命体，却又区别于动物的生命本性。人之所以为人，就在于他是双重的生命体，即物理生命和精神生命的统一体。物理生命和精神生命的完善程度，就取决于教育。教育是因为人的生命而存在，生命的生长需要才是教育的基本内容。但长期以来，我们的教育语境并不关乎人的生命，而是把教育作为工具。对教育的关注，不是因为人本身的需要，而是因为社会的直接需要，间接由培养社会的人来完成，这就是工具主义的教育语境。教育的工具主义思维方式，导致了功利主义教育盛行，造成了生命的遮蔽。[②]当政治需要的时候，人被培养成为政治人；当经济需要的时候，人又被塑造成经济人。正如西方学者达拉里（Dallaire）所言，“教育成为制造劳动者的一台机器，通过教育的塑造，人被变成追求物质利益的人，掌握生产技术成为受教育的全部目的，这样，人愈是受

① 中共中央马克思恩格斯列宁斯大林著作编译局．马克思恩格斯全集：第 42 卷 [M]. 北京：人民出版社，1979：96.

② 冯建军．生命与教育 [M]. 北京：教育科学出版社，2004：2.

教育，他就愈被技术和专业所束缚，愈失去作为一个完整人的精神属性”[①]。反思一下我们对于高校思想政治理论课程的认知，难道不也存在同样的问题：我们自身的课程定位、教案设计、教学内容、考核方式等是不是有些偏离了大学生的生命成长需要？高校思想政治理论课在部分高校尤其是在一些专业特色类院校的边缘化地位是不是也与此有关呢？

高校思想政治理论课不仅仅是传授知识、教人“何以为生”的课程，更是引导受教育者对“为何而生”进行人生思索。生命不仅仅意味着物理生命的活着，更在于精神生命中真善美、理性与非理性、认知与情感的日臻完善。从这个意义来讲，热爱生命、珍惜生命、享受生命、敬畏生命应当成为高校思想政治理论课的应有之义。

其次，高校思想政治理论课是生存的教育。人之为人是因为人具有不同于其他物的特性，“动物只生产自己本身，而人再生产整个自然界；动物的产品直接同他的肉体相联系，而人则自由地看待自己的产品。动物只是按照它所属的那个种的尺度和需要来建造，而人却懂得按照任何一个种的尺度来进行生产，并且懂得怎样处处都把内在的尺度运用到对象上去；因此，人也按照美的规律来建造”[②]。正是人类的这种对象性活动体现了人类生存的有意识性，而非盲目性。生存的有意识性也反映出人是一种价值性的存在，追求真善美成为人类的永恒主题。也正因为如此，我们才需要不同层次的专门的价值教育。高校思想政治理论课就是担当这样的角色。对于大学生而言，高校是制度化学校教育系列里他们完成社会化、独立学会生存的最后一站。那么，高校思想政治理论课能为他们的未来生存提供哪些助力呢？恐怕应该是思想力。所谓“思想力”，指的是人为了把握自身命运、认清当下处境和未来方向、更好地选择前进道路，而主动运用自己的理论思维并因此而在社会发展中所具有的影响力。[③]具体而言，高校思想政治

① 王坤庆．当代西方精神教育研究述评 [J]. 教育研究，2002（9）：64.

② 中共中央马克思恩格斯列宁斯大林著作编译局．马克思恩格斯全集：第 42 卷 [M]. 北京：人民出版社，1979：96-97.

③ 贺来．哲学“思想力”与文化软实力的建构 [J]. 光明日报，2009-06-16.

理论课的思想力体现在两个方面：一方面，培养学生的批判和反思能力，实现对世俗和存在的超越。当一个人失去了批判和反思能力，对所处的环境处处感到满足的时候，丧失了人的否定性、批判性和超越性，沉溺于动物式的“幸福”与“满足”之时，就容易成为“单向度的人”。可以说，如果没有对现实及其规定性的反思和批判，就不可能有超越，人类社会发展和文明的进程就会停滞，个体也会在故步自封中走向沉沦与异化，失去生命的创造力，最终只能是行尸走肉般的活着。教育“应该使每个人尤其借助于青年时代所受的教育，能够形成一种独立自主的、富有批判精神的思想意识，以及培养自己的判断能力，以便由他自己确定在人生的各种不同的情况下他认为应该做的事情”[①]。在信息爆炸的网络时代，“教育的基本作用，似乎比任何时候都更在于保证人人享有他们为充分发挥自己的才能和尽可能牢牢掌握自己的命运而需要的思想、判断、感情和想象方面的自由”[②]。事实上，马克思主义之所以能够一直保持旺盛的生命力，其秘密就在于强大的反思和批判能力。可以说，反思和批判是马克思主义的精髓之一。高校思想政治理论课应当旗帜鲜明地将老祖宗这一优良传统继承并发扬光大，培养更多具有“思想力”的人，进而提升整个国家的软实力。另一方面，高校思想政治理论课的“思想力”还应成为一种激励当代大学生不断前进、创造未来的“前导性力量”，为社会发展不断注入正能量。“大学之道，在明明德，在亲（新）民，在止于至善。”高校思想政治理论课应该是传授这种“大学之道”的当然场域，通过自身的思想力辐射大学生、辐射全社会。大学里面的反思和批判不是为了推卸责任，不是为了情绪宣泄，而是为人类社会的未来发展提供种种新的可能性。高校思想政治理论课应该有意识地引导当代大学生超越现有的狭隘视野，“脚踏实地、仰望星空”，永葆求真意识、向善意识和审美意识，主动思索和创造另一种可能的生存方式。

最后，高校思想政治理论课是生活的教育。教育源于生活，教育为了生活，教育就是生活。在教育理论中，生活包括两个方面：非日常性的精神生活和日

① 联合国教科文组织.教育——财富蕴藏其中[M].北京：教育科学出版社，1996：85.

② 联合国教科文组织.教育——财富蕴藏其中[M].北京：教育科学出版社，1996：85.

常性的社会生活。近年来，回归生活已经成为教育学界的一个热门话题。为了提高高校思想政治理论课教学实效性、吸引力、感染力，越来越多的教师开始从日常性的社会生活提取素材，取得了较好的教学效果。这是需要继续加强的方面，但不能仅仅停滞于此。“‘生活’一词不可取生理学的含义，而是指有目的的生活，它表明精神的创造性——在最广泛的意义说，它在历史之中创造文化。正是这种生活构成了种种精神科学的主题。”① 我们经常引用的“人，诗意地栖居在大地上”就是指向非日常性的精神生活。“生活的意义就在于创造可能生活”。② 也就是说，人不仅拥有现实生活，而且能够创造可能生活。所谓可能生活，是人根据自己选定的价值理想在精神中建构的生活形式，这种生活形式产生于现实生活之中，又为现实生活提供了目的和意义参照。现实生活永远是未完成的生活，对可能生活的追求同样也是一个永无止境的过程。③ 从本质上讲，高校思想政治理论课立足于现实生活，指向的却是可能生活。现实生活与可能生活，二者缺一不可。马克思主义之所以能够在众多社会思潮中脱颖而出，其根本原因就在于立足现实世界并为人类描绘了一幅可能生活的发展图景。因此，高校思想政治理论课需要从现实生活世界获取鲜活的素材，但不是为了获取而获取，更不是仅仅为了取悦学生，而是运用马克思主义理论的逻辑魅力和信仰力量导向可能生活。高校思想政治理论课应当也有能力引导大学生在人生不同的时期、面对不同的社会生活情景作出价值判断和选择，让更多的大学生选择一种有价值的生活。只有这样，高校思想政治理论课才能既生动又深刻，既鲜活又不失沉稳。

第三节　强化高校思想政治理论课教学的问题意识

问题是时代的声音，每个时代总有属于它自己的问题，只有树立强烈的问题意识，才能实事求是地对待问题，才能找到引领时代进步的路标。增强问题意识

① 胡塞尔．现象学和哲学的危机 [M]. 吕祥，译．北京：国际文化出版公司，1988：135.

② 赵汀阳．论可能生活 [M]. 北京：生活・读书・新知三联书店，1994：24.

③ 高德胜．生活德育论 [M]. 北京：人民出版社，2005：20.

符合马克思主义认识论和辩证法，是贯彻党的思想路线的具体体现。强化高校思想政治理论课教学的问题意识是高校思想政治理论课教学改革的题中应有之义。为了更好地说明这一点，笔者以马克思主义信仰的教案设计为例。

【教学主题】坚定理想信念，在价值多元化时代确立马克思主义信仰。

信仰是在人的精神世界中占据统领地位的最高层次的信念，也是理想信念问题的核心。因此，本专题在上一讲系统学习理想、信念、理想信念等理论知识的基础上，着重结合当前价值多元化时代大学生的信仰问题展开讨论。大学生对信仰问题的思考多集中在“人为什么需要信仰”“到底什么样的信仰才是好的”“马克思主义信仰为什么是科学的”等方面。大学阶段正是大学生形成科学信仰的关键节点，如何在教学中切实将关于信仰的基本理论知识与大学生的思想困惑结合起来，从学生的思想困惑中帮助学生找到马克思主义科学信仰的方向指引，是本部分要力图解决的主要问题。在具体的教学设计中，我们从大学生关于信仰问题的思想困惑入手，通过对价值多元化背景下不同信仰的比较分析，引导大学生深入认识马克思主义信仰的先进性和科学性所在，从而引导大学生在价值多元化的时代自觉选择并逐步确立马克思主义的科学信仰。

【问题链】

一、人为什么需要信仰？

教材知识点：理解信仰内涵，对“信仰是什么”“信仰在人的众多需要中处于哪个层次”“信仰对于人生发展能起到什么作用”等建立科学的认识。

学生关注点：人没有信仰可以吗？

教学结合点：

（一）信仰在人的众多需要中处于哪个层次？

（二）信仰对于人生发展能起到什么作用？

二、到底什么样的信仰才是好的呢？

教材知识点：如何在价值多元化的时代选择、分辨五花八门的信仰世界？

学生关注点：学生如何在五花八门的信仰世界中选择适合自己的信仰呢？

教学结合点：

（一）信仰有好坏之分吗？

（二）如何才能找到好的信仰？

三、我们为什么要选择马克思主义信仰？

教材知识点：理解马克思主义信仰的科学性，就要对“马克思主义信仰到底是什么”“马克思主义信仰具有哪些特征”以及“如何看待马克思主义信仰的实现问题”有一个科学的认识。

学生关注点：共产主义信仰在价值多元化的时代到底还有没有价值？

教学结合点：

（一）马克思主义信仰到底是什么？

（二）与其他信仰相比，马克思主义信仰具有哪些特点？

（三）如何在价值多元化时代确立马克思主义信仰？

【教学详案】

有信仰的人不一定都幸福，但是没有信仰一定不幸福。在墨西哥有这样一个故事：一群人一起赶路，突然有一个墨西哥人停了下来，旁边人问他为什么停下来，他说：“我走得太快了，把灵魂扔在后面了，所以要等一等。”其实，在某种程度上，这个故事中的一群人就是我们，现在很多人的身体在这个快节奏的社会中穿梭，但他的灵魂是否也被扔在后面了呢？当我们只有现实目标，没有人生信仰的时候，很容易出现不知道将来要干什么的困惑。从根本上讲，这种困惑和信仰缺失是联系在一起的。认定人有信仰的需要，是就人类存在的经验事实来看，人可以有并且已经有这样一种需要。这并不是说每个人类个体都会有这样的需要，更不是说人如果离开对信仰的自觉追求就不能存活。就人作为一种动物的自然属性而言，就像猪、狗、猫等动物在其生命得以延续的物质需要都被满足后就能存活一样，人在其吃、喝、穿、住、呼吸、排泄等需要被恰当地满足后，也可以存活。不过这只是生物学意义上的存活，而任何处于社会环境中的人，几乎都不可能仅仅在生物学意义上存活。即使是在社会存在的状态下，没有信仰自觉仍能活着也是不可否定的事实。其主要表现可概括为以下三种情况。

一是虽然没有对于信仰的自觉追求，却能自觉或不自觉地在社会约定俗成的伦理规范和法律范围内生活。其人生价值仍可能在相当大的程度上实现，即作为人，其精神和物质潜能都能在自觉或不自觉地保持了与社会整体人文价值一致的情况下得以发展和实现，甚至能在特定的领域为社会作出贡献。

二是受到人化的动物性欲望的支配，钱名利色成为其生命的自觉追求。这种人对于社会伦理规范和法律的遵守是消极、被动或被迫的，对于种种能满足钱名利色欲望的思想、制度、风俗相应地也都是无原则地跟着跑的或无批判的。在社会风尚良好、法律健全的情况下，从利益最大化的功利主义出发，他们能做到遵纪守法。然而，当有机会行缺德违法之事而不被发现和惩罚时，为了其私欲的实现，他们会选择违背伦理和法律。

三是主动并严重地违反社会伦理规范和挑衅法律，这种人是公然地、故意地侵犯和伤害社会与他人的罪犯。

上述三种都可视为缺乏正确信仰自觉的行为表现。第一种情况比动物要好，第二种情况与动物相近，第三种情况则属我们通常说的禽兽不如。然而三种情况都并不影响人生物学意义上的存活。①

我们首先要意识到，人对信仰的精神需要不是先天的，也不是每个人都会有这种精神需要。但是，作为人类的一种经验事实的信仰，仅在曾有、现有及将可能有信仰追求的人的范围内，其信仰发生的人类心理的或主观的基础又是什么呢？我们从包括宗教在内的所有人类信仰的经验中，可以概括出这样的具有普遍性的人类信仰需求的发生学原因：这是人凭借理性和生活经验能发现自身生命的终极有限性并能形成超越这种有限性的心理或精神要求。

在现实生活中，人人都有对信仰的需要，只是有人找到了自己的信仰，有人没有找到而已。而人之所以寻找安身立命的东西，就是由于内心的需要。当然，有一些没有信仰的人，他们并不是没有找到自己的信仰，而是根本就没有去寻找，或不想寻找。但这并不意味着他们不需要信仰，或者没有对于信仰的需要，只是说明他们还没有明确意识到或强烈体验到自己的这种需要。换句话说，他们的信仰需要暂时被别的东西遮蔽了。

---

① 刘利华．信仰的意义[J].首都师范大学学报（社会科学版），2008（2）：35.

可见，人们对信仰的需要有其特殊性。信仰作为一种比较抽象或比较高级的精神层面的需要，并不像那些吃喝之类生理上的具体需要易于为人们所感受到，特别是当人们身处喧嚣的世俗生活中时，往往听不到自己内心深处的声音。但是，一旦把世俗的喧嚣暂时区隔开来，有一种扪心自问的场合或情景时，就比较容易感受到这种需要。显然，在这些场合人们易于受到一定信仰的感染。

信仰的需要是一种与人的生存根基连在一起的根本性需要。人们的信仰当然是后天形成和确立起来的，但人们对信仰的需要却具有先天的性质。这里的“先天”并不具神秘意义，它不过是说，只要是人，都或多或少具有这种需要。这是人类在千万年漫长历史中形成的需要。人们对信仰的需要及其满足既不能被取消，也不能被替代。富足的物质生活当然是人生的极大满足，特别是对长期处于贫困状态的中国人而言，怎样高估现在所达到的物质生活水平的意义都不过分。但是，再富足的物质生活，也不能替代信仰及其价值。从物质享受中得到的快乐和意义感是有限的、不可持续的。只有精神生活才能提供不绝的生活意义和长久的快乐。但精神生活也十分广泛，并不是所有的精神生活和追求都具有信仰的意义。亲情生活、学习知识、欣赏艺术等，都是高度的追求和享受，但也不能代替信仰，因为信仰更根本、更深刻。①

价值多元是现代社会的重要特征。这种多元是社会生活多样化的结果，是生活主体利益分化的结果，也是社会活动的自由空间增大的结果。在价值多元的社会中生活，必然会有价值选择的问题。信仰选择是一种更为根本、更为全面系统的价值选择。一种信仰总是容纳和包含着一系列的价值，因而一种信仰的选择也就包含着一系列的价值选择。信仰是一种价值整合，当一个人作出了信仰的选择时，他的一系列的价值选择也就从根本上决定了。

一个人信仰什么，或者选择什么样的信仰，必然会受到多种因素的影响。首先是社会主流价值观的影响。在价值多元、信仰多元的社会中，往往会有主导思想和主导价值观。这种主导的思想对人们的信仰选择有着重要的影响，人们总是自觉或不自觉地从主流文化中汲取思想信仰的营养，或者直接以主流信仰为自己

---

① 刘建军 . 信仰作为一种需要 [N]. 中国教育报，2012-08-31.

的信仰。但主流信仰的影响并不能代替自己作出决定。每个人都有选择自己人生信仰的权利。尽管社会生活中人们信仰什么并不总是自由选择和慎重选择的结果，但从理论上讲，一个人选择什么样的信仰是他的自由。社会可以对人们的信仰选择提供建议和帮助，可以倡导和引导，但并不能强迫。①

对信仰的选择不能采取随意、糊涂的态度，或只是跟着感觉走，而应有所思考、有所选择。为什么呢？

第一，不同的信仰会导致不同的人生。信仰对一个人的一生有全面而深远的影响。对此，决不可以等闲视之，掉以轻心。信仰不是某种工具，不合用可以随意丢开；信仰也不是一种职业，不喜欢时可以更换。信仰具有最大的稳定性，它虽然不是一劳永逸的，但它确实不是可以随意更换、变来变去的。有人说过，手帕都不是随意丢弃的，更何况人的信仰呢？所以选择信仰，必须慎之又慎。

第二，在多样的信仰资源中，总会有一些信仰的陷阱，比如邪教和迷信团体等。一说起信仰，人们总觉得是十分美好的东西。但在现实中，并不是每一个信仰或自称为信仰的东西都是好的。一些邪教和迷信团体，不仅对人生无益，而且往往对社会有害。它们也打着信仰的旗号，但它们就像沼泽地，人们一脚踩下去，就很难拔出来了。

第三，在信仰的选择上，人也肩负着对自我、对家庭和社会的责任。选择信仰无疑是个人的一种权利，但也是一种责任。它的结果不仅影响到个人，也影响到家庭和社会。所以，人要以自觉的态度来对待信仰的选择，既对自己负责，也对家庭和社会负责，不能采取随波逐流的态度。

马克思主义信仰引起的人类信仰的变革，是在近现代人类信仰变动的过程中，在宗教信仰的衰落和对宗教的清算中，在世俗信仰的兴起和对世俗信仰发展中的不健康倾向的斗争中，在对现代人类信仰图景和格局的影响中完成并表现出来的。

马克思主义产生于19世纪中叶，这是一个人类信仰的世俗化趋势在清算宗教的过程中进一步发展的时期。自从中世纪结束以来，这种世俗化一直是信仰变动的主要趋势，而且这种趋势一直延续到现代，并在现代达到前所未有的深度和广度。

① 刘建军．信仰的选择很重要[N]．中国教育报，2012-08-24.

马克思主义信仰的产生是信仰世俗化的结果，又是对信仰世俗化的一大推进，也是对信仰世俗化带来的不良结果的克服和扬弃。它的产生和发展在现代世界信仰的复杂变动中划了一条明晰有力的轨迹，体现了人类信仰在世俗化过程中的进化和进步，表现在两个方面。其一，在人类信仰的世俗化过程中，冲破宗教幻想的樊篱，向着信仰的现实化方面迈进。这一信仰的现实性方向代表了信仰世俗化的积极方面，扬弃了世俗化的消极方面即庸俗化的方面。这种信仰的现实化不是沉溺于世俗享乐，也不是以赤裸裸的方式恢复对盲目的现实力量的崇拜，而是通过对现实及其发展规律的正确、深刻、全面的把握来塑造真实而崇高的信仰，它是现实主义与理想主义，世俗生活与神圣的精神生活的和谐完美的统一。其二，人类信仰在现代的世俗化过程中，拂掉现代迷信的蛛网，向着信仰的科学化、合理化方向前进。这种信仰的科学化不是把信仰还原为技术，不是把唯科学主义的狭隘崇拜抬上王座，而是从根本上赋予人类信仰以真实可信的性质。

那么，马克思主义信仰的基本内容是什么，包含哪些基本部分呢？大致来说，马克思主义信仰包含四个基本部分：唯物主义的世界图景、共产主义的远大理想、为人民服务的根本宗旨、自由全面的人生追求。这四个基本部分共同构成了马克思主义信仰体系。①

首先，唯物主义的世界图景。唯物主义的世界图景是马克思主义信仰的世界观基础。辩证唯物主义认为，人类生存于其中的世界是物质的世界，不存在什么超自然的神秘存在和神秘力量；人类社会是物质世界运动发展的最高级的形态，人类可以认识物质世界的规律，并按客观规律不断地改造世界与自身。这样的世界观当然是一种科学的无神论。

其次，共产主义的远大理想。共产主义的远大理想是马克思主义信仰的社会理想和价值目标。马克思主义信仰不只是对世界的面貌和图景作出自己的解释，而且为历史主体指出努力的目标和方向，这就是共产主义的社会理想，它是社会进步和人类解放的共同理想。马克思主义经典作家预见了这个理想社会中的基本特征和状态，指出了这个社会中的生产力水平、生产关系性质、社会

① 刘建军.坚守共产党人的精神追求[N].中国教育报，2012-11-16.

治理状况，以及人与人之间的关系和精神面貌等特征。我们大体上可以将之概括为三个方面：一是物质产品极大丰富，消费资料按需分配；二是社会关系高度和谐，人们精神境界极大提高；三是每个人自由而全面发展，人类从必然王国向自由王国飞跃。这一社会理想是人类历史发展的必然趋向和未来的社会形态；同时，它又是无产阶级政党带领广大人民群众自觉追求的价值目标，也是共产主义者个人的精神寄托和向往。

再次，为人民服务的根本宗旨。为人民服务的根本宗旨是马克思主义信仰中的根本信念和道德要求，它体现的是一种人民至上的思想认同和精神导向。把“为人民服务”放在信仰论的视野中来考察，就会发现它有浓厚的信仰属性，有多层面的信仰内涵。凡是信仰，都能向信仰者提供一种终级性的关怀和永恒的意义。为人民服务具有信仰的终极性价值，在为人民服务的过程中能够实现永恒价值。个体都是有限的，都有追求永恒、实现不朽的愿望和倾向。有限来源于无限，从无限中获得生命，最后归于无限。①

最后，自由全面的人生追求。自由全面的人生追求是马克思主义信仰中的价值取向和人生境界。马克思主义信仰无疑是群体性、社会性的，但它不仅不排斥个人，而且包含着个人追求，并最终落实在个人的追求上。马克思主义信仰讲人的自由而全面的发展，实质上就是个人的发展。

对马克思主义信仰的四个部分，可以概括为：唯物主义的世界图景就是“世界自足，不谈鬼神”；共产主义的远大理想就是“社会发展，人类解放”；为人民服务的根本宗旨就是“人民至上，服务群众”；自由全面的人生追求就是“人生自由，全面发展”。这四句话可以更简要地表达出马克思主义信仰的基本要点。这一由四个基本部分构成的信仰体系，具有两个焦点，一是共产主义远大理想；二是为人民服务的根本信念。把握住了这两个焦点及其关系，就掌握了马克思主义信仰的精髓。

90 多年前，13 个选择了马克思主义信仰的革命者，那些平均年龄 28 岁的青年很难想到，1921 年 7 月那个燥热的季节，上海法租界石库门里的秘密集会，那颗从遥远西方“盗来”的火种，会燃烧成光耀中华的绚丽日出，它荡涤风雨如

① 刘建军．“为人民服务”是一种信仰 [N]. 中国教育报，2012-09-28.

磐的暗夜，最终改变了20世纪中国的走向，改写了人类社会发展的历史。马克思主义信仰以及由该信仰衍生的伟大精神，既不只是出自痛恨资本主义的道德义愤，也不只是源于向往共产主义的善良愿望，而是基于对人类社会发展规律的科学认识。让每一个人都能得到发展，社会才能真正走向繁荣，这是震古烁今的人间正道，是颠扑不破的永恒真理。它告诉我们：选择为人民而奋斗，它的生命必将永恒，它的事业必将长存。

第四节　高校思想政治理论课教师的新“三观”

一、新的知识观

不少高校思想政治理论课教师都曾困惑于高校思想政治理论课与中学思想政治课教学内容的重复问题。的确，教学内容的重复会影响实际的教学效果。但重复不可怕，甚至同义重复也没关系，关键在于我们如何看待大学的知识。大学所研修的知识，其主干并非实用的技术规则，而是技术的原理，即“知识的知识”。原理性知识为各类职业技术所倚凭遵循，但并非其认知与传授的对象（“百姓日用而不知”），唯有大学将各行业技术所根据的原理作为知识研讨并传授为学术传统。这是大学与职业学校乃至专才学院的根本区别之一。知识体系本身的重要性超过了所研究的特定对象及其应用价值。大学精神之理念在此体现为“为知识而知识”，即“爱智”。这里的“智”并非仅指近代科学意义的规律认知，而是真善美统一的人生最高智慧。因而，大学知识的整合性不仅指各科分支知识的系统化，而且是指知识意志情感及相应各类学问与价值的有机统一。这种有机统一系于人格的全面发展与完善，由此而指向大学人文教化的最高目的。① 因此，网络时代的MOOC能够成为大学教育的重要补充，但不可能完全取代大学。也正因为这一点，从事高校思想政治理论课的教师应该具备更强的职业自信和职业自豪感。与此同时，这也对高校思想政治理论课

① 尤西林．大学人文精神及其社会功能[N]．学习时报，2008-10-11.

教师的自身素养提出了更高的要求。笔者在教学过程中，深刻感受到高校思想政治理论课不仅仅是一门课程，更是涵盖了政治学、社会学、文化学、经济学等学科在内的哲学社会科学综合课程。这一点，相信不少高校思想政治理论课教师深有同感。就能力而言，大多数人不可能穷尽哲学社会科学的所有知识。但我们能够做到的是，运用哲学社会科学领域的最新相关理论（包括马克思主义的甚至反马克思主义的理论）就某些知识点进行深入解析，给学生呈现理论逻辑的迷人魅力，而非直接展示“陈述性知识”。高校思想政治理论课，之所以称为“理论”，就是需要揭示规律的科学性、深刻性、解释力，需要体现马克思主义理论的逻辑魅力。事实上，马克思主义是在与其他社会思潮的比较、论辩、斗争中才脱颖而出的。当代大学生群体具有善于思考、勤于比较、视野开阔的鲜明特点。如果高校思想政治理论课不能主动为他们提供思考和比较的空间，那么其他意识形态就有可能乘虚而入。因此，高校思想政治理论课不应该仅仅只是马克思主义理论的独白，而是马克思主义理论与其他理论形态的平等对话舞台。对于马克思主义理论，我们应该有足够的理论自信。只有通过反复比较、论辩、反思才能向大学生呈现出更加完整的马克思主义理论图谱，也才能更加彰显马克思主义理论自身的科学性、真理性和说服力。

与此同时，我们还需要引导大学生在与知识展开平等、开放的对话中，自主运用相关理论关注社会、思考社会进而形成“个人知识”。个人知识强调学习者的创造者眼光和当局者思维，内蕴着个人的热情投入、隐性知识、品位和视野，通过“确定性知识”获取“非确定性知识”再达及“确定性知识”。只有通过知识观的转变，高校思想政治理论课教师及其教育对象才能真正实现从知识的旁观者到知识生产的参与者的转化。

二、新的课程观

“课程”一词，在我国始见于唐宋时期。宋代著名教育家朱熹在《朱子全书·论学》提到，“宽著期限，紧著课程”“小立课程，大作功夫”。这里的“课程”就含有学习范围的意思，包括礼、乐、射、御、书、数六艺以及孝、悌、忠、信等伦理道德。在西方语境中，“课程”一词源自拉丁语的词根“跑道”，意指学习者沿着学习的“跑道”学习。由此可见，课程的原意大体上是指经过精心组织的知识内容。在工业化时代，课程更是细化为分门别类的教材知识体系。然而，在信息大爆炸的今天，人们越来越深刻感受到这种传统知识课程观的局限性，开始提倡能力导向的研究性课程观。传统知识课程观关注目标和结果、认同和掌握、效率和控制、可测性和精确性，主张把教师和学生训练成既定真理的被动接受者，而不是知识的积极创造者。在这种课程观指导下，课程具有稳定性、控制性、封闭性和对称性，被视为一种超历史的普遍性法则、一种传递知识的工具，旨在使学生掌握一套固定的成果。能力导向的研究性课程观是指学生在教师指导下，根据各自的兴趣、爱好和条件，选择不同的研究课题，独立自主地开展研究，从中培养自主学习能力、创造能力和创造精神的一种课程观。这种课程观关注过程，把课程建立在实际教育情景的基础上，尊重并鼓励学生张扬个性，强调学生主体性、创造性的发挥和发展。① 在这里，仅以社会主义核心价值观的讲授为例。笔者曾在一所以财政、金融、保险等经济学专业为主的大学授课，在教学中发现一个有趣的现象：如果不能在经济方面让同学们心服口服，那么教学效果就会大打折扣。因此，在讲授社会主义核心价值观的时候，笔者不再单纯地从价值层面讨论社会主义核心价值观，而是与如何看待社会主义市场经济体制结合起来，鼓励并引导同学们用各自所学的经济学专业知识来分析社会主义核心价值观。通过这种能力导向的研究性课程学习，同学们普遍反映学以致用，有一种高校思想政治理论课的学习成就感，更加明确了自身的社会责任。

我们通常把高校思想政治理论课定位于大学生“真心喜爱、终身受益、毕生难忘”的优秀课程。只有坚持能力导向的研究性课程观，才可能真正达到“真心喜爱、终身受益、毕生难忘”的课程目标。任何课程只有内化为学生能力的发展需求，才能言之有物。高校思想政治理论课只有让当代大学生充分感受到一种能力成长的需要和心灵成长的力量，这门课程才能真正调动并挖掘出同学们的学习积极性和内在潜能。

---

① 周光礼，姜嘉乐 . 研究性学习：本科教学改革的主导模式 [J]. 中国高等教育，2009（20）：21.

三、新的教学观

与新的知识观、新的课程观相呼应，新的教学观要求从单向度的问答式教学转向开放性的对话式教学。在问答式的教学过程中，教师可以根据教材内容一个接一个地提出问题，学生抢着回答。积极回答的学生虽然有主动的心智与情感活动，但这些活动基本上都是指向教师的，与本人的内心世界关联度不高，其他同学更是成为熟悉的“陌生人”。换句话说，就算是积极回答问题的学生，也不过是教师所提问题的“应答器”，是教师按既定轨道推进教学、展示自己教学技能的工具而已。同时，由于其回答是指向教师的，其他人觉得回答的内容与己无关而不愿意倾听，或者只关心回答的对错，甚至盼着其回答错误，好把机会留给自己。这样一来，回答问题的人也被班级中的其他人当作了与己无关的“他者”或者是需要排除的障碍。[①]在问答式教学中，教师占据着主要甚至唯一的位置，学生只是教学活动的被动参与者。以接受为基本旨趣的问答式教学使学生逐渐丧失了提出问题、倾听他人、批判反思的重要能力，患上了不同程度的“失语症”。

对话式教学强调师生平等关系的充分展开。对话式教学要求教师是对话的激活者和全身心参与者，而不再以“导演”的身份来控制教学。同时，整个对话式教学过程应该也是学生全部生命投入的过程，不能仅仅关注认知或记忆，而忽视自己丰富的思想情感等其他生命维度。教师亦如此。“教学不能仅仅意味着讲。教学应当成为一种定约：教师指出一条路，学生经由此路能够理解并能进入他自己的那个活着的、流动的传统中去。”[②]对话是对师生双方生活世界尤其是学生可感、可触、可说的“在场因素”的充分关照与反思。只有这样，对话才不仅是语言性的，更是思想性的、心灵性的；才不仅是浅层的泛泛而谈，而是内心深处的思想碰撞。不少高校思想政治理论课教师都曾看过哈佛大学教授迈克尔·桑德尔讲授的《公正：该如何做是好？》的网络视频公开课。看完后，不少人都觉得

① 高德胜.生活德育论[M].北京：人民出版社，2005：247.

② 大卫·杰弗里·史密斯.全球化与后现代教育学[M].郭洋生，译.北京：教育科学出版社，2000：230.

过瘾甚至百看不厌。其实，迈克尔·桑德尔教授成功的关键就在于拿捏好了对话。从这一点来看，最优秀的教学是不可能排练预演出来的，只可能是现场生成的，具有不可复制的唯一性。毕竟，谁也不能预见对话的全部。或许，对话的“妙不可言”也就在于此。

第六章　全面创新高校网络思想政治教育方式

网络作为开发和使用信息资源的新兴工具和平台，已经深深融入人们的生活、工作和学习当中。大学生群体文化素质较高，思维活跃，善于接受新鲜事物，是我国网络使用者的主要群体。积极利用网络开展大学生思想政治教育，提高他们对思想政治教育的接受度，是加强和改进大学生思想政治教育的有效方式，为大学生思想政治教育工作带来了难得机遇。近年来，网络对大学生的影响愈加凸显，在给大学生学习生活带来便利的同时，因网络造成的心理问题、网络犯罪等也引起了社会的高度关注。网络带来的种种负面影响，不仅不利于大学生成长成才，而且使思想政治教育工作面临严峻的挑战。加强和改进高校思想政治教育工作，必须高度重视网络思想政治教育。要在科学分析网络思想政治教育特点和现状的基础上，充分发挥高校优势，结合实际情况，强化网络思想政治教育工作，建设“网上网下”的网络思想政治教育体系，形成“网上”和“网下”两种教育手段的互动机制，引导大学生健康使用网络，并从中树立正确的世界观、人生观和价值观。

第一节　网络是高校思想政治教育的重要载体

自 1969 年诞生以来，互联网络从最初的美国陆军研究的 APRANET 网络（先进网络基础结构）到现在的 NTN 网络，已经成为一个开发和使用信息资源的全球性网络。特别是随着计算机的普及和网络技术的发展，互联网在全球迅速扩展，并深入社会的各个领域，对人们的思考方式和行为习惯产生了深远的影响。目前，互联网上的信息涉及全球各国的政治、经济、文化、社会、体育、娱乐等各个方面，这些信息不仅仅是文字，还包括图片、动画、声音，甚至图、文、声合一的影视画面，因此互联网成为继报纸、广播、电视之后的一种全新的传播媒体，是人类沟通方式的一次革命，被称为“第四媒体”。

当代的大学生已经成为我国使用互联网的重要群体。网络正潜移默化地影响着当代大学生的行为模式、价值取向、政治态度、心理发展以及道德观念等。高校是我国社会“网络化”的发展前沿，这使得思想政治教育工作者要高度重视和加强网络思想政治教育的研究，懂得如何驾驭和把握网络的两面性，加强对大学生文明上网行为的指导，充分利用网络信息技术的优势渗入开展学生教育、管理和服务工作，主动占领网络思想政治教育新基地。

互联网络的“时空压缩”性质，使互动式远程教育为思想政治教育提供了广阔的传播途径。不同地点的高校学生，既可以通过网络共享思想政治教育资源，又可以在网上向老师咨询思想问题、同其他同学开展思想交流。此外，网络使得社会、家庭与学校对学生的思想政治教育连为一体。家长可以随时查询子女在学校的表现，学校也可随时同家长联系，做到家校结合。思想政治工作网络也可与政府机关、其他社会团体相连，为社会各界参与学生思想政治教育工作提供了方便，实现学校思想政治教育工作与社会力量的有机结合，有利于形成学校思想政治工作的巨大优势。

与此同时，网络上各种思想文化的冲突和网络信息的复杂性、不可控性，给高校思想政治教育工作也提出了不小的挑战。

第一，价值冲突。网络文化具有超越民族和国家的界线的开放性。各种信息在互联网上能够迅速传播，这使得大学生在更加方便地接受有用信息的同时，也为西方发达国家利用网络对我国进行价值观和意识形态渗透提供了极大的便利。现在，互联网的基础语言是英语，95% 以上的信息是英文信息，国际新闻流量中超过半数以上来自美国的媒体。相反，中文信息资源只占 3%，中国的新闻信息的影响范围仅仅局限在国内，这使得以美国为首的西方发达国家在互联网信息的传播上占有绝对优势。他们不断地向青年学生灌输西方资产阶级的意识形态和价值观念，攻击我国经济、政治体制，不断挤压、排斥我国的民族文化，淡化青年一代的民族意识，从而最终实现其“和平演变”和“西化”中国的阴谋。这些对世界观、人生观和价值观尚未完全形成而思想活跃的大学生来说，是一场严峻的考验，同时也是对高校思想政治教育工作的考验。

第二，网络污染。以往学生们接触的信息主要来源于广播、报纸、电视等传媒和教育者的传播，其内容经过层层把关过滤，不正确、不恰当的信息已被删除。而网络上很多信息缺少“把关人”，不少淫秽、暴力、封建思想等不健康的内容在网上畅通无阻，甚至还在网上传播色情、枪杀、打斗、盗窃、诈骗等图片和视频，造成了严重的信息污染，对大学生的是非判断能力和行为选择标准的建立产生了很大危害。

第三，人格异常与心理障碍。网络技术为人们提供了多媒体仿真画面，使人们犹如身临其境，极易使人终日沉溺其中，容易引发心理问题和心理障碍，严重时会导致人格异常。这一方面使大学生不愿意面对现实，缺乏最起码的人际交往，严重缺乏社交能力，难以与人沟通，导致其个人主义膨胀；另一方面，网络作为一个虚拟世界，充满着各种诱惑，而它本身又缺乏有效的监督管理，因此很容易诱使一些大学生进行网络犯罪，如金融诈骗、非法窃取机密情报、破坏他人数据、散布谣言和恶意诽谤等。

第二节　高校网络思想政治教育的发展概况

近年来，随着各高校对思想政治教育的网络新载体的重视程度越来越高，高校网络思想政治教育体系的网络平台建设、网络教育方法、体制机制建设等方面正在逐渐建立和完善的过程中。

一、平台建设日益完整

网络传播平台是高校进行网络思想政治教育的技术基础和重要保障。正如造纸术与印刷术的发明为文字信息的传播提供了书信、书籍、报纸、杂志等多种形式一样，网络的信息传播途径也是多元的。近年来，特别是中共中央、国务院《关于进一步加强和改进大学生思想政治教育的意见》，以及教育部、共青团中央《关于进一步加强高等学校校园网络管理工作的意见》出台以来，高校不断加大投入，建设或利用了多种网络平台，包括校园网、专题网站、BBS、QQ、博客、新闻跟帖、虚拟社区、FTP等网络下载手段。

校园网是高校思想政治教育的重要阵地，绝大多数高校建立了自己的校园网。校园网不但拥有高校的有关数据和资源，还随时更新信息，有的高校甚至设有专门的新闻网，用以及时报道学校发生的事情。校园网以其资料和信息的权威性、丰富性、及时性，对大学生的思想政治素质起着相当重要的作用。学校可以充分利用校园网对学生进行形势政策、爱国主义、公民道德、爱校荣校，以及学术规范和学术道德等多方面的思想政治教育。另外，部分高校还以校园网建设为契机，分别建立了许多专门性学生服务网站，主要包括心理、就业、资助、共青团工作等方面。专门性学生服务网站的突出特点是针对性强，专门针对学生工作的某一方面，目的十分明确。此类专门网站往往将管理、教育与服务融为一体，既借助管理和服务手段帮助学生解决实际困难，又通过教育帮助学生提高心理健康水平和思想认识水平，是高校学生网络思想政治教育的重要补充。

思想政治教育专题网站是有关部门和高校为加强大学生思想政治教育工作而建设的网站。这种网站是专门针对学生的思想政治素质现状和问题，开展有针对性的教育辅导，以提高学生理论认识水平，提升学生思想道德素质，增强学生政治觉悟，完善学生知识结构和人格素养。根据主办单位和涵盖范围的不同，思想政治教育专题网站可分为三个层次。一是全国层次，如中国大学生在线。二是地区层次，如湖南省高校学生工作网。三是学校层次，如北京大学的红旗在线网站。不同层次的思想政治教育专题网站从不同的视角对大学生进行网络思想政治教育活动。

BBS对高校网络思想政治教育工作具有重要意义。近年来，BBS以其速度快、互动性强、信息量丰富、能较大程度地满足个性化需求和爱好，成为广受大学生欢迎的一种信息交流方式。现在的BBS已成为大学生信息交流的一个重要平台，对学生的思想观念、政治立场乃至信仰状况都有不容忽视的影响。目前，最受学生欢迎的 BBS 主要是基于某一学校的综合性 BBS，如北京大学的“未名”、清华大学的“水木清华”、南京大学的“小百合”等，不仅是各高校重要的学生交流平台，而且在全国范围也有较高关注度，甚至在海外也有一定的影响。

值得一提的是，在校园 BBS 发展的初期，各高校的 BBS 基本由学生自发组织，自行管理，但随着管理手段的逐渐完善，高校逐渐采取措施，主动占领、运用这一十分有效的信息交流平台，使 BBS 成为思想政治教育特别是了解学生思想政治状况和学习生活状况的一个重要途径。

QQ、微信是青年学生传递信息、交流思想的重要工具，为做好学生思想政治教育工作提供了便利。与 BBS 相比，QQ、微信除了互动性更强，更具个性化特征外，针对性、私密性特点十分突出，交流更加具体深入，对交流者的影响也更大。同其他思想政治教育平台相比，QQ、微信作为一种公共资源平台，没有专门的硬件设备，成本比较低，使用也更方便。

博客是一种比较新的网络信息交流方式，个性化色彩十分鲜明。从事博客写作的人大多具有一定的知名度和影响力，具有较高的写作能力，所写文章可读性和感染力都比较强。因此，博客受到青年大学生的喜爱。尽管高校还没有充分利用这一平台进行网络思想政治教育工作，但个别教师的博客也在学生中产生了较大影响，对学生世界观、人生观和价值观的形成产生了作用——尽管这些教师并没有以思想政治教育的名义写作博客。

除了上述平台外，高校还可借助 FTP 等资料下载工具，开展网络思想政治教育工作。

二、教育方法日趋多样

信息对人们观念的影响主要取决于两方面因素，一是传播内容；二是传播形式。高校以何种方式和内容从事网络思想政治教育，直接关系到大学生网络思想政治教育的效果。而教育的内容和方式，又与高校的历史传统和现实条件密切相关。具体而言，历史传统主要指学校可供使用的传统精神素材，现实条件则包括基础设施、资金、人力资源队伍等硬件条件，同时受到观念的影响也较大，选择的素材可谓千差万别。鉴于此，我们主要分析高校网络思想政治教育的方法。为充分发挥网络在思想政治教育中的作用，各高校结合自身实际，经过不断摸索，主要形成了以下网络思想政治教育方法。

第一，加强网站内容建设。其目的是对学生产生正面影响的网络思想政治教育行为。广义的网站内容建设指在任何网络平台上发布任何形式的信息，而狭义的网站内容建设则指借助网络媒介“张贴”电子文本的单向行为。为了更好地区分不同的网络思想政治教育模式，本书使用狭义的信息发布概念。虽然同传统的免费发放报刊相比，通过网络发布信息传播速度更快、传播信息更广、实效性更强，也更符合青年人的阅读习惯，但是就实质而言，单向的信息传递行为类似于将报纸或刊物免费发放到学生宿舍，对于学生是否阅读这些信息、阅读后有何感想、受到什么启发和感染，则需要专业的统计与分析才能给予清晰的解释。

网站内容建设是当前网络思想政治教育的主要方式，原因在于：首先，操作比较简单，只需要将经过鉴别与筛选的网页上传到有关网站即可。其次，成本低廉，消耗的时间、人力以及设备成本都不大。再次，存留时间长，能够在较长时间内供学生浏览、学习。最后，便于维护，且维护成本低廉。基于上述特征，高校纷纷通过增加网页数量，扩大网页内容的方式，为学生提供越来越丰富的思想政治网络教育素材。

发布信息的平台主要包括校园网、思想政治教育专题网站、FTP、BBS、QQ、BLOG、微信等。

第二，加强不良信息监管。不良信息是指那些敌对、不健康、不真实或者会对学生思想情绪有消极影响的信息。同传统媒体相比，互联网的信息来源十分广泛，管理机构无法对所有发布的信息预先作出鉴别。面对泥沙俱下、鱼龙混杂的信息浪潮，如何避免学生受到不健康信息的影响是网络思想政治教育的主要功能之一。为此，各高校积极探索，认真实践，摸索出了一些行之有效的方法，主要包括以下几方面。

一是删除。对于一些不良信息，最好的办法是杜绝其传播，使学生免受其害。删除信息的关键在于及时性和彻底性。这要求高校网络管理机构要对网络实施不间断监控，做到一发现即予以删除。

二是“驳斥”。有些不良信息，特别是一些境内外敌对势力为达到某些不可告人的目的，借助互联网传播其编造的谎言和谬论，以欺骗的手段混淆是非，蛊惑人心，对于此类信息，除了删除外，还可借机进行反驳，采取灵活有效的方式予以驳斥。这样不仅可正视听，还能揭露阴谋，增强群众鉴别力和免疫力，借助此类人低劣的造谣手段，达到加强正面思想政治教育的目的。

三是引导。对于某些不良信息，不必一律采取删除的方式，可通过参与讨论的形式，积极进行引导，做好舆论引导工作。对于某些负面信息，如果学生过于关注，可主动寻求新的、广受关注的话题，以转移学生注意力。

对不良信息的监控处理主要针对 BBS。使用 BBS 的学生数量庞大，且可随时随地发帖。针对这一情况，高校纷纷采取措施，加强对学生的管理。比如，通过追踪 IP 的方式，查找到发表不负责任言论的学生，对其加以批评教育。又如，通过招募、培训以及教育论坛管理人员的方式，使他们在净化网络环境、营造绿色网络空间方面发挥作用。

第三，加深网络在线交流。在线交流是指高校利用网络提供的不同于传统媒体的特殊沟通平台进行思想政治教育。同网络信息发布和其他传统思想政治教育模式相比，在线交流具有十分鲜明的特点和优势。首先，纯粹意义上的在线交流具有彻底隐蔽性，交流双方相互不认识，能比较彻底、真实地交换意见。其次，纯粹意义上的交流双方具有平等性。因为相互不认识，无所谓贫富差距、地位高低等，交流起来比较放松。最后，其交流更具针对性。

一般而言，学校往往会聘请一些德高望重的老师，让他们和学生进行网络交流。在这种情况下，在线交流具有如下特点，这些特点对高校网络思想政治教育的效果具有积极影响。首先，此类形式在线交流虽不是完全隐蔽的，但至少是部分隐蔽的，作为师长的一方虽笼统地知道他在和学生交流，但往往并不知道具体和哪位或哪些学生交流，学生不用担心自己的一些隐私或隐情被老师知道，可以比较放松、坦率地把自己的困惑说出来。其次，此类交流虽然不具有完全的平等性，却保证了交流一方所具有的权威性，从而增加了有效性。最后，在线交流比较深入和彻底。学生可以就某些问题深究其根源，老师也可针对某些问题做深度解剖。具体做法上，在线交流可设定一定主题，也可不设定主题。QQ、BBS、微信等互动性和时效性强的网络信息传播平台是在线交流的主要载体。

第四，举办精彩网络活动。利用网络举办活动就是利用网络传播平台，通过组织一定活动使参与者受到教育和启发的思想政治教育行为。目前为止，比较常见的有网络知识竞赛、网络调查、网上征文比赛等。通过网络举办活动，最主要的优点是成本低，不需要固定场地，也不需要印刷品等，能节省活动经费。另外，通过网络举行问卷调查等活动，还可利用计算机在计算方面的优势，进行即时统计，从而免除了烦琐的录入或手工统计，提高了工作效率。

三、体制机制不断完善

除了加强网络平台建设、丰富网络思想政治教育手段外，高校还积极从体制机制入手，多管齐下，为提高网络思想政治教育提供更为有力的保障。

第一，加强规章制度建设。规章制度建设是依法治校的基础，是推行和规范管理网络思想政治教育的重要保障。为切实加强大学生网络思想政治教育，各高校根据教育部的文件精神，结合各自的实际情况出台了一系列保障网络思想政治教育的文件，对网络思想政治教育的相关方面作出了具体规定。特别是网络注册实名制的推行以及相应管理措施的出台，为高校网络管理工作提供了更为有力的保障。

第二，建立专门管理机构。为适应网络迅速发展对学生的学习与生活起着越来越重要的作用这一新形势，部分高校设置了网络思想政治教育或相关的专门机构。例如，北京大学于2002年成立了青年研究中心，不仅加强对网络信息的监管，还积极利用网络提供各种便利，分析研究高校学生思想动态，对提高北京大学网络思想政治教育的水平和效果起了重要作用。有的高校尽管没有专门的网络教育实体机构，但大多数都成立了以校领导为主要负责人的网络思想政治教育委员会或小组，以统筹协调网络思想政治教育工作。

第三，完善奖励惩罚制度。有效的奖惩机制能促进人们主观能动性的发挥，使工作表现好、成效高的人更有积极性，使工作不够努力和认真的人受到必要的鞭策，以保证工作质量和效果。许多机构和高校都针对网络思想政治教育的各个方面设立了多种奖励。有针对网站内容建设的，如“十佳新闻网”评选；有针对网络思想政治教育工作者的，如“网络优秀辅导员”评比；也有专题性的，如“优秀大学生德育网”等。有的高校或机构虽然没有专门针对网络思想政治教育相关内容设立奖项，但大多修改了现行奖励条例，加入了有关网络思想政治教育的内容。

第四，加强网络队伍建设。制度和政策确定后能否得到良好的贯彻和执行，干部素质是根本。一支高素质的人员队伍是保证网络思想政治教育工作良好和顺利实施的关键。网络思想政治教育者的鉴别力、责任心、政治理论水平、道德修养等，直接影响其工作水平和效果。许多高校都强调要狠抓队伍建设，为保证网络思想政治教育的实效奠定人才基础。一方面，通过招募、培训等方式，不断提高干部队伍思想政治道德修养、业务水平和职业素养，使他们更能胜任网络思想政治教育工作；另一方面，通过有效的流动机制，为网络思想政教育工作者队伍的流动创造有利条件，解决他们的后顾之忧，使他们能更加安心地投入工作。

第三节　高校网络思想政治教育存在的主要问题

第一，在观念上存在误区，缺乏系统有效的工作机制。网络作为高校思想政治教育的新载体，是传统的思想政治教育发展的扩展和延伸，在传统的大学生思想政治教育的内容中，网络思想政治教育属于新事物。因此，很多高校的思想政治工作者，在网络思想政治教育工作开展过程中多少存在一些误区，主要表现为两种情况：一种是对网络思想政治教育不够重视，依然保持旧有的工作理念，沿用原有的工作模式，从而影响工作实效；另一种是将网络视为洪水猛兽，过分夸大大学生上网的危害性，甚至对网络带有恐惧心理。这两种认识上的误区，严重影响了高校网络思想政治教育的长足发展，到目前为止，绝大多数高校还没有形成开展网络思想政治教育的系统有效的工作机制。

与过去相比，网络使高校思想政治教育工作从内容到形式、方法、措施和载体都发生了重大的变化，因而高校的思想政治教育工作者必须改变观念、提高认识，与时俱进地做好网络思想政治教育工作。但现阶段我国很多高校的思想政治教育工作者没有充分意识到网络时代的到来对学生思想政治教育工作产生的深远影响，没有建立起一套较系统的适合网络环境的思想政治教育工作的教育和管理工作机制，因而导致工作被动，创新不足，使网络思想政治教育工作处在低水平的运作平台上，网络思想政治教育工作具有的强大功效不能很好地发挥出来。网络思想政治教育工作缺乏主动性和针对性，还没有从根本上掌握网络思想政治教育的主动权。很多高校的思想政治教育工作基本上仍沿袭传统的面对面或单向性正面灌输的模式。思想政治教育网站仅仅停留在提供思想理论资料、新闻报道等平面信息上，其他功能远没有开发出来。有些高校的思想政治教育工作网站、网页不仅内容单薄、信息量小，而且信息陈旧、更新滞后，缺乏学生感兴趣的话题和内容，远远不能满足大学生的实际需要。

第二，经费投入不足，技术条件和基础设施相对比较落后。目前，高校网络思想政治教育经费投入不足的现象普遍比较突出，这是与管理者对于网络思想政治教育不够重视紧密相连的。很多高校的网络思想政治教育投入的人力、物力与其所承担的责任是不呈比例的，这造成了高校网络技术条件和基础设施都相对比较落后。而在这有限的投入之中，简单的“一投就灵”式的硬件设备投入相对较多，而需要花费较多的智力和精力的软件投入相对薄弱。

当前我国高校还没有开发出一套思想政治教育工作专用软件，而且我国在服务器、路由器、交换器等高技术含量的产品方面，开发和生产的技术与能力也明显不足，特别是很多在英文语境下运行的产品开发不足，还有很多学校的网络基础设施建设也比较落后，这些都对网络思想政治教育工作的开展产生较大的障碍。网络思想政治教育工作只有在信息技术和信息条件具备的前提下，才有可能取得长足发展。我国信息技术和信息条件的落后是制约网络思想政治教育工作创新和发展的重要因素。要加强网络思想政治教育工作，不投入大量的人力、物力是行不通的，特别是思想政治教育网络需要不断地投入和更新。因为它不像商业性网站那样有直接的利润收益，如果没有长期不断的人力、物力投入，网络思想政治教育工作就不能很好地展开，这也正是很多学校网络思想政治教育一直面临的尴尬问题。

第三，传统的教育内容、教育方式滞后于时代发展。网络时代高校思想政治教育的背景是新的，挑战是新的。因为网络是创新的产物，是创新的形式，使信息的传输过程变成参与者主动认识的过程。网络技术的迅速发展使得真实世界和虚拟世界的界限变得模糊了，使实体现实与虚拟现实连接起来，这从根本上改变了人的认知方式。这种直接认识方式不知不觉地剥夺了青年学生的独立性知觉能力。从某种程度上，青年学生在虚拟世界中不自觉地受它的强制性影响，在其中失去了反思的能力，以至于迷失自我。此外，网络信息都是以数字符号的形式传播的，甚至人在网络上也以数字符号的形式出现，成为一个符号。在交往中个人的性别、年龄、相貌、种族、身份、阶层、职业等通常备受关注的特征都被掩盖了，剩下的只是符号的交往。网络虚拟性的危险在于，它以一种更具欺骗性的手段、方式和魅力抓住了你的注意力，并在你没有意识到时就排斥掉你的其他生命感受。

面对网络的挑战，思想政治教育在教学内容、教材建设、教学方法、教师的自身素质等重要环节上改革的速度远远跟不上网络技术的发展步伐，空泛的高谈阔论与媚俗的市井传闻在我们的思想政治教育中并存。另外，教育主体——学生与教师以及他们所依赖的原有教育制度环境已严重滞后，特别是在教育理念、教育政策、教育方式等方面严重落后于时代的发展。传统的高校思想政治教育经常使用摆事实、讲道理的教育方法。教育者通过课堂讲授、个别谈心、座谈讨论等面对面的方式，对受教育者进行思想教育，发挥教育作用。这些方式的针对性强、反馈及时，有一定的优越性。而在网络时代，思想政治教育方式却面临着新情况。首先，面对面的教育方式受到时间、地点、场合的限制。课堂讲授、个别谈心等并非在任何时间、任何地点都可以进行。选择合适的时间、地点、场合直接影响到教育的效果，这些方面往往让教育者煞费苦心。其次，教育者精心准备的教育内容，一次只能对一定的教育对象发挥作用。在多数情况下，持续发挥效果的时间相对较短，容易产生“剧场效应”。听众在现场受到周围气氛的感染，当场教育的效果较好。而听众一旦离开这一特定的环境氛围，教育的感染作用就会迅速下降。网络时代开展高校思想政治教育并不是使用传统的灌输方法，主要的方式是借助多媒体计算机的一切手段，向大学生提供信息，并引导大学生正确地选择思想信息。同时，将传统的思想教育方法现代化，在计算机网络中，为思想教育所使用的哲学、心理学、社会学的方法穿上现代科技的外衣，这就对传统的高校思想政治教育方式形成了挑战。现在的大学生凭借网络的“翅膀”，足不出户就可以在宽阔的信息空间自由驰骋，不再局限于一种教育方式，也不再只是接受一个方面的教育内容。思想政治教育的阵地呈现出多元化的发展态势，单纯的课堂灌输式教育已经不能适应形势的需要。

第四，网络思想政治教育工作者的素质有待提高。在传统思想政治教育模式中，教师因为对信息的垄断性占有而生成了一种权威。网络的发展既改变了大学生获取信息的方式，也改变了教师传递和发布信息的方式。学生取得的信息有时甚至还会超越教师，教师所拥有的信息优势地位由此受到了挑战。另外，教育信息化使高校教学由传统的授课方式向多媒体网络教学方式转变。在网络学习模式下，师生之间的情感交流逐渐减少，造成现实生活中教师对学生情感的逐渐萎缩和师生关系的淡漠与日渐疏远。大学生对于网络学习这种新型方式的新奇感，以及对传统授课方式的反感，会导致他们不再容易接受甚至质疑教师的灌输性教育。在这种转变中，失去了绝对权威地位的思想政治教育者会感到难以调节并适应新的角色，从而使思想政治教育的效果大打折扣，这就要求高校网络思想政治教育者队伍要不断提高自身素质和技能。

从队伍建设现状看，目前高校中从事网络思想政治教育的主体组成大致是一些党团干部、少量的思想政治理论课教师和一些网络技术人员。这些工作人员各有专长，但是短处很明显，懂得技术的未必懂得网络传播的规律和心理接受特点，懂得思想政治教育理论的未必懂得网络技术，因此造成工作效率比较低。而且，受观念、工作习惯以及各种条件的制约，原有的思想政治教育工作者在短时间内也不可能很快提高其熟练运用网络的技能。这样，网络优势不能在高校思想政治教育工作中充分发挥，网络思想政治教育工作处于低水平运作的状态，很多学校没有在这方面人才的培养和使用上采取过有效的措施，学习和使用网络只是很多思想政治教育工作者的一种自发行为。网络思想政治教育已经成为当今高校的一种必须开展的日常工作，但是仍然有很多思想政治教育工作者对网络漠不关心，原因就在于此。

值得注意的是，现在高校网络思想政治教育的组织设置偏重于行政管理部门，如由党委宣传部、学生工作部、保卫部和网络技术管理部门组成网络思想政治教育的实施机构，而从事思想政治理论课教学、哲学社会科学课教学的教师却很少参与。造成这种状况的原因，一是对从事思想政治理论课、哲学社会科学课教学的教师在网络思想政治教育中的作用缺乏认识，导致在网站建设过程中忽视了这部分人的参与，没有明确这些教师在网络思想政治教育中应有的责任和义务；二是对教师兼职从事网络思想政治教育工作没有激励机制和相应的倾斜政策。当付出大量的时间和劳动，学校却没有计算相应的工作量，必然会影响这些教师进行网络思想政治教育工作的热情，减低这些教师的“参与度”，导致网络思想政治教育与课堂教育的脱节，网络思想政治教育固有的优势和应有的效用就不能得到充分的发挥。

第五，理论研究问题亟待科学化。自 20 世纪 90 年代中期以来，随着网络技术在中国的普及和迅速发展，研究利用网络媒体这一新信息载体或传播工具进行思想政治教育即网络思想政治教育，已经成为当代中国学校特别是高校思想政治教育理论研究和实践探索关注的热点与焦点。然而，在网络思想政治教育理论研究和实践探索的热潮中，我们必须冷静、清醒地认识到，目前相关的研究存在较多的问题。这对于网络思想政治教育的科学化、规范化和长远的发展是不利的，因为目前网络思想政治教育还处于探索阶段，如果理论研究不能够提供科学的指导，必然影响网络思想政治教育的长远发展。

从整体来看，目前的网络思想政治教育的理论研究和实践探索工作，大致可以分成如下三大类：对网络思想政治教育基础理论的研究和探索（如关于网络思想政治教育与网络文化关系的研究、关于网络哲学和伦理道德关系的研究等）；对网络思想政治教育实践的研究和探索（如关于网络思想政治教育内容和方式方法研究、关于思想政治教育或思想政治教育进网络方法的研究等）；对网络思想政治教育具体操作的研究和探索（如关于思想政治教育网站制作和维护操作方式方法的研究、关于如何提高思想政治教育网站点击率的研究、关于进行远程思想政治教育的文化技术方法的研究、关于运用现代信息教育技术提高思想政治教育教学质量的研究等）。在这三方面的理论研究中，很多高校的研究者都提出了较好的观点，这是当前网络思想政治教育理论研究的基础，但是目前的理论研究仍然有待提高。

目前，网络思想政治教育研究还处于探索阶段。如果理论研究不能够提供科学的探索和指导，在近期较短的时间内也许不会影响网络思想政治教育的发展进程，但是必然影响网络思想政治教育的长远发展，这也是当前网络思想政治教育面临的挑战。

第四节　主动占领网络思想政治教育新阵地

面对网络带给我们的严峻挑战，思想政治工作者要清醒地认识形势，以高度的政治责任感和教育使命感，按照“积极发展、加强管理、趋利避害、为我所用”的方针，沉着应战，主动出击，开辟网络思想政治教育的新阵地。

一、对网络和大学生网上行为要有科学的认识

互联网络技术在人类社会发展史上是一个新生事物，但它强烈的冲击波已经改变了人们的生活和命运，甚至改变了人们的思维方式和行为准则，我们必须充分看到网络技术的普及和发展，紧跟信息时代的步伐和要求，才能不被现代社会所淘汰，才能更好地开展各项工作，特别是大学生思想政治教育工作。如果一位思想政治教育者对大学生关心的网络形式和内容一窍不通，甚至还不以为然，便

失去了一个了解大学生思想状况的重要途径和机会。当然，网络发展日新月异，青年人的兴趣又丰富多彩，我们很难像青年人那样及时地把握网络流行趋势，这是我们的年龄、身份、时间和精力所限定的，但是对于只会浏览网站和收发邮件的老师来说，至少应该学会登录并查看校内 BBS 和知名论坛。

不过，我们对网络的认识也要适度，落后于网络时代的发展、对网络漠不关心固然不可取，但也不能一味夸大网络技术的无限性和网络空间的虚拟性，甚至对网络时代产生畏惧心理。一些人宣扬网络万能论，片面地认为网络会颠覆所有传统，人们在网络引起的动荡面前将手足无措，放任自流，这显然也过于消极和草率。网络是人类社会继出版、广播、电视这三种大众传媒之后的“第四媒体”，网络只是媒体工具，人类始终是网络的主人，对网络可以人为控制和引导，网络科技会不断发展，而人类前途一片光明。

此外，对大学生的网络行为也要有恰当的评价，很多大学生上网有现实生活的成分，也有娱乐消遣的心理，甚至还有恶作剧的可能，所以对他们的网上行为要有客观理性的分析。熟悉网络的人会对网络信息产生基本的免疫能力，不会轻易相信，也不会盲目排斥。我们应该主动接触并积极融入网络之中，努力了解具体情境下，大学生网络言行的特有模式，既不能对一些玩笑小题大做，也不能对一些细节麻痹大意。只有对网络的认识和了解一致，我们和大学生网络行为的标准才有可能趋同。随着网络的普及和社会的发展，大学生网络行为越来越日常化，我们更应该学会以生活的心态和开放的意识对待大学生网络行为，明确认识到大学生必须上网才有可能在信息时代获得更大的发展，应该积极支持他们的网络行为，并进行合理的监督引导。作为思想政治工作者，应该始终看到我国大学生网络行为的主流是好的，相信青年的未来发展和网络的自身规律。

二. 加强高校网络育人系统的建设、维护和发展

高度重视网络空间的思想政治教育工作已成为时代赋予我们的崭新课题。我们要以“三个代表”重要思想为指导，用科学发展观统领工作全局，进一步加强

校园网的建设，使网络成为弘扬主旋律、开展思想政治教育的重要手段。要利用校园网为大学生学习、生活、成才提供服务，对大学生进行教育和引导，不断拓展大学生思想政治教育的渠道和空间。

高校要建立网络思想政治教育新阵地，使正面的声音成为网络信息的主旋律，用健康科学的交互信息压倒各种反社会主义的非主流文化信息。首先要加强校园网、院系基层网站主页、思想政治教育专题网站、学生BBS和论坛社区等网络平台的建设，加快相关德育软件的研制开发和应用推广，使网络德育具有可操作的运行载体，最终形成高校网络有效持久的育人系统。当前，一些学校或者部门还没有建立自己的门户网站，应该抓紧时间尽快建好，因为这不仅是向外界宣传自身形象的最佳载体，也是从外界争取资源优势的最佳途径。

对于思想政治教育专题网站和网页，我们要融合思想政治教育网站建立和网页制作的人文主义精神，巩固高校思想政治教育专题网站和网页的人文社会科学基础，将马克思主义的政治学、经济学、社会学、伦理学、哲学、美学等知识体系在网络上传播展开。为使网络思想政治教育内容的理论性、时代性、互动性、实效性、形象性紧密结合、相互渗透，我们要组织从事思想政治教育的党政管理干部、广大教师、网站美工设计人员、技术人员以及大学生共同协作，形成思想政治教育网站和网页合理的信息结构与丰富的信息资源。具体实施中，可以将校内传统的报刊、广播、闭路电视、户外宣传等相对独立的传媒信息，通过数字化路径选择处理后移植到网上，从而拓宽网络思想政治教育的信息来源。

高校校园BBS是校内网络用户信息交流的平台，每个人都可以在这里传播信息、发布观点、展开讨论，其优越的及时性和互动性吸引了无数的大学生网民投身其中，并在热点问题上迅速形成舆论，而这种舆论又往往会对大学生的认知程度产生强烈影响。各高校要严格根据国家互联网管理的有关法规，切实抓好校园BBS网站的登记备案工作，落实用户实名登记制度，按照IP地址管理办法，建立IP地址使用信息数据库和IP地址分配使用逐级责任制。同时，要建立和完善校园网络安全防护、信息过虑、信息适时监测与跟踪、路由路径控制等系统，构建网络技术防控体系。

应特别注意的是，高校所有网站或网页的建立，一定要符合大学生的接受心理和功能需求，既要重视内容，也要重视形式，要提高网络自身对大学生的吸引力和凝聚力，否则在其他网络平台鲜明的对比下，不仅容易失去网络教育的功能，甚至还会产生消极的影响。一个大学生喜欢的网站或网页，首先，界面形式要新颖活泼，文字、图片、音频、视频相结合；其次，内容信息要充实，涉及大家关心的方方面面，既要具备思想性，也要具备艺术性，既要增加知识含量，更要提高文化品位，切不可教条机械，生搬硬套，实行填鸭式灌输，而要讲究“渗透”“熏陶”，如春风化雨润物无声，不断提高自身的魅力和实力。

网络信息既要重视思想政治教育，也要兼顾一定的服务功能：生活关怀、文化展示（校园文化、社会文化、传统文化、现代文化）、学业辅导、心理咨询、就业指导、贫困资助等信息同样具有重要的教育引导作用。尤其要建设好融思想性、知识性、趣味性、服务性于一体的主题教育网站或网页，积极开展生动活泼、丰富多彩的学术、科技、艺术和娱乐等活动，为大学生学习生活提供全面、优质、高效的服务，及时解决大学生关心的理论问题和实际问题，使高校校园网真正成为广泛吸引大学生、为大学生喜爱、受大学生关注的重要媒体，成为大学生获取健康信息的重要渠道，最终形成网上网下思想政治教育的合力。网站或网页建成之后要注意随时维护和及时更新，并根据新的情况不断发展完善，这一点看似容易，做起来并不简单。我们经常看到一些网站或网页的信息早已过时，不仅需要更新，甚至需要勘误，还有的已经显示中毒，却没有及时处理，这就失去了网站或网页本身存在的意义，还给浏览者带来不便和麻烦。

三、建设一支高素质的网络思想政治教育工作队伍

网络信息纷繁芜杂，一方面，各种敌对势力把网络作为渗透、分化和破坏的重要工具，散布反动言论，煽动不满情绪，激化社会矛盾，破坏正常秩序，传播淫秽色情、凶杀暴力和封建迷信等不良信息，进行网上违法犯罪活动；另一方面，

网络使不同地域、不同种族、不同文化的人们汇聚到一起，大家所关注的问题多种多样，每个人的看法和观点又不尽相同，由此造成了网上舆论的分散性和多元化。为了有效对校园网络进行管理，特别是应对网上突发事件，提高网络信息应急处置能力，我们应该建设一支政治可靠、知识丰富、数量充足并熟悉大学生网络语言特点和规律的网上评论员与管理员队伍，形成网络思想政治教育工作体系，牢牢把握网络思想政治教育的主动权。

我们要依靠高素质的评论员积极开展网上评论，用正确、积极、健康的思想文化占领网络阵地，引导大学生学会辨别和摒除错误信息。网上评论员要通过网络媒体就社会当前发生的重要事件或人们思想中的突出问题发表具有一定倾向的言论，以引导大学生全面认识社会事件，认真负责地发表个人言论，实现对某一现象的正确舆论导向。同时，还要有一支精明强干的管理员队伍，这支队伍能够密切关注网上动态，了解大学生思想状况，随时同大学生进行沟通与交流，认真回答和解决大学生提出的问题，当然也可以同评论员一道，围绕热点问题主动撰写帖文，吸引学生点击和跟帖，或者在危急时刻转移敏感话题，剖析错误观点，协助网民更加理性地看待问题，从而始终掌握校园网络舆情，巧妙引导网上舆论，在必要时候还能够果断采取删除或封杀措施。

应特别指出的是，这支评论员与管理员队伍应该关心教育，熟悉基层，热爱学生，甘于奉献，勇于进取，具备深沉的情感和长远的眼光，能以对民族和未来负责的精神，做好大学生网络疏导教育工作。网络好比河道，逢洪筑坝，遇水建堤，并不是解决问题的根本方法，只有凿山疏流，引水入海才是有效的手段，但如何疏导却要具体问题具体分析，否则洪水也难以止息。

还要明确一点，高素质的网络评论员和管理员不仅要在网络上进行清理和净化，更要深入大学生的心里进行相应的教育和引导。从一定意义上讲，删掉一篇不良帖子很容易，但是删除当事人错误的认识却有一定难度。我们应该本着“惩前毖后，治病救人”的原则，对发表不恰当言论的学生教育引导，使其悔过，实现大学最本质的教育职能和人文关怀。

四、建立健全高校网络思想政治教育的长效工作机制

高校网络思想政治教育工作的建设与管理是一项长期的系统工程。我们应该加强对高校网络工作的领导，组织实施“绿色校园网络”计划，要运用技术、行政和法律手段，加强对校园网的监督和维护，严防各种有害信息在网上传播。特别是要在技术、资金、政策、法律等方面提供有力的保障，还要建立网络工作的调查评估反馈机制，实现校园网的可持续发展。

各高校应建立健全学校信息化领导小组，统一规划校园网的建设和管理。坚持属地化归口管理和“谁主管、谁负责，谁主办、谁负责”的原则，实行高校党委一把手负责制，并且将网络文化纳入校园文化建设的总体格局进行规划和部署，根据网络技术的特点和网络思想政治教育的需要，建立相应的管理体制，将技术管理和内容管理各项职责逐条细化，分解到具体岗位和人员，落实到具体工作环节中。

我们应该加大高校校园网络信息技术防范和行政监管力度，加强校园及周边网络环境的综合治理。对有害信息防范不力的要限期整改，对有害信息蔓延、管理失控的要依法予以关闭。高校要积极配合公安、司法、文化、工商、信息等部门开展专项整治工作，依法查处学校及周边违法网络经营行为和淫秽色情网站，严厉打击网上违法犯罪活动。高校还要切实加强自身计算机网络设施和场所的管理与监督，严禁利用校园网络进行经营活动，防止出现各类有害信息和反动攻击信号。

在网络立法方面，我国目前尚处于起步阶段，特别是以青年学生为对象的网络法律法规还很不完善，已有的部分法律法规又滞后于网络的发展速度。国家有关部门应通过修订和完善网络资源管理、信息发布等相关法案，进一步加大网络的信息管理和技术防范力度，依靠法律手段净化网络空间，使网络负面作用降到最低点。同时，各高校也可以根据自身具体情况，制定相应的管理规定和办法，以保证稳定有序、积极向上的校园网络环境与氛围。

高校除了各方面的保障之外，还要定期开展对网络思想政治教育工作的调查

评估。比如对上网学生进行网站或网页内容、实效等方面的问卷调查，然后按照学生的意见、建议和需求改进工作。同时，要建立网络思想政治教育专家评估队伍，听取专家的体会和看法。要做好网络思想政治教育的评估工作，还有待于考评技术的发展。我们要积极进行网络思想政治教育评估软件的研制开发，把时段点击率、文献下载率、学生停留时间、网上活动参与情况等指标尽可能收集齐备，并通过相关软件进行整理和大数据分析。

第七章　把大学生养成教育作为高校育人的重要途径

养成教育是素质教育的基本体现，是道德教育的客观要求，是大学生思想品德形成的主要途径，因此，应该高度重视养成教育，把养成教育作为高校育人的重要途径。随着社会的发展，高校改革的不断深入，高校思想政治工作面临新的情况，大学生群体价值多元化、学分制的实行、后勤社会化的实施、校园生活网络化等新情况的出现，为当前高校开展思想政治工作带来一系列新的问题和挑战。为此，必须从当代大学生的心理、思想、需求等各方面的特点出发，研究培养他们良好行为习惯的方法，进一步重视和加强大学生养成教育，提高大学生的整体素质，真正实现成才教育与养成教育的有效结合。

第一节　大学生养成教育的内涵与特征

近年来国内外高校德育发展的一个重要趋势，就是越来越重视对大学生群体的养成教育。养成教育对大学生的成长成才十分重要，既是塑造大学生完美人格的重要手段，又是大学生思想道德素质形成的生长点。我们应该把大学生养成教育作为高校育人的重要途径，并纳入加强和改进高校思想政治教育的重要组成部分。

一、大学生养成教育的内涵

“养成教育”一词是从军事教育那里借用的，原指对军人的纪律观念和良好作风的培养。在高校实施养成教育，一方面有助于学生形成正确的为人处世、待人接物的规范和良好的生活、学习作风；另一方面养成教育还包括保持身心健康、积极参加创新实践等内容。具体地讲，养成教育是一种使自然人成为社会人的教育，是使青少年具备生存和发展的基本素质与基础技能的教育，它通过教育者长期培养、反复训练，受教育者自我约束、自我控制形成的一种不需要任何外力监督和内部动机就能自然表现出来的健康的思想素质、道德品质、行为习惯与生存能力，这是人生存和发展的基本素质和基础条件。对大学生开展养成教育就是要从当代大学生的心理、思想、需求等各方面的特点出发，研究培养他们良好行为习惯的方法，提高大学生的整体素质。

所谓“养成”，不仅是指在课堂上接受教育，而且是在生活中、社会实践中自觉培养自己的德性，使德性成为自觉的意识、自身的习惯、自主的要求，成为道德自律、修养高尚的人。从广义上说，养成教育是指人的基本的心理素质、思想素质，包括思维方式、道德品质、行为习惯、健康体魄和生存能力的培养与教育。狭义的养成教育单指人的良好的道德规范和行为习惯的养成，而且特别是指青少年道德品质和行为习惯的养成。养成教育是一种使自然人成为社会人的教育，或者是使个体具备生存和发展的基本素质、基本技能的教育。大学阶段是青少年养成教育的重要阶段，处于青少年学生养成教育“序列”的高层次上。

大学生养成教育是指以高校为主体，在家庭、社会的配合下，根据大学生的身心形成和发展规律，运用各种途径和手段，对大学生施加系统影响，促使其养成文明的习惯和走向社会后应具备的各种能力。文明的行为习惯和适应社会的各种能力不是固定不变的，而是随着社会的发展不断调整的。在当代社会，大学生良好的行为习惯不仅包括传统的孝敬父母、勤劳节俭、尊敬师长、团结同学、勤奋学习、谦虚礼让、诚实守信、热爱祖国、乐于奉献等内容，还包括实事求是、公平竞争、自强自立、保护环境等内容。

相对于传统的社会本位教育，大学生养成教育在目标追求和价值取向上具有更加鲜明的时代特征。一方面，大学生养成教育功能由单一强调社会政治功能向社会性功能与个体性功能的协调一致转变。传统社会本位教育的社会政治功能被人为无限夸大，导致人们对德育目标的过高期望，使得德育目标呈现出脱离实际的泛化状态，缺乏相应的针对性和可操作性。随着近年来我国教育理论界对主体性教育理论研究的深化，传统的社会本位教育模式受到了前所未有的挑战。大学生养成教育作为主体性教育理论在德育演进上的反映，具有“提升人的地位”“发现人的价值”“发掘人的潜能”“发展人的个性”“发挥人的力量”等鲜明的人本主义价值取向。大学生养成教育是以发展大学生的主体性为目标导向和价值追求的教育，其目的是引导大学生能够自主地确定自己的价值取向、理想信念、道德选择、思想观点和行为准则，具备创造新的道德取向与道德规范的勇气和能力。大学生养成教育突出强调教育对于大学生个体人格提升的内在价值，从而使得教育的社会性功能和个体性功能在价值取向上趋于一致。另一方面，大学生养成教育目标从传统追求个体道德的尽善尽美向提高文明修养、促进个体发展转变。这是由大学生养成教育功能的转变所决定的。大学生养成教育更加侧重于自我教育、自我管理、自我约束、自我养成，通过培养大学生的主体意识、主体能力和主体人格，发展大学生在教育实践中的能动性、自主性和创造性，使大学生成为道德教育实践活动的根本主体。

大学生养成教育具有明显的提升作用，对于大学生的成长成才至关重要，不仅包括文明习惯的养成，更注重培养大学生走向社会后应具备的各种能力和素质，如专业技能、行为养成、心理健康、职业道德和团队协作精神等。就整体而言，大学生养成教育应包含以下三个方面。

第一，规范教育。规范教育也叫明德教育，属于起始教育、天然教育，是形成性的教育。养成教育的目的是养成大学生良好的习惯，挖掘德育“生长素”，使大学生的言行规范化、标准化。其教育的基本形式是说理明德，即通过正面说理，使大学生明白哪些事该做，哪些事不该做，哪些话可以说，哪些话不可以说。实际上是给大学生提出了明确的要求，让大学生养成规矩。有人可能会说这不就是中小学生行为规范教育嘛。的确，这种教育较多地适用于中小学阶段，因为在人的成长过程中，青少年时期是人的知、情、意、行等认知系统开始形成的时期，在这个时期对学生进行一些规范教育，灌输一些法规准则是很有必要的。正是从这个意义上讲，我们把中小学阶段的教育称为基础教育，实际上，这个基础教育不仅仅是文化知识体系中的基础教育，更是指一个人思想行为方面的基础教育。这是不是说大学教育属于高等教育范畴,已经不再需要基础性的规范教育了呢?现实给予我们的答案是否定的。大学校园并不是平静的港湾，也会发生令整个社会震惊的事件，甚至有人发出“大学生道德严重滑坡”的呼喊。这从一方面提醒我们：规范教育虽然带有强烈的基础性色彩，却没有发展时段的限制，甚至从某种程度上来说就是社会个体的“终身教育”。另一方面，伴随着社会的发展进步，不断涌现出新鲜的道德场域和全新的行为规范，如网络伦理。这些都需要我们秉持谦卑之心，全新认知规范教育。实际上，也不可能有人敢说自身的规范教育就是十全十美的，不存在改善的时空界域。因此，规范教育理所当然应该成为大学生养成教育的重要组成部分。

第二，纠偏教育。纠偏教育属于补偿教育，是禁止性、限制性的教育。它是针对已经形成比较系统的认知水平的教育对象而实施的“清除病毒”的教育。其教育对象是有思想行为偏差的个别大学生，其教育形式是个别教育，以正面的说服教育为主，辅以心理疏导教育，是对教育对象实施纠正思想行为的定向教育。它旨在帮助心理、行为方面有偏差的大学生战胜自己，树立信心，清除思想的不良因子，改正行为上的不良习惯，形成规范优良的道德品性。在大学阶段，个别性矫治教育直接针对“症状”进行帮助，显得事半功倍、成效鲜明，是一种非常必要的补偿教育。

第三，陶冶教育。陶冶教育即熏陶教育，属于巩固教育、提升教育，是精神引领的感染教育，是旨在增强大学生德性“免疫力”的教育。大学生养成教育的重要途径之一就是加强德性认知教育，德性认知教育应建立在心育基础之上，必须与大学生的心理承受能力和道德发展水平相适应，注重开发和调动大学生的心理潜能，从而实现德育内化。高校教育工作者可以借助文化熏陶、言传身教、严格训练、活动影响等手段，鼓励大学生对现实道德问题和先辈传承下来的丰富的精神文化遗产进行批判性思考，实事求是地引导大学生理性地看待社会和人生，与先进思想、道德规范达成共识，培养大学生对道德问题的独立思考能力和自主判断能力，把受到的诸如中华民族的传统美德等方面的教育内化为信心和活力，最终实现大学生的良性自我教育。

简单地说，养成教育就是培养学生在学习生活中养成文明的行为习惯，以有利于个人的成长和社会的发展。文明的行为习惯不是固定不变的，其判定的标准随着社会的变化而变化。当前，在知识经济初见端倪、社会主义市场经济逐步确立的情况下，大学生良好的行为习惯不仅包括传统的孝敬父母、勤劳节俭、尊敬师长、团结同学、勤奋学习、谦虚礼让、诚实守信、热爱祖国、敢于献身等内容，也包括实事求是、依法办事、善于合作、公平竞争、保护环境、开拓创新、自强自立、善于交往、发展个性等内容。

二、大学生养成教育的特征

以学校为主体，在家庭、社会的配合下，根据大学生的身心形成和发展规律，运用各种途径和手段，对大学生施加系统影响，促使其养成良好的行为习惯和道德品质的活动，这是大学生养成教育的主要内容。可见，大学生的养成教育，既不同于大学生的规范教育，又不同于中小学的养成教育，养成教育具有不同于其他教育内容的特征。

（一）目标特征：养习成德

习，即习惯，指人们在实践中反复练习而巩固下来并变成主体内在需要的行为方式。它是在一定的情境、动机与行为之间建立起来的稳定而持久的联系，是内在的心理素质与外在的行为之间的有机统一。这里的习惯不同于心理学上的一般定义。首先，体现了一定的规范，具有善恶意义，含有善恶价值。其次，体现了主体的自觉自主性。自觉包括两方面，一是理解并认同主体所遵循的规范；二是对主体行为的意义和价值有所意识。自主，指习惯是主体意志努力、自决自制的结果。

德，即品德，又称道德品质，是一个人在一系列的行为中表现出来的比较稳定的特征和倾向。道德品质与道德习惯具有高度的统一性。“道德习惯是道德品质的动态表现，道德品质则为道德习惯的凝结化、特征化。”养成教育，正是立足于道德品质与道德习惯的同构性特征，着手于受教育者的良好习惯的培养，最终达到优良品质的造就。正如亚里士多德所言，“德性基于天性，成于习惯”。大学生的养成教育，把培养良好的习惯和品德作为教育目标，就与时下流行的道德规范教育、道德知识教育有所区别。道德规范教育和道德知识教育，是把道德原则规范、范畴及相关的伦理知识体系的传授作为主要目标。大学生思想品德修养课，名为“品德修养”，实为知识传授。这种重规范教育的高校德育模式，不仅无助于大学生健康人格的培育，反而会造就一些表里不一的伪君子。养成教育则不同，它更注重大学生的行为训练和品德培养，把道德知识的传授置于从属地位。养成教育不满足于使学生知道“应该做什么”，而是实实在在地训练学生“应该是什么”。①

（二）内容特征：知情意行

知，即认知，也就是认识。对于每个人来说，一切科学认识都是必要的和有益的。对于青年一代来说，最重要的是自我认识。在自我认识中突出地表现在对自己行为的认识。所谓行为的认识，按照马克思主义的观点，指的是人们在认识世界和改造世界的过程中，进行自我反省、自我批评，认识自己的行为是否与人们所总结、规定、形成了的行为规范相符合。一致的要坚持，不一致的要进行控制，达到导向、控制、调节自己行为的目的，这就是养成教育关于“知”的全部内涵。

情，即情感，亦称感情，指人的喜、怒、哀、乐等心理表现，它是心理要素的核心内容。养成教育的目的之一，就是在日常生活、工作、学习中，通过科学管理、严格要求，激起青年的积极情绪并使之巩固下来，以促进他们的积极行动。通过养成教育，使青年一代的爱国热情、积极情绪同革命的坚定性结合起来，牢

① 徐柏才，李从浩 . 关于对大学生进行养成教育的思考 [J]. 西南民族大学学报（人文社科版），2003（12）：78.

固树立起强烈的感情信念，促使其事业达到最高成就。特别是作为情感最高形式的道德和理想，是最具有特色的情感，它能最大限度地调动人的本质力量去追求自己的事业，完成祖国和人民所赋予的历史使命。

意，即意志，它是人类特有的精神现象。凡意志都是有目的的，意志对人的创造性活动起着不可低估的作用。没有顽强拼搏、坚忍不拔的精神，就不可能把创造活动坚持到底。对大学生进行养成教育的目的之一，就是对他们意志的培养和坚定信念的养成。

行，即行为。人生活在一定的社会制度中，就得遵从该社会的政治法律规范、伦理道德规范。只有按照一定的规范活动，才能在认识和改造客观世界的过程中发挥人的能动作用，也只有如此，社会才能有序，个人才能为社会和他人所承认。否则，就会产生越轨的行为，走上违纪犯法的道路。为了使大学生自觉遵守各种规范，必须对他们进行养成教育。

（三）方法特征：尚行习动

强调实践环节，把行为的教育和训导作为切入口或开端，重视动机教育、意志磨炼和行为练习，这是大学生养成教育的又一特征。许多先哲贤达，早已提出教育要落实到“行”。孔子提出“听其言而观其行”（《论语·公冶长》）；王廷相强调习惯的养成，是靠“人也，非天也”（《王廷相集·雅述上篇》）；王夫之主张“力行而后知之真”（《四书训义》），“实体之则实知之矣”（《张子正蒙注》）；颜元等更是尖锐地批评宋明道学家空谈心性修养，力倡“习行”“习动”。孙中山则从认识论的角度概括行的重要性，认为“其始则不知而行之，其继则行之而后知之，其终则因已知而更进于行”（《孙文学说》）。大学生的养成教育正是遵循了个体从行为经习惯至品德这一成长规律，把行为教育作为开端，要求学生在行中习德，在实践中积累道德品质。以行为作为养成教育的起点，并不意味着忽视认识、情感和意志的教育。道德品质的养成，必须经过长期的反复的行为训练。行为的反复和坚持，又会遇到种种困难和挫折，须克服心灵的冲突和碰撞，要经受住外物的引诱和私欲的迷惑，而这些都离不开坚强的意志。坚强的意志又以坚定的信念为前提，对一定的原则的自觉和确信，就尤有必要。意志不仅要有坚定的信念和明确的目标，还必须辅之以强烈的情感。养成教育以行为教育作为开端，但又不拘泥于行为；以行为的训导作为中心，同时又向意志、情感、认识等方面辐射，并最终整合为道德品质。以行为教育为开端，注重培养熟练的行动技能和良好的习惯，又使养成教育不同于大学生的规范教育和情感教育。规范教育以知识教育为开端，注重规范的诠释；情感教育以感情教育为开端，注重感情的陶冶。唯有养成教育，是以行为教育为主线，力图在一定的情境、动机与行为方式之间构建稳固的联系。①

第二节　大学生养成教育是高校育人的重要途径

实施养成教育，对于大学生来讲，可以起到明是非、辨善恶、修德行、定心志的效果，对于他们的成长和成才具有其他学科和教育方式不可替代的作用，是大学生成才和高校育人的重要途径。

一、养成教育是素质教育的基本体现

所谓素质，有狭义和广义之分。狭义的素质，是指人们与生俱来的一切自然的生理特点，即先天禀赋；广义的素质，则是指在人的先天生理的基础上，经过后天教育和社会环境的影响，由知识内化而形成的相对稳定的、长期发挥作用的品质结构，包括思想、文化、身体、心理品质等。后者才是素质教育所强调的“素质”概念。1999 年中共中央、国务院发布的《关于深化教育改革全面推进素质教育的决定》指出：素质教育，就是全面贯彻党的教育方针，以提高国民素质为根本宗旨，以培养学生的创新精神和实践能力为重点，造就“有理想、有道德、有文化、有纪律”的、德智体美等全面发展的社会主义事业建设者和接班人的教育。全面推进素质教育，要坚持“三个面向”和“四个统一”，使学生生动活泼、

① 徐柏才，李从浩 . 关于对大学生进行养成教育的思考 [J]. 西南民族大学学报（人文社科版），2003（12）：78.

积极主动地全面发展和健康成长。具体来说，素质教育就是人的主动发展加全面发展。所谓人的主动发展，就是指个人的发展既不能由父母包办，也不能由教师包办，它需要激发调动个体的主动性力量。如果个体没有参与的主动性，外在的环境、知识、技能等很难走进其思想和内心，也很难对个体的发展产生影响。针对人的主动发展进行的主体性教育就是将重点放在尊重和唤醒学生的主体意识、倡导和发挥学生的主动性和创造性。素质教育强调学生的主体性和创造性，把学生看作有自尊心、自信心和主体精神的人，这有利于开发、激励学生的创造精神，使之成为创造型人才。所谓全面发展，就是指素质教育着眼于学生全面、和谐、可持续发展，以培养学生的创新精神和实践能力，造就全面发展的人才，使受教育者的科学文化素质、思想道德素质、身心素质都得到和谐平衡发展。可见，素质教育和养成教育在内容上有广泛的相容性和相近性，实施养成教育是全面落实素质教育的基本体现和关键所在。

养成教育是每一个大学生必须接受的基本教育。养成教育根据社会的要求和人的身心发展规律，在确定理性教育的基础上，在日常生活、学习和工作中，通过严格管理、行为训练等各种手段，全面提高受教育者知、情、意、行等素质，最终使教育指向内化，养成自觉遵守社会主义道德的行为和习惯。这种道德品质、行为习惯对提高大学生心理素质、智能素质、道德素质起着重要作用，是最基本的素质教育。

二、养成教育是道德教育的客观要求

道德教育，简言之就是对人的道德品质和道德实践能力的教育。道德品质是一定社会或一定阶级的道德原则、规范在个人思想和行为中的体现，是一个人在一系列的道德行为中所表现出来的比较稳定的特征和倾向，它由道德认识、道德情感、道德意志、道德信念和道德行为五个方面的要素构成。只有把道德认识、情感、意志、信念转化成行动，进行道德选择，养成习惯，才能形成道德品质。可见，道德品质的形成以行为选择为要求，而养成教育就是规范人们的道德行为。

因此，只有加强养成教育，才能形成良好的道德品质。

道德实践能力是检验学生道德品质高低的唯一标准。只有在实践中，学生的主观意识、道德认知见之于客观行为，潜在的品质变为显性品质，人们才能根据具体表现加以检验。同时，大学生的道德品质只有在实践中才有价值、意义。所以，以实践活动为主要内容的养成教育不仅是学生品质形成的基础，也是施教者施教与学生品质形成相统一的过程。可以说，养成教育的过程就是道德教育实践活动的过程。

三、养成教育是大学生思想品德形成的主要途径

教育心理学研究表明，大学生思想品德形成是一个循序渐进的过程，一般要依次经过对思想品德原则的认识和理解，在认识和理解的基础上产生对思想品德的强烈情感，锻炼坚持思想品德原则的意志，树立坚定思想品德原则的信念，形成行为的持续习惯五个过程。对思想品德原则的认知和理解是思想品德形成的前提和基础，对思想品德原则的情感和意志认识与理解是思想品德形成的必要条件，对思想品德原则的信念是思想品德形成的核心条件，行为是习惯的持续，这五个过程缺一不可，只有在实践的基础上有机地统一起来，才能使大学生形成良好的思想品德。

我们在培养大学生思想品德形成过程中，往往会忽视“情感、意志、信念”三个过程，往往是向大学生传授了思想品德原则后，便要求他们去付诸行动，这就违背了大学生思想品德形成规律，注定收不到好的效果。大学生道德品质的形成虽然离不开理论的传授教育，但更重要的要通过实践磨炼。而养成教育作为大学生在亲身实践中逐步形成的对某种事物情感、意志和信念的最佳、最直接、最不易改变的一种教育形式，则是对大学生思想品德的情感、意志、信念的根本培养途径之一。可见，养成教育是促进大学生思想品德形成的主要途径。

第三节　当代大学生养成素质现状

对于当前大学生的养成素质，社会上有一种观点认为，大学生不如中学生，

中学生不如小学生。这实际是一种误解。教育部近些年的大学生思想状况滚动调查表明，当代大学生具有思想活跃、求知欲高、进取心强等优点，总体思想道德状况积极健康向上。当代大学生是值得依赖的一代，是大有希望的一代。同时，当代大学生群体也确实存在不少的“问题道德素质”，道德认同感与道德实践能力之间还存在相当的差距。

第一，社会责任感较强，推崇诚信做人、诚信办事，参与公益事业、服务社会的积极性、主动性不断提高，但社会公德意识和诚信意识有所欠缺。“天下兴亡，匹夫有责”是沉淀在中华民族血液中的民族魂，激励着一代又一代中华儿女为了祖国的兴衰荣辱而浴血奋战、死而后已。当代大学生对中华民族的传统美德推崇有加，推崇诚信做人、诚信办事，对腐败等社会丑恶现象深恶痛绝，对英雄模范人物十分向往，能够积极参加社会公益活动，起到引领社会风气之先的作用。“大学生志愿服务西部计划”从2003年启动至今，已经吸引数万名高校毕业生赴西部地区的乡镇基层开展志愿服务。此外，大学生积极为希望工程捐款、义务献血、参与环保、参加奥运志愿者活动等，在社会上引起了广泛好评。但也有为数不少的大学生公德意识有所欠缺。有的大学生不遵守公共秩序，随地吐痰，乱丢杂物，上车不排队；有的大学生不爱护公物，在课桌上面乱刻乱划，对公共图书“各取所需”，任意撕页或“开窗户”；有的大学生诚信意识淡薄，考试作弊现象严重；有的大学生对发生在身边的不良现象采取事不关己、不闻不问、听之任之的态度。

第二，热爱学习，热爱生活，追求进步，但缺乏文明的学习习惯和生活习惯，敬业精神、艰苦奋斗精神相对不足。应该看到，大多数大学生进入校园后，刻苦努力，积极进取，如饥似渴地学习科学文化知识，为日后更好地报效祖国和造福人民积极充实自己，这是大学生中的主流现象。但也有为数不少的大学生，考入大学后产生万事大吉的思想，因而放弃拼搏精神，“60分万岁”已成了部分大学生的至理名言。部分大学生缺乏文明的学习习惯，学习自觉性差。具体表现为：学习目的不明确，思想不统一，缺乏自信心，存在悲观情绪。体现在学习过程中表现为：学习缺乏主动性、刻苦精神、钻研精神，学习纪律涣散；体现在教学过程中表现为：学习没兴趣，有的缺课、逃课，对课程学习缺乏热情。有的大学生染上浓重的实用主义世俗作风，在学习和社交等方面以有用、实惠为原则，更不愿到祖国需要的艰苦地方去工作。

生活习惯代表着一个人的生活方式。良好的生活习惯不仅能促进身心健康，而且对一个人的全面发展有着重要的影响。大学阶段对人才的培养主要侧重于自我学习与自我生活习惯的养成，如果还要由学校对几点吃饭、几点睡觉进行强制规定，似乎显得有些可笑。但目前不少大学生并不能很好地适应这种自我管理模式，缺乏文明的生活习惯，不会合理安排时间，行事缺乏自制力，缺少健康意识。这就不能不让人担心，部分大学生这种懒散、不健康的生活习惯如果得不到足够的重视，不能及时纠正，乃至不断蔓延成了大学生的一种群体习惯或者集体形象“标签”，则对大学生的身心健康以及今后走上社会都有不小的危害。

第三，关注生态环境，重视生态环境道德意识和行为的养成，能够引领社会风气并率先垂范，但在日常生活中环保实践有待加强。生态环境道德的基本内涵主要包括人与自然之间的道德关系、人对环境的责任以及确定环境道德价值目标。随着全球环境问题的出现，生态环境道德对于建立全球生态新秩序、保护地球家园越来越重要。面对诸多环境危机，建立和完善生态环境道德意识，建立人与自然共存的和谐发展模式就成了当务之急。大学生基于人与自然之间的道德关系、人对环境的责任以及确定环境道德价值目标等，积极倡导和实践生态伦理。绝大多数大学生都愿意参与环境保护，大学生中的环境保护社团也广泛兴起。但是，大学生的一些观念和实际行为阻碍着生态环境道德的形成和实践。部分大学生因受“人类是地球的主人”“人定胜天”“征服自然”等人类中心主义思想的影响，对自然环境和动植物缺乏应有的尊敬、爱心和同情心，甚至作出以折磨动物为乐的残忍事情。

第四，网络道德的重要性得到越来越多的大学生的认同，他们积极参与制定和完善网络道德规范，但网络道德的内化程度不高，网络道德行为尚有欠缺。网络是人类高科技与信息传播领域出现的最大成果，拥有与现实社会一样广阔的空间，亟须建立和完善与现实世界一样的网络伦理、网络规范与网络社会制度。网络道德是指人们在网络使用过程中应该遵守的信息道德规范，包括在网络信息的交流与利用中遵守信息法律法规、承担相应的责任和义务、尊重知识产权、抵制信息犯罪等内容，是网络时代所特有的社会道德。就目前来说，网络世界是青年人主宰的天下，是以大学生引导网络发展和网络规范的虚拟世界。以大学生为主导的青年人在网络上积极建构和发展自己理想的道德规范与社会结构，进行着各式各样、花样翻新的试验和实践。他们通过总结网络使用过程中应该遵守的信息道德规范以及指导和约束网络言行的道德意识，在政府主导理念的指导下形成、发展和不断完善网络道德。但是，也有一些大学生对网络道德的认识不够，认为网络的虚拟空间不需要道德的规范，不严格遵守相关的网络道德和网络法规，沉迷于网络暴力、色情信息甚至滑入网络犯罪的深渊。

第四节　新形势下进一步加强大学生养成教育的对策和建议

大学生的养成教育，应该立足于社会主义人才培养目标的要求，结合大学生的身心特点，从教育和管理两个着眼点出发，引导大学生在思想道德、行为习惯以及世界观、人生观、价值观等方面进行理性的选择，养成良好的、符合社会需要的行为和习惯。尤其是在当前，面对不断发展的新形势和不断出现的新问题，思想政治工作必须与时俱进，要与时代相结合，与学生相结合，与实际相结合，与优秀人才的培养目标相结合，把养成教育作为高校育人的重要途径。

一、基础环节：加强人文教育，正面引导

首先，学校要重视加强人文素质教育，不断提高大学生的人文素质。在人文素质教育中，要渗透世界观、人生观、价值观、道德观、成才观、民族自尊、治学态度、工作作风、思想方法等内容，使学生在接受知识的过程中塑造人文精神。要改革教学内容和课程体系，重视文理渗透，鼓励学生选修多种课程，在课堂学习中积累丰富多彩的人文学科知识。要把专业教育与人文素质教育结合起来，将人文素质教育渗透到专业课中，挖掘专业课中的素质教育和养成教育的因素。

其次，要充分发挥高校思想政治理论课的作用，以正确的理论引导学生，通过课堂教学和社会实践等形式，使大学生明确前进的方向，增强前进的动力。要教育学生运用马克思主义的立场、观点和方法去分析与解决问题，树立正确的世界观、人生观和价值观，从而把个人理想和国家的前途命运结合起来，培养学生识大体、顾大局，提高遵守社会主义道德规范和行为准则的自觉性。

最后，针对大学生各阶段特点和专业特色展开生动活泼的教育活动。丰富多彩、生动活泼的教育活动，会比一些反复灌输道德观念或社会意识的特定课程更能使大学生养成健全的德性。马克思在《关于费尔巴哈的提纲》中指出："人的本质不是单个人所固有的抽象物，在其现实性上，它是一切社会关系的总和。"① 作为社会存在的个体总是在社会交往中彼此认识、相互评价并不断获得社会知识和掌握行为规范的。我们要积极鼓励大学生参与一些精心设计的、具有社会和个人价值双重意义的集体教育活动，在丰富多彩的教育活动中逐渐塑造道德观念、养成道德能力。丰富多彩的教育活动具有生动形象、直观灵活的特点，能够吸引更多的大学生积极参与，是德性认知与德性实践相结合的重要渠道，也是提高大学生德性认知水平和道德活动能力的有效路径。相对于中小学阶段来说，大学阶段的养成教育是一个阶段，但大学阶段的不同学年段，也是有很大区别的。因此，在整个大学阶段，养成教育也要体现出阶段性，针对大学生各阶段特点和专业特色展开生动活泼的教育活动。低年级主要是行为规范和科学的人生观、价值观、世界观养成阶段，重在培养文明的个人行为习惯和高尚的思想道德素质。这要从大学生入学军训开始，通过军训，让大学生学到书本上学不到的东西，培养大学生不向困难低头、顾全大局的集体主义精神。同时，可以开设"大学生文明修身实践课"，强化养成教育。高年级主要是竞争生存能力培养，全方位培养大学生走向社会后应具备的各种知识和技能，使同学们认清就业市场和经济形势，增强发奋图强的创业竞争意识。尤其是在走向社会之前的实践就业阶段，应当全力培养大学生的适应、应变、处世能力，为实习就业做好准备。利用社会实践、讲演

① 中共中央马克思恩格斯列宁斯大林著作编译局. 马克思恩格斯选集：第1卷[M]. 北京：人民出版社，2012：139.

报告等形式，使同学们树立乐业、敬业、勤业的正确思想和敬岗爱业的职业道德，确立“干一行、爱一行”的就业观和“三百六十行，行行都光荣”的职业价值观。各学年的养成教育有侧重、有要求、有内容、有措施，将养成教育融入大学生在校学习生活的全过程，形成制度化、程序化、系列化的教育体系。

二、主导环节：教师言传身教，带动养成

教师被称为“人类灵魂的工程师”，说明教育者对受教育者有很强的影响作用。在高等学校，教师是一个决定的因素，能否把学生培养成社会主义建设的合格人才，关键看教师合格不合格。这是因为教师的学术水平、治学态度、思想品德和言行举止等都对学生发挥着深刻的、直接的、潜移默化的作用。因此，加强并注重发挥教师在学生养成教育中的主导作用，对学生的养成教育具有十分重要的意义。

首先，专业课教师的教育作用。中共中央、国务院《关于进一步加强和改进大学生思想政治教育的意见》指出：高等学校各门课程都具有育人功能，所有教师都负有育人职责。广大教师要以高度负责的态度，率先垂范、言传身教，以良好的思想、道德、品质和人格给大学生以潜移默化的影响。要把思想政治教育融入大学生专业学习的各个环节，渗透到教学、科研和社会服务各个方面。要深入发掘各类课程的思想政治教育资源，在传授专业知识过程中加强思想政治教育，使学生在学习科学文化知识过程中，自觉加强思想道德修养，提高政治觉悟。① 专业教师尤其是资深教师除了在专业上的精神造诣，在个人的人格魅力上、专业道德上也有其独特的熏陶和引导作用，学生更能“亲其师，信其道，学其理，信其行”。一个师德高尚、业务上有成就、学术上有造诣的教师，往往成为学生争先效仿的楷模，在课堂上、在实验室等教育场合，专业教师不仅可以发挥教书的作用，还可以发挥育人的作用，尤其是在对学生的良好习惯、精神品格等方面的养成发挥重要作用，而且效果更为明显。

---

① 中共中央文献研究室．十六大以来重要文献选编：中 [M]. 北京：中央文献出版社，2006：182-183.

其次，辅导员的指导作用。中共中央、国务院《关于进一步加强和改进大学生思想政治教育的意见》明确指出：辅导员、班主任是大学生思想政治教育的骨干力量。[①] 在开展大学生思想政治工作中，辅导员是大学生健康成长的指导者和引路人，辅导员是开展思想政治教育工作最直接的工作者，其与学生接触最紧密、最直接，为此，就必须在日常管理、校园建设、社会实践、就业指导、心理健康教育等工作中“润物细无声”，引导学生、教育学生形成良好品性、习惯以及道德素养。

最后，校外兼职教师的导航作用。当今时代是一个飞速变革的时代，大学生的价值观念出现多元化特点，其个人价值认同和喜好已经呈现新的景象，同时，虽然生活学习在校园中，但其对加深社会的了解、认识的意愿日益强烈。现有的校内资源难以达成其愿望，针对这一特点，可以因势利导，借用外力，引进社会资源，聘请专家、学者、企业家、社会名人等作为兼职教师，为学生成长“导航”。社会知名人士因其社会性、专业性等优势往往能够对学生产生积极影响，帮助其良好行为品性的养成，助其成长。

三、实践环节：优化育人环境，加强实践

首先，充分发挥校园文化的育人功能。大学生养成教育主要是通过在高校创设特定的情境和营造特定的氛围进行的。这种环境建设在高等学校养成教育中主要表现为校园文化建设。中共中央、国务院《关于进一步加强和改进大学生思想政治教育的意见》指出：校园文化具有重要的育人功能，要建设体现社会主义特点、时代特征和学校特色的校园文化，形成优良的校风、教风和学风。[②] 校园文化作为一种社会亚文化，是学校在长期的教学、科研和行政管理过程中逐步形成的，是在广大学生直接参与和积极建设下发展起来的。这既包括硬件建设，也包括软件建设。

在硬件建设方面，要加大经费投入，改善学校的办学条件，要切实加强学生宿舍、食堂、教室、图书馆及娱乐活动场所的建设，改善这些场所的条件。

---

① 中共中央文献研究室．十六大以来重要文献选编：中 [M]. 北京：中央文献出版社，2006：187.

② 中共中央文献研究室．十六大以来重要文献选编：中 [M]. 北京：中央文献出版社，2006：183.

在学生经常出入的重点场所，保持良好的卫生环境及秩序，设立一些有利于学生养成教育的标语牌，使学生在优良的环境中产生自觉约束自己的意识。学生在整体优化的环境中就会受到强烈的美的感染，使他们从思想感情到行为习惯都趋向文明。

在软件建设方面，要大力加强校风和学风建设，大力加强大学生文化素质教育，开展丰富多彩、积极向上的学术、科技、体育、艺术和娱乐活动，把德育与智育、体育、美育有机结合起来，寓教育于文化活动之中。要善于结合传统节庆日、重大事件和开学典礼、毕业典礼等，开展特色鲜明、吸引力强的主题教育活动。重视校园人文环境和自然环境建设，完善校园文化活动设施，建设好大学生活动中心。加强校报、校刊、校内广播电视和学校出版社的建设……丰富多彩的校园文化活动，有利于大学生的责任意识、民主意识、法制意识、爱国意识、集体主义观念、纪律观念等的不断检验和不断完善，最终实现自身人格的塑造，完成完整意义上的“人的现代化”，这是养成过程最有效、最直接的环节，是养成教育的“知”向“行”的转化、升华的重要环节。

其次，高度重视社会实践的育人作用。社会实践是指在高校的指导下，利用节假日等课余时间参与社会政治、经济、文化生活的教育活动，它是养成教育的十分重要的方式，主要包括实践教学、学生军训、社会调查、生产劳动、社会服务、学习参观等主要内容。通过开展实践活动，有助于大学生深入实际、了解国情，加深学生的社会责任感，提高社会适应能力，进而促进大学生能力、意识和品性的养成。

应针对“00后”大学生的特点和行为模式，扎实开展行为训练。大学生养成教育尤其要重视行为习惯的训练，没有训练就没有习惯，由正确认识向良好习惯转化需要训练，由不良习惯向正确行为转化尤其需要训练。国外教育也重视行为习惯的训练，英国教育思想家约翰·洛克（John Locke）曾经说过：“儿童不是用规则教育可以教育好的，规则总是被他们忘掉，你觉得他们有什么必须做的事，你便应该利用一切时机甚至在可能的时候创造时机给他们一种不可缺少的练习。这就是可以使他们养成一种习惯，这种习惯一旦养成后，便不用借助记忆很容易地、很自然地发生作用。”[①] 目前，养成教育关于行为训练方面有三种理论形态：一是“中心扩散说”理论。行为习惯内容相当繁杂，不可能对所有内容都细致训练，要抓住中心，中心抓准了，形成了好习惯，就可以把许多其他的好习惯带动起来。因此，制定行为训练序列时要分析哪些习惯在什么阶段是最主要的、最关键的。二是“阶段说”理论。不同的年级要有各自的训练重点，要研究各种习惯形成的关键期，抓住关键期进行教育，注意阶段性。三是“循环说”理论。行为习惯的形成需要长时间的循环往复，是螺旋式上升的。低年级训练过的，到高年级还要经常进行重复训练，否则难以巩固。客观地讲，这三种理论形态都不完善，但都有可取之处，我们可以取其所长，补其不足。大学生养成教育中的行为训练序列应该既有中心，又有阶段性，还要有必要的循环。进行低层次教育要为进行高层次教育打基础，进行高层次教育也要注意巩固和强化低层次教育的要求。这样使教育内容既分层次又互相联系，循序渐进，逐步升华。在制定大学生行为训练序列时应该把教育内容、教育方法、教育时间都考虑在序列之内，使良好习惯在有目的、有计划的序列中得以真正养成。

四、保障环节：严格校规校纪，规范制度

俗话说，没有规矩，不成方圆。建立健全各项规章制度，加强管理，是对大学生进行养成教育的重要途径。

首先，加强完善高校的规制建设。管理不仅仅是为了使高校有一个正常的教育秩序、生活秩序和工作秩序，保证育人工作的正常进行，更重要的是通过管理对大学生进行行为训练，这是大学生养成教育的重要手段。大学生养成教育必须以科学完备的规章制度建设为前提。高校的规章制度要体现三个特点：一是全，高校的规章制度建设涉及大学生学习生活的各个方面，如宿舍管理制度、日常操行评定制度、教室管理制度、学生奖惩制度、德智体美劳综合素质测评制度等。规章制度应该是全方位的，做到事事有章可循。二是细，内容具体明确，可操作性强。三是严，纪律严明，赏罚分明。为了使大学生了解和掌握各项规章制度，

① 约翰·洛克.教育漫话[M].傅任敢，译.北京：教育科学出版社，1999：146-148.

可用知识竞赛等办法，督促大学生学习掌握制度内容，形成自我激励、自我约束、自我管理的制度文化环境。同时，要充分发扬民主，听取大学生合理化建议，这不仅有利于制度的完善，而且有助于培养大学生的民主意识和维护自身合法权益的意识。

其次，统筹各种教育资源和教育力量。现代德育心理学的研究结果表明，个体道德意识的产生、道德情感的陶冶、道德意志的锤炼、道德信念的确立都离不开个体活生生的现实生活和实践活动。只有在个体现实的道德生活和实践活动中，个体的德性主体意识和主体能力才可能得到提升，进而促使个体道德不断完善和超越自我。脱离了现实的生活世界，仅靠单纯空洞的德性知识传授、说教和灌输，是不可能达到预期教育效果的。大学生养成教育是一项植根于现实生活世界的系统工程，家庭、学校和社会都负有责任。家庭、学校和社会这三方面的教育以不同的空间和时间形式占据了大学生的整个生活。无论哪一方面出现空白，都将使大学生在一定时空范围内放任自流，从而一些不健康的东西就有可能乘虚而入。就所属群体而言，大学生主要生活在家庭、高校和同辈群体构成的三重社会之中。这三者本身都是具有不同社会学特征的“小社会”，大学生在其中处于不同的“社会地位”，它们各自也以其独特的优势对大学生施加着种种影响。需要特别注意的是，这三者中的高校和同辈群体两大要素的影响施加场域主要都是发生在学校当中。伴随着年龄增长，家庭对大学生的影响将会弱化，而高校和同辈群体对其的影响效应将会不断增强。因此，对于大学生群体而言，在高校场域接受的教育和影响是至关重要甚至是影响终身的。

高校应针对大学生养成素质的现状和需求，制定总体规划，作出全面部署，统筹课内课外教育，统筹教书育人、管理育人、服务育人，统筹发挥党团组织和学生组织的作用，统筹大学生思想政治教育三支队伍建设，统筹解决大学生面临的各种实际问题，从整体上推进大学生养成教育，不断完善领导体制和工作机制，形成大学生养成教育的长效机制。

结束语

新时代高校思想政治教育创新发展离不开科学有效的思想政治教育效果评价。要对高校思想政治教育的实施情况进行科学合理的评价，就需要寻求衡量高校思想政治教育客观尺度的问题。系统地梳理当前高校思想政治教育评价研究当中存在的难点与问题对于在新的历史条件下更好地推进高校思想政治教育具有重要的前提性意义。

首先，如何更好地实现高校思想政治教育评价设计理念由“以事为本”向“以人为本”的转化。中国共产党自成立以来，一直都将思想政治教育放在党的建设的首要位置，把思想政治教育视为各项工作的“中心环节”“生命线”“灵魂”“统帅”等。思想政治教育是中国共产党整个事业的重要组成部分，其工作重点是与中国共产党的基本路线和中心任务根本一致的。党在不同历史时期都会有其中心任务或工作重点，这一重点在党的路线、方针、政策上得到最突出的显现，党在这一时期的思想政治工作的重点就是进行党的路线方针政策的教育，与党的中心任务积极配合。比如说，在革命战争年代，党的中心任务是进行革命并夺取政权，它就要求思想政治工作紧紧围绕革命斗争来进行，为了革命的最终成功而进行思想政治工作。在社会主义建设时期，各行各业的思想政治工作也主要是围绕本行业、本单位的中心任务来展开。在某种意义上，我们可以把这种思想政治教育模式称为“以事为本”。也就是说，包括评价在内的各项思想政治教育环节从理念、设计、实施直至最终的完成都是紧紧围绕着“事”（上至国家大事，下达单位小事）来展开的。这种“以事为本”的思想政治教育取得了相当大的成就，积累了宝贵的实践经验，对于顺利完成各项中心工作起到了不可替代的促进作用。但是，也存在着一些问题。“以事为本”的思想政治教育模式对“人”的定位趋于实证性和工具性，人之为人的整体性价值受到某种程度的冷落，导致“人的缺位”。在这种模式的影响下，思想政治教育对象通常被理所当然地看成被教育和被改造的对象，当成消极被动、无个性差异的群体，忽视了思想政治教育对象所独有的个体需求、个体特征和个体诉求，在相当大程度上把思想政治教育对象当成实现某一社会目标的工具。无论是在工作理念还是工作方法方面，通常给人的印象都是机械的、单向度的甚至是有些傲慢的说教与灌输。具体到思想政治教育评价方面，就是普遍采取讨论评议、总结鉴定、书写评语的定性方法。这种方法常常被称为“考评”，即考核评定之意。其主要特点是突出了群众性的自我教育，采用批评与自我批评的民主方式，能在总体上肯定成绩，找出主要问题，明确今后的努力方向。其缺点则是模糊性较强，客观标准性较差，主观随意性较大，有时候仅凭一句话、一件事就定性定论的情况是常有的事情；评价形式也比较单一死板，对思想政治工作中间状态的鉴定评语几乎是“千人一面”，缺乏可比性，透明度不高，可信度也较低。正因为如此，有人不断发出“思想政治教育简直没法评价”的责问。

自 20 世纪 80 年代中期以来，思想政治教育实效性及其评价问题日益受到学界的关注，学者们主要围绕思想政治教育实效性的意义、理论基础、实现条件及评价路径等问题展开讨论，取得了不少成果。普遍达成的共识是：包括评价在内的所有的思想政治教育理念应由“以事为本”逐步向“以人为本”转化。“以人为本”蕴含着一切为了人、为了一切人、为了人的一切以及尊重人、关心人、爱护人的人文意识和人文关怀。大体上，以人为本的基本含义包含三层意思：它是一种对人在社会历史发展中的主体作用与地位的充分肯定；它是一种价值取向，即强调尊重人、解放人、依靠人、为了人和塑造人；它是一种思维方式，就是在分析、思考和解决问题时既要坚持并运用历史的尺度，又要确立并运用人的尺度，要关注人的普遍性与差异性并对人的生存和发展确立起终极关怀。如果说“以事为本”强调的是以“事”为主，那么在“以人为本”中人的“主体性”与“自主性”受到空前的关注。实现“以事为本”向“以人为本”的转化，对“人”的定位从工具性向主体性的转变，不仅是时代发展的客观要求，更是由思想政治教育自身的内在属性所决定的。“全部人类历史的第一个前提无疑是有生命的个人的存在。”[①] 思想政治教育是人类社会实践的一个重要方面，它以人为作用对象，是做人的思想、精神世界的教育工作。“人”是思想政治教育的中心、出发点和基础，也是思想政治教育的目的、归宿和根本。高校思想政治教育的根本任务就是启发人的自觉性，调动人的积极性，激发人的创造性，形成符合社会发展要求的思想政治品格，促进人的自由而又全面的发展。如果说以往思想政治教育以事为本是现实的局限，那么现在没有任何理由可以回避“以人为本”这一命题。

“以人为本”的高校思想政治教育评价强调评价的最终愿景不仅是把工作对象塑造成经济动物或单纯的劳动者，而是具有明确奋斗目标、高尚审美情趣、既能创造又能懂得享受的自由主体。也就是说，所有的评价不仅仅围绕着外在的“事”，更是为了根本的“人”；不是人的发展的束缚，而是人的发展的推动力量。客观来讲，目前高校思想政治教育评价的设计理念仍然处于“以事为本”向“以人为本”艰难的转化过程当中，以往的思维定式自觉或不自觉地影响着高校思想政治教育评价标准的确立。尤其是以“事”为标准来评价，其短期效果更容易显现，也更便于衡量。但事实已经证明，单纯地以完成工作任务及单一的考试（核）成绩为标准的“以事为本”的评价模式，对于教育过程中工作对象的非智力活动，特别是高层次的认知能力和情意能力评价重视不够，这在相当大的程度上已经严重制约了评价教育功能的发挥。因此，坚持、完善“以人为本”的高校思想政治教育评价并将之具体化、细化，强化评价标准当中的形成性评价、诊断性评价、对策性评价和鼓励性评价，更好地体现教育工作对象自身的个体需要、个体诉求、个体发展的差异性是需要我们认真思考的重大课题。

其次，如何更好地实现高校思想政治教育评价价值导向由规范性向发展性的转变。任何评价活动，都离不开一定的价值判断。高校思想政治教育评价不是单纯的事实性描述，而是依据一定的评价标准、指标体系和科学程序对思想政治教育工作的价值判断。价值判断以及与之密切相关的价值导向是高校思想政治教育评价的内在规定性。

---

① 中共中央马克思恩格斯列宁斯大林著作编译局．马克思恩格斯选集：第 1 卷 [M]. 北京：人民出版社，2012：146.

当前，规范性的奖惩评价在高校思想政治教育评价的价值导向方面仍然居于主导地位。以规范性为价值导向的高校思想政治教育评价的重点在于通过发挥评价的鉴别、监督作用，为思想政治教育管理部门对思想政治教育工作者和教育对象作出奖励与惩罚等决策提供具有说服力的依据。从大的方面来讲，规范性思想政治教育评价的主要目标有两个方面：一方面是根据思想政治教育对象思想行为的变化，判断思想政治教育的教育质量；另一方面则是根据对思想政治教育质量的判断，评判思想政治教育工作者是否履行了应有的工作职责，并根据他们的工作表现判断是否具备了奖励或惩罚的条件和依据。因此，我们又可以把规范性思想政治工作评价称为奖惩性思想政治教育评价。由于以奖惩为直接目的的规范性评价制度与对思想政治教育工作者和教育对象的实际奖惩利益相挂钩，这就迫使思想政治教育工作者和教育对象要么对评价惧怕、厌恶甚至公开抵触，要么一切思想政治工作都围绕着“评价标准”转。这样做的后果就是，本应该生机勃勃、充满朝气的人的高校思想政治教育被彻底简化为布置了多少项工作、开了多少次会议、发了多少辅导材料、办了多少期学习班、做了多少次报告、写了多少篇文章、有多少人参加了会议等显性指标。的确，高校思想政治教育工作量需要依靠这些显性指标反映出来，一定的显性指标可以产生相应的评价效果，但并不是所有的显性指标都能够必然产生正面效应。这些指标毕竟只是形式和手段，不能够也不应该去替代内容和目的。尤其是当把显性指标与规范性（奖惩性）思想政治工作评价相互等同的时候，要么映衬出这些指标的“苍白无力”，要么反映了思想政治教育工作评价的庸俗化。规范性思想政治教育评价大多数情况是面向过去，注重评价之前的思想政治教育情况，在相当大程度上忽视了对具体思想政治教育工作组织实施过程的评价。这种“重结果、轻过程”的做法很容易导致思想政治教育工作参与者产生“为评价而教育”“为评价而接受教育”的错误观点，非常不利于思想政治教育效果的真正实现。这也就是有人说“思想政治工作不能评价、不好评价、不愿评价”以及思想政治教育工作者和教育对象普遍反映评价成为“工作沉重负担”的缘由。

以发展性为价值导向的高校思想政治教育评价是一种全新的、立足发展、面向未来的动态评价机制。如果说规范性思想政治教育评价更倾向于静态的结果鉴定，那么发展性思想政治教育评价不仅关注思想政治工作的业绩表象，而且更加注重思想政治教育参与者的未来发展，注重思想政治教育“职业成就感”的发展期待。在时间上，发展性思想政治教育评价是一个过程，立足现在，更着眼于未来。它根据思想政治教育现有状况，确定思想政治教育的发展方向，不定期动态地制定并调整思想政治教育发展目标，同时依据评价提供的反馈信息激发思想政治教育参与者自我完善的需求，明确继续发展的目标，达到思想政治教育的可持续发展。在空间上，发展性高校思想政治教育评价强调双向互动，不是单方面对工作对象和受教育者的鉴定考核，而是包括教育者和受教育者两个维度。它不但需要考量受教育者现在的思想政治状况以及未来的发展需求与可能，还要关注教育者对此项工作的职业情感和职业发展，更要考察教育者与受教育者在思想政治教育发展过程中的互动情况及其程度。发展性高校思想政治教育评价面向全体思想政治教育参与者，它所追求的目标就是通过评价促进思想政治教育整体工作及其参与者的自我教育、全面发展。在属性方面，发展性思想政治工作评价不是权威结论性评价，而是生成引导性评价。它不以奖惩为目的，而是以促进发展为目的。也就是说，要将思想政治教育的发展目标转化成所有评价参与者的发展目标和工作行为的鼓励导向性评价。它引导评价对象将自我发展目标与评价目标相结合，将工作目标与评价目标相结合，在实现思想政治教育目标的同时，实现评价对象自我的不断完善。它的最终目的是要充分调动评价对象的积极性，它的评价结论不是判决书，评价的结论是要为评价对象以后的工作提供规范，指明努力的方向，从而提高思想政治教育工作质量并实现评价对象的发展需求。[①] 一言以蔽之，发展性高校思想政治教育评价不仅针对思想政治教育现有价值的测评，更为重要的是对高校思想政治教育待开发价值及其潜能的充分肯定。如何更好地开发利用发展性思想政治教育评价并将发展性价值导向认识转化为切实可行、容易操作的高校思想政治教育评价标准是需要我们长期不断研究的重要课题。

再次，如何更好地实现高校思想政治教育评价覆盖范围由现实生活向互联网

---

① 张宇明 . 建构发展性评价体系促进思想政治教育发展 [J]. 思想教育研究，2003（11）：48.

络的延伸。思想政治教育是做人的工作，人生活在一定的社会环境当中。所以，思想政治教育评价离不开现实生活。这很容易理解，也经常受到大家的关注。以信息技术为核心的新技术革命，为高校思想政治教育提供了看不见、摸不着但却又确实存在的互联网络或虚拟空间。互联网络是一个新鲜的事物，不少研究者已经关注这一问题。目前，人们谈论更多的是通过信息技术或者互联网络来丰富、完善思想政治工作评价标准。这没有问题，但我们还不能仅仅局限于此。

从大的方面来看，互联网络的高校思想政治教育评价问题可以包括以下两个方面：一方面，通过互联网络展开评价过程。在这一过程中，互联网络作为知识与信息的载体而存在，可视为评价载体的自然延伸。“纵观人类思想政治教育发展历史，思想政治教育评价载体的历史演变经历了语言——文字——大众传媒几个阶段，言传身教和书籍一度是思想政治教育活动（包括评价）的重要载体。人类进入新的世纪，以网络信息技术为核心的互动媒体得到迅猛发展。与传统大众传媒相比，网络技术在思想政治教育领域的运用显示出其更强的技术特征，网络作为承载知识与信息的存在方式，继承了传统思想政治教育评价载体的特点，它不但可以代替传统思想政治教育评价载体而存在，而且功能更强，效率也更高。”[①]也就是说，互联网络或者虚拟空间被视为一种思想政治教育评价的全新工具或载体。的确，互联网络或虚拟空间拥有传统载体所不具备的内容广泛性、信息共享性、交互及时性、参与平民化等鲜明特点，为开展思想政治教育评价提供了更加丰富的评价资源和更为宽松的评价环境。这些都是需要我们认真加以利用的地方。如何更为有效、更加广泛地利用互联网络技术优势，弥补传统载体的不足来开展思想政治教育评价也是我们需要认真面对的问题。但我们对互联网络的思想政治教育评价的认识还不能仅仅到此为止。另一方面，如何评价互联网络本身的动态过程。互联网络是非常活跃的，甚至比我们真实生活的现实世界还要精彩、还要活跃。任何人都可以在互联网络或者说虚拟空间以匿名的方式对任何问题展开讨论，交换思想，提出观点。这是互联网络的独特魅力，也是它的自身缺陷。互联网上信息庞杂、良莠不齐，容易产生“网络暴力”“色情游戏”“人肉搜索”等

① 张宇明．论思想政治教育评价的新形式：网络评价 [J]. 学校党建与思想教育，2003（7）：28.

不被全社会认可的极端行为。正因为如此，我们说互联网络不仅仅是一个单纯技术运用的问题，还需要思想政治工作的积极介入和干预。相对于现实生活，互联网络的思想政治教育评价具有相当大的难度。这是由互联网络的参与主体不确定、参与方式匿名化、参与过程短暂性等特点决定的。这也从另一角度更加凸显了思想政治教育评价在互联网络存在的绝对必要性。尤其是建立与互联网络发展态势相适应的高校思想政治教育评价就显得尤为重要。互联网络的高校思想政治教育评价既独立于现实生活，又立足于现实生活。思想政治教育评价的覆盖范围从现实生活延伸至虚拟空间既是历史发展的趋势，也是不争的客观事实。如何让高校思想政治教育评价能够更好地在现实生活与互联网络之间保持动态的平衡，促成思想政治教育在现实生活与互联网络之间的良性互动，是需要我们深入思考的重要课题。

最后，如何更好地实现高校思想政治教育评价参数配置由单一维度向多维考量的衍化。随着高校思想政治教育实践的推进，人们对其评价的参数配置的认识也在不断深化。在相当长的时间里，人们对于高校思想政治教育效果的评价主要是以定性分析为主。具体来讲，就是根据高校思想政治教育的“三体”（教育工作者、教育对象和教育环境）之间的相互作用以及“四要素”（工作目的、工作内容、工作手段和具体活动）之间的协调统一作为判断依据。当这些要素在发展方向上保持一致或基本保持一致时，思想政治教育的效果就明显。相反的话，其工作效果就会下降。在进行思想政治教育评价的时候，大家习惯于把“三体”和“四要素”作为有机统一的整体来进行综合定性分析。历史地看，这种定性评价方法简单易于操作，起到了应有的积极作用。但存在的问题是，主观印象和主观随意性较大，不同部门甚至同一部门在不同时期的参数配置都不尽相同，不同的人对相同工作所作出的评价也相差甚大，进而导致人们对思想政治教育评价科学性的怀疑。正如有学者所指出的，“这些年来，人们一直在思考思想政治教育的有效性问题，但主要是根据社会经验，而不是根据科学的评估指标进行有效评估得出的结论”[①]。

以 1988 年 3 月 31 日发表于《中国教育报》的《从高校思想政治工作质量评估中发现的两个问题》为标志，定量分析方法和定量参数开始逐渐引入高校思想政治教育评价当中。有学者主张在思想政治教育决策和效果评价中运用量化模型等数学分析方法，来解决传统思想政治工作偏重定性方法、数量分析和定量研究缺失的问题。有学者则引入运筹学中的量化模型决策方法，对现代思想政治教育决策过程中备选方案的评价和预测进行了方法、程序的开创性探讨，以示例分析展示了其方法的基本功能和特色。还有学者引入矩阵和概率等数学方法来构建思想政治教育实效性评价模型。通常来讲，由于量化方法的运用过程和运用结果都是可以反复检验的，具有严密的逻辑和可操作性，其结果相对客观可靠，因而把这种方法运用于思想政治教育评价当中，对可计量的思想现象做定量的分析和处理，有助于增强思想政治教育的客观性和科学性，克服和减少主观随意性。正因为这样，目前的思想政治教育评价研究在其参数配置上都会加入数字、公式、模型等，定量分析已然成为一种研究时尚。我们在设计高校思想政治教育评价标准的时候，加入定量分析方法是十分必要的。但如果我们仅仅局限于此，或者说过于关注这些数据、模型，那么表面上看起来十分科学严谨，事实确非如此，甚至可能导致思想政治教育丧失其鲜活的应用生命力。因为思想政治教育毕竟是做人的工作。思想政治教育效果的表现形态非常复杂，它既表现为显性效果，又表现为隐性效果；既表现为直接效果，又表现为间接效果；既表现为近期效果，又表现为远期效果。从思想政治教育效果的特点来看，更多的是表现为潜移默化的、长远的影响。所谓“十年树木，百年树人”，在高校思想政治教育中尤其如此。定量参数可以对思想政治工作的显性效果、直接效果和近期效果作出较为精确的科学判断，却无法权衡其隐性的、间接的、长期的方面。这正是定量分析法的“短板”所在。如果无视这一点，一味追求或过度依恋所谓的精细计量，那么思想政治教育评价无非就是一场自娱自乐的“数字游戏”而已。遗憾的是，我们目前的

① 邱柏生．思想政治教育学科评估指标体系问题[J]．学校党建与思想教育，2003（11）：46.

实际工作就或多或少地存在这一问题。

其实，无论是定性法还是定量法，都不过仅仅是一种评价技术手段而已。高校思想政治教育评价的最终目的是促进人的自由而又全面的发展。技术手段不是为了禁锢人的发展，而是推动人的前进。高校思想政治教育评价的参数配置应该是综合全面的，既包括主观测评参数，也有客观衡量参数。这些测评参数不能设计得太复杂，要简明可操作。根据复杂性与精确性不可兼得的原则，我们评价高校思想政治教育效果这一十分复杂的对象，不能将评价标准的参数设置得复杂无比，而只能适用具有综合性、多维度特征的评价标准指标参数。也就是说，我们需要在定性参数与定量参数的权重方面保持动态的平衡，当定性时则定性，当定量时则定量，绝对不能非此即彼。

参考文献

一、马列经典著作

[1] 马克思恩格斯选集：第 1-4 卷 [M]. 北京：人民出版社，1995.

[2] 马克思恩格斯全集：第 1 卷 [M]. 北京：人民出版社，1997.

[3] 马克思恩格斯全集：第 2 卷 [M]. 北京：人民出版社，2005.

[4] 马克思恩格斯全集：第 19 卷 [M]. 北京：人民出版社，2006.

[5] 马克思恩格斯全集：第 21 卷 [M]. 北京：人民出版社，2003.

[6] 马克思恩格斯文集：第 1 卷 [M]. 北京：人民出版社，2009.

[7] 马克思恩格斯文集：第 2 卷 [M]. 北京：人民出版社，2009.

[8] 马克思恩格斯文集：第 5 卷 [M]. 北京：人民出版社，2009.

[9] 列宁全集：第 42 卷 [M]. 北京：人民出版社，1987.

[10] 毛泽东选集：第 1-4 卷 [M]. 北京：人民出版社，1991.

[11] 毛泽东文集：第 6 卷 [M]. 北京：人民出版社，1999.

[12] 毛泽东文集：第 7 卷 [M]. 北京：人民出版社，1999.

[13] 邓小平文选：第 1-2 卷 [M]. 北京：人民出版社，1994.

[14] 邓小平文选：第 3 卷 [M]. 北京：人民出版社，1993.

[15] 习近平谈治国理政：第 1 卷 [M]. 北京：外文出版社，2018.

[16] 习近平谈治国理政：第 2 卷 [M]. 北京：外文出版社，2017.

二、国内专著

[1] 刘建军 . 马克思主义信仰论 [M]. 北京：中国人民大学出版社，1998.

[2] 刘建军 . 追问信仰 [M]. 石家庄：河北人民出版社，1998.

[3] 陈立思 . 当代世界的思想政治教育 [M]. 北京：中国人民大学出版社，1999.

[4] 许启贤 . 中国共产党思想政治教育史 [M]. 北京：中国人民大学出版社，2004.

[5] 郑永廷，张彦 . 德育发展研究——面向 21 世纪中国高校德育探索 [M]. 北京：人民出版社，2006.

[6] 张耀灿，郑永廷，吴潜涛，等 . 现代思想政治教育学 [M]. 北京：人民出版社，2006.

[7] 张耀灿 . 思想政治教育学前沿 [M]. 北京：人民出版社，2006.

[8] 石云霞 . 新中国成立以来高校思想理论教育史研究 [M]. 北京：人民教育出版社，2005.

[9] 何东昌 . 中华人民共和国重要教育文献 [M]. 海口：海南出版社，1998.

[10] 荆学民 . 当代中国社会信仰论 [M]. 北京：人民出版社，2008.

[11] 王葎 . 价值观教育的合法性 [M]. 北京：北京师范大学出版社，2009.

[12] 檀传宝 . 信仰教育与道德教育 [M]. 北京：教育科学出版社，1999.

[13] 王锐生 . 社会哲学导论 [M]. 北京：人民出版社，1994.

[14] 冯建军 . 生命与教育 [M]. 北京：教育科学出版社，2004.

[15] 张昆 . 大众媒介的政治社会化功能 [M]. 武汉：武汉大学出版社，2003.

[16] 任建东 . 道德信仰论 [M]. 北京：宗教文化出版社，2004.

[17] 董小川 . 美国文化概论 [M]. 北京：人民出版社，2006.

[18] 蔡国春 . 院校研究与现代大学管理——美国院校研究模式研究与借鉴 [M]. 北京：教育科学出版社，2006.

[19] 陈立民 . 高校辅导员理论与实务 [M]. 北京：中国言实出版社，2006.

[20] 戴胜利 . 大学生思想政治教育的比较研究 [M]. 上海：上海教育出版社，2006.

[21] 梁金霞 . 大学生思想政治教育热点问题研究 [M]. 济南：山东大学出版社，2006.

[22] 包涵 . 包涵心语 [M]. 北京：学习出版社，2006.

[23] 教育部师范教育司 . 教师专业化的理论与实践 [M]. 北京：人民教育出版社，2003.

[24] 钱理群，高远东 . 中国大学的问题与改革 [M]. 天津：天津人民出版社，2003.

[25] 金耀基 . 大学之理念 [M]. 北京：生活・读书・新知三联书店，2001.

[26] 黄崴 . 教育管理学 [M]. 广州：广东高等教育出版社，2002.

[27] 刘捷 . 专业化：挑战 21 世纪的教师 [M]. 北京：教育科学出版社，2002.

[28] 杨春英，范千文 . 高等学校辅导员工作实论 [M]. 石家庄：河北人民出版社，2005.

[29] 杨国洪，施颂华 . 香港高等院校学生事务研究 [M]. 北京：中央文献出版社，2005.

[30] 陈孝彬 . 教育管理学 [M]. 北京：北京师范大学出版社，2005.

[31] 曲士培 . 抗日战争时期解放区高等教育 [M]. 北京：北京大学出版社，2005.

[32] 周光礼 . 教育与法律 [M]. 北京：社会科学文献出版社，2005.

[33] 李光辉 . 中国共产党思想政治工作史论 [M]. 北京：法律出版社，2005.

[34] 联合国教科文组织总部中文科 . 教育——财富蕴藏其中 [M]. 北京：教育科学出版社，2005.

[35] 漆小萍，唐燕 . 高校学生事务管理 [M]. 广州：中山大学出版社，2005.

[36] 中国高教学会高教管理分会秘书处 .2005 中国高等教育管理：现实与理想 [M]. 北京：中国传媒大学出版社，2005.

[37] 鞠玉翠 . 走进教师的生活世界 [M]. 上海：复旦大学出版社，2004.

[38] 程星 . 细读美国大学 [M]. 北京：商务印书馆，2004.

[39] 傅安洲，阮一帆，彭涛 . 德国政治教育研究 [M]. 北京：人民出版社，2010.

三、中文报刊

[1] 邢国忠 . 后现代主义视域下的大学生网络宗教问题研究 [J]. 马克思主义研究，2016（11）.

[2] 邢国忠 . 泛娱乐主义对青年价值观的影响研究 [J]. 中国特色社会主义研究，2018（6）.

[3] 邢国忠 . 当代大学生眼中的十个宗教热点问题探析 [J]. 青年探索，2014（2）.

[4] 邢国忠 . 思想政治教育学科建设研究述评 [J]. 学位与研究生教育，2009（10）.

[5] 邢国忠 . 美国大学学生事务嬗变历程及其启示 [J]. 学校党建与思想教育，2006（1）.

[6] 邢国忠 . 社会主义和谐社会建设视野中的法律信仰 [J]. 北京交通大学学报（社会科学版），2009（1）.

[7] 邢国忠 . 我国高校学生事务管理现代化的路径选择 [J]. 现代教育管理，2009（7）.

[8] 邢国忠．把养成教育作为高校育人的重要途径 [J]. 思想政治教育研究，2008（3）.

[9] 邢国忠．略论教育经济主义思潮 [J]. 湖北社会科学，2008（3）.

[10] 徐文良．思想政治教育学科建设及专业建设的回顾与思考 [J]. 中国高教研究，2005（2）.

[11] 陈建翔．量子教育学：一百年前“量子爆破”的现代回声 [J]. 教育研究，2003（11）.

[12] 蔡国春．中美两国高校学生事务管理体制和机制之比较 [J]. 比较教育研究，2001（7）.

四、外文文献

[1] LOVE P G, ESTANEK S M. Rethinking student affairs practice[M]. San Francisco: Jossey-Bass Publishers, 2004.

[2] MAGOLDA P M, CARNAGHI J E. Job one: experiences of new professionals in student affairs[M]. American College Personnel Association, 2004.

[3] HAMRICK F A, EVANS N J, SCHUH J H. Foundations of student affairs practice: how philosophy, theory, and research strengthen educational outcomes[M]. San Francisco: Jossey-Bass Publishers, 2002.

[4] WINSTON R B, Jr., CREAMER D G, MILLER T K, et al. The professional student affairs administrator: educator, leader, and manager.[M] New York: Brunner-Routledge, 2001.

[5] SANDEEN A. Improving leadership in student affairs administration[M]. Springfield: Charles C Thomas · Publisher, LTD., 2000.

[6] BARR M J, DESLER M K, ASSOCIATES. The handbook of student affairs administration[M]. San Francisco: Jossey-Bass Publishers, 2000.

[7] MILLER T K, WINSTON R B, Jr. Administration and leadership in student affairs: actualizing student development in higher education[M]. Muncie: Accelerated Development Inc., 1991.

[8] RENTZ A L, SADDLEMIRE G L. Student affairs functions in higher education[M]. Springfield: Charles C Thomas · Publisher, LTD., 1988.

后 记

高校思想政治教育是一个大课题，其创新与发展亦是常说常新的话题。自从大学诞生以来，大学生就成为备受社会瞩目的高智力群体。这一点在我们中国表现更为突出。在中国近代百年的政治风云中，大学生曾经独领风骚，成为中国社会进步的重要推动力量。当代大学生的价值取向，更系于国运兴衰，对国家发展具有战略性的影响。大学生是十分宝贵的人才资源，是民族的希望，是祖国的未来，也是家庭的期待。高校思想政治教育，对党和国家来说有着重要的战略意义，对大学生本身的成长也是至关重要的。

作为一名“80后”青年教师，我深刻感受到人在青少年时期特别是作为学生的经历，将成为铭心刻骨的青年旋律，往往对他的人生产生重大而深远的影响。高校思想政治教育要完成它肩负的伟大使命，就应当牢牢把握创新与发展这个主题。创新与发展是高校思想政治教育的一个大课题，事关建设中国特色社会主义事业的大局。高等学校作为培养全面发展的人才的地方，高校思想政治教育就显得尤为重要。一部中华人民共和国高等教育发展史，也是一部高校思想政治教育发展史。实践证明，坚持立德树人，是高等教育科学发展的根本要求。多年来，全国各地和各高校思想政治教育的实践证明，创新既是加强和改进高校思想政治教育的必由之路，也是深化高等教育改革的认识成果。基于此，我一直认为高校思想政治教育的创新与发展是一个有待挖掘的“问题宝库”，值得每一位“思政人”深入思考。本书是个人长期思考的阶段性成果，希望各位专家学者不吝赐教，以便在今后的研究中予以完善。

新时代高校思想政治教育的创新与发展，任重道远，大有可为。让我们一起为此而不懈努力！

邢国忠

2019年1月于北京